The Council

地方議会
その現実と「改革」の方向

著
竹下 譲
Takeshita Yuzuru
自治体議会政策学会会長
拓殖大学地方政治センター長

イマジン出版

はじめに

　先日、関東のある市を訪れたとき、市長選のまっただ中にあった。5、6人が立候補しているとのことであったが、その市のJRの駅に着いたとき、2人の候補者が駅をはさむ格好で車を止め、駅に出入りする人々に挨拶していた。挨拶といっても、名前の連呼であったが……、そのうち、ひとりの候補者の応援者が、車の屋根につくられたお立ち台の上に立ち演説をし始めた。

　「市の職員は、この候補者を"落選させろ"とみんなで画策しています。なぜだか分かりますか？　この候補者だけが行政改革を正面から主張しているからです。この候補者は市の職員の給与を減らすことを宣言しているのです。それで、職員が反撥しているのですが、皆さん、けしからんと思いませんか？　是非、われわれ市民の力で、行政改革を進めようではありませんか……」。

　この候補者は、行政改革イコール職員給与の削減と考えているようである。が、そうだろうか。職員の給与を減らせば、行政は良くなるのだろうか。確かに、いまの市や町の支出の中で、人件費の占める割合は大きい。そのため、どこの自治体でも、これまで長い間、職員の数を減らし、人件費を減らしてきた。行政改革といえば、職員定数の削減を意味するといえるほどであった。最近は、数の削減に加えて、給与を減らすというところも出てきた。いまのところは、まだ、管理職に限定されているように思えるが、職員全体に広げようとしている動きも出始めている。

　首長の候補者が職員給与を減らすと選挙で訴えれば、それに同調する住民（有権者）もいることであろう。多くの住民が賛成するかも知れない。ひょっとすると、その候補者を当選させるかも知れない。そして、それで当選したときには、主権者である住民の声だと

いうことで、職員の給与を実際に減らさざるを得なくなる。が、それで良いのだろうか。

　給与を減らしていけば、それに対応して、経費は確実に減っていく。財政難の時代には、これは素晴らしいことのように見える。が、その反面、職員の士気が落ちていくことも否定できないだろう。優秀な人材が、職員採用試験に応募しなくなることも十分に考えられる。それどころか、能力のある職員はどんどん辞めていくことになるのではなかろうか。経費は節減できたが、職員の気力が薄れ、行政の質も低下した……ということにもなりかねまい。

　こういう行政改革と同じように、地方議会の関連でも、経費の節減という形の「議会改革」が盛んに行われてきた。「議会改革」といえば、議会・議員にかかるお金を減らすことを意味するほどであった。その結果、海外視察を廃止した地方議会は多く、政務調査費も、ほとんどの地方議会で減額された。なかには、廃止されたところもあった。しかし、海外調査や政務調査はすべて無駄というわけではあるまい。それどころか、海外の地方議会の"よき事例"をみて、自分たちの議会を客観的に眺めることも必要だろう。いまの日本の地方議会は、総じて、井の中の蛙になってしまっているという側面が強いからである。

　経費の節減は、最近は、さらに拡大傾向にある。議員の報酬が高すぎるということがますます強くいわれるようになり、挙げ句の果てに、議員報酬を日当制にするべきという声も出るようになってきた。もちろん、議員の数はこれまでも徐々に減らされてきた。いまも、減りつつある。しかも、議員自身が、議員の数を減らそうと訴えている議会も多い。住民の多くはこうした趨勢に賛成のように見える。なかには、数人の議員がいれば十分だという住民の声すらある。これで本当に良いのだろうか。

　議員の報酬を少なくしても、議員の質は下がらない。むしろ、名誉職にしたほうが、質が上がるという者すらいる。その際に、イギ

はじめに

リスの議員は名誉職で質が高いという事例を挙げることが多いが、そのイギリスでは、最近、地方議員の報酬をどんどん引き上げる傾向にある。いまだに、名誉職としかいえない程度の報酬に甘んじている地方議員も多いが、そういう議員のなかには、議員活動を続けるために、生活保護を受けている者もいる。日本に、生活保護をもらってでも、議員活動をするというような公共精神を持っている人がどれだけいるだろうか。また、議員が生活保護を受けることを認める土壌が日本社会にあるのだろうか。

いまの地方自治体に必要なのは、それぞれの自治体の実情を住民にはっきりと分かってもらい、住民の合意の上で、自治体の経営を健全化していくことである。収入が少ないというのであれば、「その少ない収入をどのように使うか」を考えなければならない。もっと重要なのは、「無駄なところにお金を使っていないか」を検討することである。

無駄かどうかを判断する基準は、法令に合致しているかどうかではない。住民の生活に役立っているかどうかである。どれだけの住民のためになっているかどうかも、重要な判断の基準となる。数人の住民に役立っているだけというのでは、無駄というべきである。こうした判断は、住民の立場から、住民の目線で行わなければならない。客観的に水準を決めてサービスの効果を評価する事務事業評価が行なわれているが、これは住民の目線からの評価とは言いにくい。住民にとって重要なのは、具体的に、サービスが自分たちの生活に役立ったかどうかという点である。そういう住民の感覚的な判断を集約して、効果があったかどうかを判断し、あまり効果がなかったものについては、無駄だということで、どんどん切り捨てていく。こういう"事業仕分け"をすることが、いまの自治体の緊急課題だといわなければならない。それができるのは議会である。

とはいっても、議会が設置されていれば、それができるというものではない。議会の構成メンバー、すなわち議員の能力が優れてい

ることが必須の要件となる。もちろん、ここでいう能力は、専門的な知識や技術のことではない。法令に通じているということでもない。"住民の代表"として活動できるという能力である。具体的には、住民の立場で、住民の目線で、物事の判断ができるかどうかという能力である。しかも、"住民の代表"であるためには、住民と常に交流していなければならない。議会の審議に際しては、住民の意向を具体的にくみ取ることが必要である。議会の審議は、また、住民に分かりやすい形で行わなければならない。どういう内容の審議をしているのか、どこに問題があるのか、メリットは何か、デメリットは何か……等々が、傍聴している住民に、あるいは議事録を読む住民に分かるような形で審議をしなければならない。それが"住民の代表"としての議員の能力であり、責務なのである。こういう議員の職務は、たとえ能力があっても、片手間にできることではない。それこそフルタイムで議員の職務に没頭することが必要である。

　また、議員が"住民の代表"としての任務を果たすためには、世の中の新しい動きにも通じていなければならない。そのためには、視察も必要である。とくに、日本の地方議員の場合、住民の意向をくみ取るという意味での住民との交流はあまり得意ではない。議員がひとりで、住民全体の利益を考えて判断するという習慣が、長い間、続けられ、根付いてしまったからである。そうしたことからいえば、海外の地方議員がどのように住民と交流しているか、議会の審議に住民の意向をどのようにして反映しているか、等々を、是非とも見に行く必要があるともいえる。

　要するに、最近の議員報酬を引き下げるという傾向、あるいは、海外視察や政務調査費の廃止や削減という傾向が、いわば時代の要請に逆行していることは明らかといわなければならない。

　しかし、その一方では、こういう時代逆行の動きを、議員自身がつくってきたことも確かである。たとえば、海外視察は名目で、実

はじめに

態は海外旅行であったという話に事欠かなかった。また、議会の審議を住民から閉ざし、その結果、住民の議会に対する不信感を植え付けてきたことも確かであろう。傍聴は認めてきたが、行政機関から提案された議案に関しては、住民がどれだけ熱心に傍聴しても、審議内容は全く理解できなかったというのが、これまでの議会の審議であった。いまもそうである。しかも、すべての議案がといってよいほど、行政機関の提案通りに、物事が決まっていく。その上、議会の審議の仕方はいつも型どおりである。いつ傍聴に行っても、全く同じような審議風景が展開されている。これでは、住民が、議員の報酬が高すぎると感じるのは当然ともいえる。議員は少ないほうがよいというのもうなずけよう。議会は要らないという声すらある。

　議会がなくなるのは、住民にとって、大変な損失である。これは確かなことである。住民の声が自治体の行政に伝わらなくなってしまったら、どうなるのだろうか……。想像することすら恐ろしい。民主主義の崩壊である。

　とはいえ、いまの地方議会が住民の意向をあまり反映していないことも、恐らく、確かであろう。住民の議会に対する不信感が強いのは、その端的な現れということができる。となると、いま緊急に必要なのは、住民の信頼を勝ち取るための「議会改革」だというべきである。

　昔の、昭和20年代の地方議会の議事録を読んでいると、この頃の地方議会は、少なくとも私が議事録を読んだいくつかの地方議会は、住民の強い信頼を得ていたようにみえる。また、「この地区の住民の意見はこうだ」、「いや。私の地区の住民は、違う」というような議員間の議論も、議事録に収録されている。住民の声が、具体的に、議会で披露され、それにもとづいた議員間の議論が行われていたのである。そうしたことからいえば、住民の信頼を"勝ち取る"のではなく、住民の信頼を"回復"することが緊急の課題だと

いうべきかも知れない。

　住民の信頼を回復するためには、様々な「議会改革」が必要である。しかし、その改革で重要なことは、議員報酬の削減とか、議員定数の削減というようなことではない。住民が望んでいるのは、潜在的な望みである可能性もあるが、住民の意向を的確に自治体の運営に反映することである。そして、健全な運営にしていくことである。そのためには、どういう「議会改革」を進める必要があるか……。本書は、こういう観点で執筆したものである。

　しかし、現実には、議員とお金の関係が問われることが多い。そのため、本書でも、最初に海外視察や政務調査費について、裁判の事例を追っかけながら、その検討を試みた。が、本書の本当のねらいは、住民の信頼を回復するための「議会改革」を検討することにある。そして、これは、第2部の「議会と住民」と第3部の「議会の仕組み」で詳細に検討した。第4部の「地方自治の代表は議会」というのは、直接的には「改革」を論じたものではないが、理論的に、議会の役割、地方自治を実現する上で議会が如何に重要な存在であるかを論じたものである。また、第5部の「イギリスの議会制民主主義」は、議会制民主主義の母国ともいわれるイギリスで議会がどのように位置づけられているかを検討したものであるが、これは、日本の議会制民主主義とは違い、"住民自治"を基盤としている議会であるからである。イギリスの議会の実態を検討することによって、住民の意向を如何にくみ取るべきかが理解できるとも考えたからである。また、いまの日本では、住民投票が絶対的なものとして扱われているが、イギリスでは必ずしもそうではない。それよりも議会での審議のほうが優れているという考え方が伝統的に根強いということを解説したものである。もちろん、イギリスで議会の審議というのは"住民自治"にもとづいた審議であり、現在の日本の地方議会とは、根本的にといってよいほど異なっている。しかし、こういうイギリスの地方議会の実態が、日本の地方議会の「議

はじめに

会改革」に大きな参考になることは確実といってよい。

　本書の企画をしたのは数年前のことである。そしてイマジン出版が本書を出版してくれるという好意を示してくれていたが、肝心の執筆が進まず、今日に至ってしまった。よくぞ、それを根気よく待ってくれたという以外に言いようがない。イマジン出版の青木菜知子編集長、そして、片岡幸三社長には、感謝そして感謝である。

2010年3月10日

　　　　　　　　　　　　竹　下　　譲

目　次

はじめに……………………………………………………………… 3

第1部　議員と"お金"

1 議員に対する関心　16
1. 住民は議員に関心がないのか？……………………………… 16
2. 公金の使用―野球大会への参加―…………………………… 19

2 いまこそ必要な議員の海外視察　22
1. 海外視察に厳しい住民の目…………………………………… 22
2. 海外視察はすべて悪か？……………………………………… 24
3. 「開かれた議会」と"閉じた業界"…………………………… 27
4. "閉じた議会"から脱却するには？―海外視察の必要性―… 29

3 政務調査費は本質的には必要だが……　33
1. 政務調査費の出鱈目な使い方？……………………………… 33
2. 議員と住民の常識のギャップ？―前橋市議会の騒動―…… 35
3. 政務調査費は"調査研究費"―法律の趣旨―……………… 39
4. 条例の怪？―全国の地方議会の条例が同じ内容―………… 43
5. 条例による政務調査費の実質的変更？……………………… 46
6. 政務調査費のチェックは？…………………………………… 50
7. 裁判所の判断―領収書は必要―……………………………… 55
8. 条例改正の動き―領収書添付の義務づけ―………………… 57
9. 裁判で問題になった政務調査費の使い方は？……………… 61

10

目 次

⑩ 裁判の限界──政務調査費の適切な使い方は？── ……………… 66
⑪ 政務調査費廃止の動きは？ ……………………………………… 69

4 費用弁償は必要か？　　74

① 費用弁償の実態 …………………………………………………… 74
② 費用弁償の法制度の経緯 ………………………………………… 77
③ 費用弁償をめぐる裁判 …………………………………………… 79
④ 裁判の新しい動き──札幌高裁の判決── …………………… 81
⑤ 費用弁償の減額それとも廃止？ ………………………………… 84

5 議員報酬は重要　　88

① 議員報酬の削減は？ ……………………………………………… 88
② 現実の議員報酬の決め方は？ …………………………………… 91
③ 「日当制」は歓迎すべきか？ …………………………………… 94
④ イギリスの地方議員は名誉職か？ ……………………………… 98

第2部　議会と住民

1 議会は"合議制"ではないのか？　一般質問の意義と問題点　102

① 議員の晴れ舞台？ ………………………………………………… 102
② 行政の課題の提示──チェック機能は？── ………………… 103
③ "対面方式"の普及 ……………………………………………… 106
④ 一般質問の答弁書は不要か？ …………………………………… 110
⑤ 一般質問は誰のために？ ………………………………………… 113
⑥ 一般質問と「住民全体の利益」 ………………………………… 115
⑦ 議会は合議制の機関では？ ……………………………………… 117

2 住民は議会を信頼できるか？　122

- 1 住民への配慮は？―議案審議の実態―……………………… 122
- 2 議案は、事前に住民に配布すべきでは？ ………………… 128
- 3 不可思議な地方議会の議会運営……………………………… 130
- 4 議会沈滞の最大の原因は"会議規則" ……………………… 134
- 5 独自の議会運営を！―標準会議規則からの脱却― ……… 141
- 6 起立による採決の是非………………………………………… 146
- 7 面白くない議事進行！………………………………………… 149

3 「議会改革」の基本姿勢　153

- 1 議会基本条例のブーム………………………………………… 153
- 2 議会の責任は？………………………………………………… 154
- 3 議会の守備範囲は？…………………………………………… 156
- 4 住民の意見を聞かない審議？………………………………… 160
- 5 予算案の審議は？……………………………………………… 162
- 6 住民参加―眠りすぎた議会― ……………………………… 164
- 7 議会制民主主義は"住民参加"になじまないか？ ………… 166

第3部　議会の仕組み

1 常任委員会で審議するのは何のため？
―本会議を実質的審議の場にする必要あり―　170

- 1 常任委員会は必要か？………………………………………… 170
- 2 常任委員会の限界？…………………………………………… 172
- 3 地区別の委員会は？…………………………………………… 175
- 4 すべての審議を本会議で―読会制の復活は？― ………… 178

2 地方議会は立法機関か？　　　　　　　　　　　*181*

1 立法機能は重要か？―より重要な議案のチェック―………*181*
2 議会のあるべき機能！―課税権が不可欠―……………………*184*
3 法律制定権の獲得？……………………………………………………*188*
4 監査委員の責任は重い！……………………………………………*190*

3 地方議会の運営は？　　　　　　　　　　　　*193*

1 地方議会は常設機関か？　それとも………………………………*193*
2 議会の開催日数―市議会年平均81日―…………………………*195*
3 議会運営委員会は何をしているのか？……………………………*198*
4 議会事務局に議会独自の職員を！…………………………………*200*
5 議会事務局に政策専門の職員を！…………………………………*202*
6 議員定数の削減……………………………………………………………*205*

4 会派と議員　　　　　　　　　　　　　　　　　*208*

1 会派による議員支配？…………………………………………………*208*
2 議員はプロか？―「駆け引き」は議会不信の要因―…………*210*

5 議会基本条例は必要か？　　　　　　　　　　*212*

1 議会基本条例のねらい…………………………………………………*212*
2 政策立案機能の充実へ…………………………………………………*214*
3 議会基本条例は"最高規範"か？……………………………………*216*

6 議員になるには？　　　　　　　　　　　　　*219*

1 代表（議員）への立候補………………………………………………*219*
2 選挙運動は？………………………………………………………………*221*
3 選挙区は？―何故、大選挙区か？―………………………………*223*

第4部　地方自治の代表は議会

1 自治体の2つの機能　　226

1 "地方自治"と"地方行政"……………………………… 226
2 "地方行政"の担い手は？ ……………………………… 228
3 地方議会と"地方行政" ………………………………… 229

2 "地方自治"の代表は？　　232

1 江戸時代の"住民代表"機能…………………………… 232
2 首長も"住民代表"だが？ ……………………………… 236
3 戦前の地方制度とデンマークの地方制度 …………… 238

3 議会の現実の機能　　242

1 議会の議案審議は？ …………………………………… 242
2 「一般質問」の意義は？ ………………………………… 248

4 議会のあるべき機能　　251

1 議会を住民の代表機関とするには？ ………………… 251
2 自治基本条例の意味―住民投票― …………………… 255
3 住民投票と議会制民主主義 …………………………… 257
4 首長のマニフェストと議会 …………………………… 260

第5部　イギリスの議会制民主主義
―伝統的には住民投票を否定―

1 議会制民主主義の国　　265

目 次

2 地方レベルの住民投票（referendum）は？　*269*

3 国民投票（住民投票）は不要？―法案作成過程での国民参加―　*273*

4 選挙での国民による政策の選択　*277*

5 住民の政治参加―パリッシュの機能―　*278*

6 パリッシュ議会と市議会の審議―これぞ、議会制民主主義―　*282*

7 住民総会よりも議会が上？　*286*

8 ブレア政権の「国民投票」実施―その意味は？―　*288*

9 スコットランドの2010年の国民投票　*291*

10 住民は、市長の公選を否定？　*293*

　　　　　著者紹介 ………………………… *297*

第 1 部
議員と"お金"

1 議員に対する関心

1 住民は議員に関心がないのか？

　住民は地方議員の活動に何ら関心を持っていないといわれることが多い。確かに、地方議員選挙の投票率が年々下がっている。最近は、50％台の投票率という選挙も少なくない。これをみても、地方議員に積極的な関心を持っている住民はあまりいないようにみえる。住民のなかには、誰が地方議員なのか、知らないという者も多いに違いない。とくに若者のなかには、1人の議員の名前すら挙げられない者も少なくなかろう。

　もちろん、投票所に足を運び、投票用紙に候補者の名前を記入した半数近くの住民は、その候補者が当選した場合には、少なくともひとりの議員の名前は記憶しているはずである。しかし、投票者の多くは、知り合いから頼まれて、あるいは、候補者の名前を見て、漠然と気に入った候補者に投票するという。もし、それが本当ならば、こういう住民のなかには、数日も経たないうちに、誰に投票したか、その名前すら忘れてしまう者がいるのではなかろうか。

　候補者の比較をし、熟慮した上で、もっとも適切と思われる候補

者に投票した住民も、当選後のその議員の行動や活動をフォローするという人はあまりいないに違いない。当選した議員が、身内であるとか、積極的に押し立てた人であるとか、あるいは、何らかの利害関係があって、議員の行動を期待しているというような場合は別であるが、議員と何も個人的な関係がない場合には、議員の行動や活動をフォローし続けるという住民は皆無に近いとすらいえよう。

　議員に積極的に近づいていくという住民もあまりいないことであろう。もちろん、何らかの利害関係があれば別であるが……。議員を知っている場合でも、あるいは、議員が近くに住んでいる場合でも、通常は"敬して遠ざける"というのがほとんどの住民の実態であろう。

　こういうことからいえば、住民は議員の行動に無関心であるという指摘は正しいといわなければなるまい。少なくとも、議員がその職務を適切にこなしている場合には、あるいは、何も問題を起こさずに無難に仕事をしている場合には、議員の行動に注意を払うことはないはずである。議員がその職務を全うしていないとしても、それによって何か問題が起こらない限り、大半の住民は気にしないようにみえる。

　しかし、議員が何をしても、住民は関心を持たないのかというと、必ずしもそうとは言い切れない。たとえば、テレビや新聞で、議員の犯罪など、"悪しき行為"が報道された場合には、住民は、通勤途上あるいは街角でそれを嘆きあうというのが一般的な状況である。他の地域に住む知人から、「あんたの町には、大変な議員がいるね」などとからかわれると、"からかい"を受けた住民は、結構、恥じ入っているようにみえる。

　これは、住民が、心の奥底では、議員に関心を持っていることを示しているのではなかろうか。少なくとも議員が何か目につくような悪いことをすれば、住民は恥じ入ったり、怒ったりするという程度の関心はあるわけである。いわば、消極的な形での関心を、住民

は持っているということができる。議員の"悪しき行為"が住民にとって非常に重要だと意識される場合には、その是正を迫るという「積極的な関心」に変わることもあり得る。そして、議員の"悪しき行為"が公金に絡む場合には、住民の関心は積極的なものになる確率が高いようである。この場合の'悪しき行為'というのは、犯罪行為に限定されるわけではない。あるいは、少なくとも明確な形では、法律違反でないこともある。というよりも、形としては、法律違反でないことが多い。しかし、議員あるいは議会の公金の使い方をみて、住民が非常識だと感じる場合には、その使い方に注意を払うようになり、批判するようになる。こういう関心を、住民は持っているといわなければならない。

　一方、議員は、一般に、お金の使い方に、それほど慎重ではないようにみえる。予算の策定という公的な手続きを踏んでいる以上、そのお金を決められたとおりに使えば良いと思っているようである。そのため、予算にしたがい、しかも、先例にしたがって公金を使う場合には、そのお金の使い方に全く疑問を感じていないのが、普通であろう。ひょっとすると、議員が使っている公金が、住民から集めた税金であるということすら意識していない議員がいるかも知れない。民間企業の社員が企業のお金を使うのと同じような感覚で、いわば自分たちが当然に使えるお金として、議会の予算を使っている議員もいるのではなかろうか。

　議員と住民の間に、こういう意識のギャップがあるために、議員は、住民の批判があったとしても、それは一部の住民の声に過ぎないということで、無視する傾向が強い。議員には、後ろめたいところがなく、真っ当なお金の使い方をしているという確信があるからである。その結果、20世紀後半の頃から、議員（議会）に積極的に刃向かっていくという住民も出現するようになってきた。いわば、住民が主権者としての意識――あるいは、納税者としての意識――に目覚めるようになってきたともいえるが、ともかく、監査委

員に対して、議員のお金の使い方を監査するように請求するという権利を行使するようになってきたのである。しかし、監査委員の監査は、往々にして、現状を是認するという傾向が強かった。このため、裁判に訴えるという住民も出現するようになった。裁判に勝っても、住民は、何ら直接的な利益を得ることはない。それどころか、裁判を維持するために、膨大な時間を費やし、お金を負担しなければならない。それにもかかわらず、議員の行動を積極的にチェックしようとする住民が現れてきたのである。

2　公金の使用―野球大会への参加―

　議員（議会）と住民の意識のギャップを端的に現しているものとしては、たとえば、数年前まで盛んであった地方議員の野球大会を挙げることができる。議員の野球大会は、第2次世界大戦の直後から全国各地で行われてきた。都道府県議会レベルでいえば、その全国大会である「全国都道府県議会議員軟式野球大会」は1949年に始められたという。以来、すべての都道府県議会が選手（議員）と随行員（議会事務局の職員）を公費で送り込んでいたが、これが、1990年代の末頃から、住民によって問題視されるようになってきた。公費での参加が批判・追求されるようになったのである。これに対して、議会側は、「全国の都道府県議会議員が一堂に会する唯一貴重な機会であり……スポーツを通じて情報収集ができる」[1]と、その正当性を主張していた。住民から監査を請求された県レベルの監査委員は、この議会側の主張を認め、ほとんどの場合、公金による野球大会の参加を問題なしとした。このため、新潟県でも、秋田

---

1) 徳島地方裁判所での議会側の主張。徳島地方裁判所、平成11年11月26日判決言渡、平成10年（行ウ）第8号、「徳島県議会野球大会旅費・日当・宿泊費等返還請求事件」。

県でも、徳島県でも……等々、全国のいくつかの県で、住民により、裁判に持ち込まれた。これらの裁判でも、議会側は、次のように、「地方自治の発展に寄与する」[2]という点を強調し、正当性を主張した。

「国民にとってもっとも身近なスポーツの一つである野球を議員がチームを編成して競うことによって、国体を盛り上げ[3]、国民にスポーツを自ら行うことを奨励することは、住民福祉の向上を目的とする地方自治の発展に寄与する」[4]。

これに対して、住民側が、地方自治の発展に寄与するというのは"こじつけ"であると反発したのはいうまでもない。「本質は議員らが軟式野球という特定のスポーツを楽しむ慰楽と親睦・レクレーション」であり、公金を使うのは違法だというのが、住民の主張であった[5]。

徳島県の事例でいうと、徳島地方裁判所の場合は、平成11年（1999年）11月26日、住民の言い分をほぼ全面的に認める判決を下した。判決はいう。

「野球大会へ公費をもって議員及び職員を派遣することには何ら合理性がなく、著しく妥当性を欠いているというべきである」[6]。

秋田地方裁判所においても、平成12年4月28日に徳島地裁と同じような判決が下されたが、この判決を受けた当時の秋田県議会議長が次のように話していたという。

2）同上
3）この全国大会は、国体開催地の都道府県が主催して行うもので、国体の協賛行事として行われてきたという経緯があり、議会側は「国体を盛り上げる」ことを強調していた。
4）徳島地方裁判所、前掲判決。
5）同上
6）同上

「大会参加は全国都道府県議長会の公式行事であり、議員は公務として参加したとの主張が認められなかったことはきわめて残念」である[7]。

　秋田県議会の議長のこういう発言に、議員（議会）と住民の意識の違いが顕著に現れていた。公金を如何に使うべきか、議員（議会）はもっと慎重に考える必要はあったが、少なくとも、この当時（2004年当時）は、まだ、議員（議会）側は旧態依然とした発想で公金を使ってもよいと考えていたわけである。徳島県議会も、裁判所から公金の使用を咎められたにもかかわらず、反省するところがなかった。そして、高松高等裁判所に控訴した。高等裁判所の判決は、「旅行命令を発した県議会議長の判断は、裁量権の範囲を逸脱し、乱用したもの」[8]として、公金の返還を要請するものになった。徳島地裁と同じように、議員（議会）の公金の使い方を咎めたわけであるが、それでも徳島県議会の意識は変わらなかった。さらに、その正当性を主張して、最高裁判所に訴えたのである。この上告で、またまた裁判費用として公金が費消され、関係職員の公的な勤務時間が裁判準備に使われることになったが、そういうことにはお構いなく、最高裁判所に訴えられた。

　最高裁判所の判決は、平成15年（2003年）1月17日に下された。結果は、住民の言い分にしたがい、議会側の主張を"こじつけ"と判断するものであった。野球大会への参加は「議員としての職務とはいえない」[9]と結論したのである。

　ただし、議員に随行した職員については、徳島地裁・高松高裁の

7）毎日新聞2000.4.29「県議の野球、旅費返せ」。
8）高松高等裁判所、平成12年9月28日判決言渡、平成11年（行コ）第27号、「徳島県議会野球大会旅費、日当、宿泊料等返還請求控訴事件」。
9）最高裁判所、平成15年1月17日判決言渡、平成12年（行ツ）第369号、「徳島県議会野球大会旅費、日当、宿泊料返還請求事件」。

判決をひっくり返し、「議員に随行した職員は、県に対し、支給を受けた旅費相当額の不当利得返還義務を負わない」[10]とされたが、これは、多くの住民の常識からいっても、当然に、認められるところであろう。

こういう判決があったためであろうか、その後、野球大会に公費で議員が参加するという話は聞かなくなった。議員（議会）の公金の使い方に関する意識が変わったのであれば良いのであるが……。

2 いまこそ必要な議員の海外視察

1 海外視察に厳しい住民の目

議員の公費による海外視察についても、住民から、批判されてきた。いまでも、この批判は多い。観光旅行だという批判である。観光旅行に公金を使うのは問題だとして、公金の返還を裁判に訴える住民も少なくない。最近の新聞をみても、仙台市議のイタリア視察を観光旅行だとして住民が訴えていたが、仙台高裁は平成21年9月に公金返還の必要はないという判決を下したという報道があった。しかし、ポンペイの遺跡見学やバチカン美術館の見学は観光旅行の疑いもあるという趣旨の示唆をしていた[11]。仙台市議の海外視察は、黒ではないけれども、灰色だというわけである。住民からいえば、納得のいかない判決であったろう[12]。

---

10) p.21、9) と同じ。
11) この判決は平成21年9月18日に下された。毎日新聞（宮城版）、平成21年9月19日。
12) この事件の原審は、仙台市議の一部の視察を観光旅行だとし、公金の返還を命じていた。参照、仙台地方裁判所　第3民事部、平成20年12月18日判決言渡、

第1部　議員と"お金"

　これに対し、平成17年の大阪高等裁判所の判決は、日曜日にニューヨークのメトロポリタン美術館などを見学したという京都市議の行動を観光旅行と断定し、その日の経費分を返還するようにと命じていた。しかも、京都市議が、ボストン市では「交通政策」、ワシントンD.Cでは「ドメスティック・バイオレンス対策」を調査する……等々、少なくとも表面的には真面目な視察をしていたにもかかわらず、調査項目を決める前に行く先を決めていたとか、事前の学習をしていなかったとか、報告書の内容が表面的だというような理由で、視察全体についても、大阪高裁の見方は冷ややかであった。「多人数による海外視察の必要性があったのか」という疑問を提示し、また、「このようなレベルの海外視察を住民が許容している」のかという疑問も示していた。結論としては、「ことさら観光のみを目的に組まれたものとまで断定できない」という理由で公金の返還を命じることはしなかったが、大阪高裁が京都市議の海外視察を限りなく観光旅行に近いものと見ていたのは明らかと言えるだろう[13]。

　マスコミも、議員の海外視察を誇大に（？）表現し、住民を刺激することが多い。いくつかの記事を列挙してみると……。

　「広島県議会では……議員6人が、2005年7月、9日間の旅程で南アフリカを訪れた際には、車代だけで計60万円を支払っていた」[14]。

　「41人が計3,200万円をかけ、海を渡った広島市議会。原爆ドームを擁し、世界遺産への視察は盛んだ。05年9月にスペインやイタリアを巡った市議7人は、世界遺産の宝庫、ローマのバチカンを訪ね、有名な協会や博物館などを回った」[15]。

　平成19（行ウ）第15号、海外視察違法公金支出返還請求事件。
13）大阪高等裁判所、平成17年5月12日判決言渡、平成16年（行コ）第107号。
14）中国新聞 2007.3.28「海外視察、人気都市や名所巡り」。
15）同上

名古屋市議7人が「視察中にカジノ」[16)]というような報道もあった。

　こういう報道を見た住民が議員の海外視察を無用のものと考えるようになるのは必然といってよい。その結果、海外視察に対する批判はますます強くなっていく。現に、住民の批判のもとに、海外視察を取りやめる議会が増えている。そして、新聞は、海外視察を続けている議会を非難する傾向が強い。こうした傾向のもとでは、早晩、ほとんどの議会で海外視察の制度が姿を消してしまうことにもなりかねない。どうも野球大会への公金参加と同じように、海外視察は議員個人の楽しみと考えられているようである。こういうことで良いのだろうか。海外視察と、野球大会には違いがあるのではなかろうか。

2　海外視察はすべて悪か？

　地方紙などの新聞記事を収録しているD-file（ディーファイル）[17)]を数年分ひっくり返してみると、議員の海外視察の問題点を示し、批判している記事は非常に多い。一方、念入りに見たつもりではあるが、海外視察を積極的に評価している記事は全く見あたらなかった。（ひょっとすれば、見落としがあるのかも知れないが……。）

　しかし、このことから、評価するべき海外視察はないと断定するのは問題だというべきであろう。海外視察のなかには、評価できるものもあるはずである。たとえば、自治体議会政策学会主催の地方議員の海外視察に、私も解説者として、2回参加したことがあるが、これは大いに評価できる視察であったと考えている。1回目の視察先は韓国で、実際に訪問したところは、京畿道、ソウル市、水

---

16) 読売新聞 2004.9.7「名古屋市議　視察でカジノ」。
17) イマジン出版株式会社編集・発行、『自治体情報誌ディーファイル』（年22冊発行）。

第1部 議員と"お金"

原市、釜山市などであった。韓国は、以前は、日本の地方制度をほぼそのまま踏襲していた。しかし、日本流の議会には問題が多いという認識のもとに、多くの地方議会は矢継ぎ早の改革をはかり、議会運営も非常に変わったという。こうした情報を前提として、日本流議会運営のどこが不都合だったのか、どのように改善したのかを、直接、多くの議員・議会から、さらには研究者、あるいは行政マンから話を聞こうということで、韓国視察をしたわけである。どこを訪問するか、どのようにして話を聞くかという段取りは、すべて、韓国地方議会発展研究院長の林 敬 鎬氏（政治学博士）につけてもらった。林博士は、たまたま私の友人で、しかも、京畿道知事や水源市長などを経験した人でもあり、議員や行政マンに顔が利いたからである。林博士に段取りを依頼したことは大成功で、各地の地方議員と、行政マンに中身の濃い話を聞くことができた。議会運営の仕方も現場を見ながらの話は大いに参考になったが、この視察の欠点は、あまりにも視察・研究の密度が濃すぎることであった。夜は夜で、食事をしながら、議員や行政マンと議論しなければならなかったのである。ソウル地域での視察は、ソウルにある林博士の研究所で、日本側の議員が、研究員や学者に質問をぶっつけ、議論をふっかけるという形で締めくくったが、これでおしまいということで、正直、ほっとしたほどである。次の日は、釜山に移動し、また、同じような苦痛に直面したが……。議員の人たちは、こういう難行によく耐えたものだと感心したものの、視察には、息抜きの時間が必要だと痛感した。

　2回目は、主にデンマークを視察し、ひとつの国だけでは視察を認めてもらえないということも声もあったため、私がここ30年ほど研究フィールドにしているイギリスも視察対象にした。デンマークでは、人口5万人ほどのネストベズ（Naestved）市とコペンハーゲン市の視察をしたが、中心はネストベズ市であった。そこには、ヨーロッパ各国の議員や職員を受け入れる研修所があり、この

研修所で、特別に、日本の議員・職員向けの講座を開いてもらったのである。これは韓国の視察があまりにも濃厚だったため、研修所に入れば楽ができるだろうと考えたためであったが、朝から晩まで4日間びっしりの講義、しかも、時折、市長（議長でもある）が現れ、口頭試問ともいえるような議論をふっかけてくるというおまけもあり、さらには、実地研修ということで、学校やら、福祉施設やら、あちこち、引っ張り回される、等々、大変な研修であった。その上、夜は夜で、ホテルの私の部屋に集まり、議員の人たちは講義の復習をさせられ、また、私の解説を聞かされ……大変だったろうと思う。コペンハーゲン市での市議会訪問は、恐らく、議員の皆さんには天国のようなリラックスした時間であったろう。その後、イギリス・ロンドンのグリニッチ市に飛んだが、ここでも市長（議員のリーダー）が待ちかまえ、また、私の知り合いの学者連中が待ちかまえていたため、さらには、NPOの活動も是非見ておけというような飛び入りの視察もあったため、解説者のつもりでいた私自身が実際に参ってしまった。

　こういう視察を、新聞などのマスコミは、正面から批判できるだろうか。たまには、街のなかを散策することももちろんある。私は、2回の海外視察の体験から、上記の視察は厳しすぎたと思っている。もっと、自由時間を増やし、観光なども盛り込む必要があったと考えているほどである。そうでないとリフレッシュできない。言葉の分からない外国で相手の話を理解しようとすれば、緊張せざるを得ないが、緊張の連続では直ぐに頭脳が機能しなくなるからである。前述のデンマークの視察でも、半日だけ、コペンハーゲン郊外の観光に行ったが、もし新聞がこの観光だけを取り上げて報道すれば、それを見た住民は強く批判するに違いない。それを考えれば、新聞報道の仕方は重要である。

　いずれにしても、最近、住民の批判を受け、海外視察を中止する議会が増えている。たとえば、陸奥新報に、弘前市議会が09年度

から海外視察を凍結したという報道があり[18]、徳島新聞に、徳島市議会が09年度の海外視察の休止を決めたという報道がある[19]。西日本新聞も、宮崎県、鹿児島、佐賀県、熊本県の県議会が07年度から09年度にかけ海外視察を休止したと報道している。そして、海外視察を休止しなかった大分県議会について、次のように、暗に非難する。「海外視察の継続を決めた県議会の判断はどうだったか」[20]。

　こういう海外視察取りつぶしの傾向は歓迎すべきことなのだろうか。実質的には観光旅行というような海外視察も、裁判所の判決や新聞記事を見ると、確かにあるようである。こういう視察を見た住民が怒るのも当然といわなければならない。そういう視察をした議員を弾劾するのは当然である。しかし、だからといって、海外視察そのものを取りやめてしまうのはどうだろうか。海外視察は、たとえ休止であっても、一度休止してしまえば、それを再開するのは大変な難事である。実際には、不可能といっても良いくらいである。そういう重要な決定は軽々しくするべきではなく、その前に、海外視察が必要か否か、海外視察を何のためにするのか、等々のことを、もっと真剣に検討するべきである。

3　「開かれた議会」と"閉じた業界"

　「開かれた議会」ということが、よくいわれる。その実現を目指している議会も多い。テレビで議会風景を放映するということは、いまでは多くの議会で実現されているし、本会議の傍聴だけではな

---

[18]　陸奥新報 2009.2.26「弘前市議会　財政難受け海外視察を当面凍結」。
[19]　徳島新聞 2009.9.12「海外視察を休止　徳島市議会、景気低迷・財政難踏まえ」。
[20]　西日本新聞（大分版）2009.10.5「県議会　海外視察継続へ、問われる旅の成果」。

く、委員会審議の傍聴を認める議会も多くなっている。本会議や委員会の議事録の公開もいまでは常識的である。傍聴者に議案の資料を提供するとろも増えつつあると聞く。住民のなかから、議会モニターを選任し、これらのモニターに議会を監視してもらっている議会もある。最近は、議員が全員で、あるいはチームを組んで、住民の集会に出かけて行き、住民から質問を受けたり、要望を聞いたりしている議会もいくつか現れている。議会で、住民から質問を受け、それに議員が答えるという形態の、いわば住民のクエスチョン・タイムともいえる時間帯を設けている議会もあるという。

　こうした試みは、住民に議会審議の実態を見せるという点で、あるいは、住民の意見を聞くという点で、高く評価できる。これは確かなことであるが、しかし、どこの議会でも、議案の審議は、相変わらず、議員だけで行われている。住民は本会議の傍聴に行っても、傍聴席で静かに聞くだけである。それどころか、本会議での議案の審議はあまりにも形式的で、住民はどれだけ懸命に聞いても、何の審議をしているか、中身すら分からないことが多い。これは、実質的な審議が委員会で行われているためといわれるが、その委員会の審議を傍聴しても、結論に達した経緯がはっきりしない。恐らく、会派の代表者会議や全員協議会という、住民が見ることのできない場所で、落としどころが決められているためである。しかも、こういう審議の仕方は、全国どこの議会でもほとんど同じである。議会の審議は、要するに、議員だけの世界で行われているわけであるが、それを、議員は疑問に思っていない。議案の審議は、議員の特権と考えているようである。住民のなかにもそれを当然のことのように考えている者が多い。

　こうした状況を見れば、議会は議員だけの「閉ざされた議会」であるといわなければならない。この「閉ざされた議会」は、議員が改変しようと思えば、いくらでも改変できる。議案の審議は、法律で拘束されているわけではなく、各議会が独自に制定している会議

規則にしたがって、行われており、会議規則を変更すれば、いくらでも「開かれた議会」に変わるのである。それにもかかわらず、会議規則が変わらないのは、議員がそれを守っているためだといわなければなるまい。それだけ、議員が、自分たちの"議員の世界"を大事にしているともいえる。議員の世界を如何に大事にしているか。これは、全国の議員が共通の"議員バッジ"をつけていることを見ても推測できる。そして、このことからいえば、議員が「閉ざされた議会」に受け身的に押し込まれているわけではなく、むしろ、議員が自分たちで"閉じた業界"を創っているといわなければならない。

　しかし、これは、住民が「主権者」だということからいえば、不思議な現象というべきであろう。議員は、住民の代表と位置づけられているが、決して、住民より高い地位にあるわけではない。住民の信託を受けて、自治体の意思決定の機能を担うという意味での代表である。となれば、議案を審議する際には、当然に、住民の意向を反映する必要がある。そのためには、住民が議案に関して意向をもてるようにしなければならない。そして、住民の意向が表明されれば、それを反映できるように、審議の仕組みを整えておくことが必要である。言い換えれば、議員は"閉じた業界"から飛び出し、住民と意思を共通にできるような仕組みを創っておくことが必要となる。

④ "閉じた業界"から脱却するには？―海外視察の必要性―

　では、どうすれば"閉じた業界"から脱却できるのか。こういう事例は、いまの日本では見いだすことができないといっても言い過ぎではない。それだけ、住民自治を前提とした議会制民主主義の考え方が普及していないわけである。となると、"閉じた業界"から脱却するためには、住民自治と議会制民主主義を現実にドッキング

している実例を見て、それを参考にしながら考える必要があるということになろう。少なくとも、それがもっとも手っ取り早い方法といえる。そして、そうした事例は外国に求めなければならない。

　私は、ここ30年ほど、イギリスの地方政治の研究をしているが、イギリスには、こういう事例はたくさんある。たとえば、イギリスの地方議会を見に行くと、「うちの議会はオープンしている」という説明をよく聞く。これは傍聴が自由だという意味ではない。住民が、議案に関して、質問し、発言できるということを意味する。

　また、地方圏に行くと、日本の市町村にあたる自治体で「市」とか「ディストリクト」と呼ばれている自治体がある。この「市」の下に、「パリッシュ」という自治体が設置されていることが多い。イギリスで「タウン」とか「ビレッジ」と呼ばれているのは、この「パリッシュ」のことである。そこには公選の議会があり、徴税権もある。人口規模は、一般には、非常に小さく、500人未満のところが非常に多い。なかには、人口数万人のタウンもあるが……。こういう規模の小さな自治体では、もちろん、議員の数も少ない。それでも5人から9人程度の議員はいる。このパリッシュ議会の審議には、一般に、住民もフリーに参加できるが、そのほかに、関係する市議会議員や県議会議員が参加する。議案は1週間ほど前に、すべての世帯に配布されている。そのため、住民は意見がある場合には、議員にその意見を伝える。それだけでは不十分と思うときには、住民自身が議会に出席して、意見を表明する。このパリッシュ議会では、住民が採決に加わるところも多い。

　市議会や県議会は、住民に影響がある議案については、それぞれのパリッシュ議会に、相談という形で、議案の賛否を問うのが一般的である。この相談がないときには、パリッシュ議会の独断で、市議会や県議会に決定権がある議案を勝手に審議し、その結論を市や県に押しつけるということもある。もちろん、この審議をする上で、市や県の職員の説明が必要になったときには、その出席を要請

する。そして、職員が出かけていくのが普通である[21]。

　大都市や古い都市にはこういうパリッシュ議会が置かれていない。しかし、1970年代の地方再編（合併）で、都市と周辺地域が統合されたために、たとえばウインチェスター市にみるように、周辺部にはパリッシュ議会があり、旧市街にはそれがないという状況が発生した。周辺部では、住民の意向が市議会に反映しやすくなっているが、それに比べて、旧市街の住民の意向は反映されにくいという現象が発生したのである。このため、ウインチェスター市では、旧市街から選ばれた議員で委員会をつくり、そこに旧市街地の住民が自由に参加して、そこで、旧市街地の意向をまとめるということにしている[22]。大都市でも、実質的に、パリッシュ議会と同じような機能を持つ仕組みをつくるために、様々な工夫をしているようである。

　このようなイギリスの地方議会の実態を見れば、多くの日本の議員も、"閉じた業界"ではまずいということを実感するようになるのではなかろうか。そして、日本流の工夫を凝らし、それぞれの地方議会に適合した"閉じた業界"からの脱却を検討するようになるに違いない。そのためにも、議員の海外視察は必要だと考えられる。

　もちろん、行き先は、イギリスだけではない。私がいままで研究してきたフィールドは、イギリスとデンマークであるが、デンマークにも、日本の議会の参考になる事例はいっぱいあると確信している。ほかの国々にも、参考事例は多いはずである。

　これまでの海外視察では、行政課題の参考になるようなテーマのもとで、事例の調査をすることが多かった。しかし、その道の専門

---

[21] 竹下譲『パリッシュにみる自治の機能―イギリス地方自治の基盤―』イマジン出版、2000年8月、参照。
[22] 竹下譲「イギリス自治体制度の特色」、竹下譲監修『よくわかる世界の地方自治制度』イマジン出版、2008年10月、18-26頁参照。

家でない議員が話を聞いてきたとしても、その理解は、どうしても、表面的なものにならざるを得ない。その結果、議員の視察は観光旅行だという『あらぬ疑い（？）』を住民からかけられているわけであるが、これは、その結果から見れば仕方がないこともいえる。どれだけ議員が真面目に調査してきても、10日間前後というような短い期間で、知識や情報を駆使できるような理解ができるわけがないからである。行政課題にテーマが集中しがちであったのは、議員の活動が行政に追随する傾向が強かったことの反映でもある。しかし、そろそろ、中央の行政に従うのではなく、各地方が自立するべき時期に来ている。中央政府も、官僚主導から政治主導にチェンジするといわれているが、各地方が自立するためには、中央政府以上に、地方での政治主導が必要である。その中心となるのは、議会であり、議員である。議員は、行政に依存するのではなく、住民の代表として、住民の意向を反映するために、主導権を握らなければならない。これまでの議員は行政に巻き込まれがちであったが、行政から独立し、住民と結びついた政治の世界に活動の中心を移すべき時期に来ているのである。

　これを実現するためには、国内の各地の議員が交流を図り、話し合うことが必要である。議員は何をするべきかを、議員同士で、時には、外部の人の意見を聞きながら、みんなで検討するわけである[23]。こういう時のもっとも大きな参考になるのは、前述したような、外国の地方議会・議員の事例である。こういう事例は、議員の活動の話であるため、それこそ、議員がもっとも理解しやすい内容でもある。政治活動を重視するべきいまの時代からいえば、こうい

---

23) 全国各地の議員が自由に集まり、自由に意見を交わし、さらには、外国の議員との交流もはかる"場"をいま拓殖大学がつくりつつある。拓大の「地方政治センター」がそれであるが、私（筆者）がそのセンター長に就任した。このセンターについては、日本経済新聞社『日経グローカル』（2009年7月6日）No. 127、「拓殖大、地方議員ネットワークづくり開始」、43-44頁参照。

う海外視察こそ重要であり、また、いまこそ、議員の海外視察が必要になっているといわなければならない。

3 政務調査費は本質的には必要だが……

1 政務調査費の出鱈目な使い方？

　ここ数年、新聞とくに地方紙は、「政務調査費」を目の敵にしているように見える。政務調査費というのは、議員の審議能力を高めるための調査研究費として交付される経費である。地方自治法で定められている制度であるが、新聞記事は、この政務調査費の制度そのものについては、敵視していない。問題にしているのは、政務調査費という調査研究費の使い方である。そして、新聞報道を見る限りでは、議員の政務調査費の使い方は出鱈目としか言いようがない。もちろん、新聞で報道されないだけで、多くの議員は正しく使っていると思うが、しかし、出鱈目な使い方を報道する新聞記事は非常に目につく。

　たとえば、この原稿を2009年10月に書いているが、その直前の1ヶ月間の記事を見ると……。

　2009年9月15日の四国新聞は、香川県三豊市のある議員が、政務調査費をパソコン教室の講習代に、また、ケーブルテレビの利用料に、さらには歌曲集の購入に使ったと報道している。もう1人の議員は、書籍を購入したとする38万円の領収書があるが、そのうち27万円分はどういう書籍を購入したか不明だとする[24]。

---

24) 四国新聞2009.9.18「ずさんな支出明らかに／三豊市議会の政務調査費」。ほかに、別の議員が調査研究と思えないところで代行タクシーに使っているとしている。

私（筆者）も研究者の端くれで、商売上、調査研究のために、かなりの量の書籍を購入しているが、とても38万円は使えない。この議員は、本当に書籍を購入しているのか、大いに疑問だというのが常識的な発想であろう。

　2009年9月17日には、毎日新聞が、東京都議会の政務調査費の使途基準の改訂を報道していた。都議会議員は1人あたり月60万円の政務調査費を交付されているが、その政務調査費を議員の事務所の家賃や経費の支払いに使えるようにしたという記事である。

　事務所で、地方自治に関連する研究や実験（？）に没頭する議員もひょっとするといるかも知れない。しかし、きわめて例外的な議員であろう。普通の住民の常識から言えば、議員の事務所は、議員の政治活動の拠点のはずである。にもかかわらず、東京都議会がなぜ事務所費を賄うために政務調査費を使えるようにしたのか、不可思議な現象といわざるを得ない。この理由については、後に説明するが、ともかく、この改訂の結果、東京都議は事務所費にかなりの額の政務調査費を使うようになったと、この9月17日の毎日新聞は報道している。

　2009年9月25日には、毎日新聞（宮崎版）が、宮崎県西都市のひとりの議員が偽の領収書と報告書で約64万円の政務調査費を着服したという記事を掲載していた。この議員は、着服金の全額を返済し、議員を辞職したそうであるが、こういう事件は、どういう世界でも起こりうる事件であり、その意味では、分かり易い事件だといえる。市議会は「議員辞職するなど社会的制裁を受けた」（議長）ということで、この議員の刑事告発はしないとのことであった[25]。

　同年9月26日の佐賀新聞には、噴飯ものの記事が掲載されていた。『夜中にラーメンを食べても太らない技術』という本を政務調査費で購入した佐賀市議会の議員が、市民から追求され、次のよう

---

25) 毎日新聞（宮崎版）2009.9.25「着服：政務調査費64万円」。

な説明をしたと言うのである。

「メタボ健診や、メタボが引き起こすガン問題の議会質問の参考にした」。

また、『一休さんの般若心経』という本を購入していた別の議員は、「歴史、宗教などの知識を行政に生かすことは必要」と説明したという[26]。さらにサスペンス小説4冊を政務調査費で購入した議員の説明は「いつそれに近い事件に遭うか分からない」というものであったが、ここまでくれば、もう何を言っても無駄であろう。

2　議員と住民の常識のギャップ？―前橋市議会の騒動―

これらの記事に加え、この2009年9月には、前橋市の政務調査費を巡る非常に珍しい騒動が、毎日新聞、産経新聞、東京新聞など、多くの新聞によって報道されていた。市長が、市議会の一部の会派に、過去にさかのぼっての政務調査費の返還を請求し、市議会の最大会派がそれを拒絶しているという騒動であった。もちろん、市長の請求は唐突に行われたものではなかった。この3か月ほど前に、昨年度（2008年度）の政務調査費の不適切な支出が判明し、それを該当する会派が返還しただけではなく、議長・副議長の辞任という事態ももたらしたのが、この騒動のきっかけであった[27]。

この2008年度の不適切な支出は、政務調査費を正しく使おうと議会で取り決めをしたにもかかわらず、出てきた現象でもあった。そのため、取り決めのなかった2007年度以前の状況を調べる必要があるということで、6月26日、市長が、監査委員に政務調査費

---

26) 佐賀新聞 2009.9.26「佐賀市議会の政務調査費使途、苦しい釈明ならぶ」。
27) 国会議員のパーティー券購入や自治会の歓送迎会費、スカッシュラケットの購入などに充てられていたという。毎日新聞（群馬版）2009.6.15「議長が辞任……政務調査費不適切使用問題で」、産経新聞 2009.6.16「正副議長が辞職　前橋市会政調費問題」など。

の監査を要求した。8月21日、監査結果が市長に報告されたが、その内容は、市議会の各会派にとって、惨憺たるものであった。同市議会の最大会派を初めとして、多くの会派が規則違反や不適正な使い方をしているという報告だったのである。ほとんどは、領収書がないということで、規則違反に問われたようであるが……[28]。

　この監査結果にもとづき、各会派が、規則違反あるいは不適正と指摘された政務調査費を自主的に返還することが期待された。ところが、返還額がずば抜けて大きい最大会派を初めとして、いくつかの会派は返還を拒絶した。そのため、9月に入ってから、市長が政務調査費の返還を請求することとなった。会派のなかには、この市長の要求にしたがうところもあった。しかし、10数名の議員が所属する最大会派は、自主返還をしない旨を議長に伝え、議長がそれを市長に伝えた[29]。開き直りともいえる態度をとったのである。選挙で住民に投票してもらわなければならない議員が、どうして、こういうマイナスのイメージになりかねない態度をとったのであろうか。

　政務調査費の使い方に不正はないと考えているからだといってよかろう。恐らく、それに間違いはないはずである。となると、適正な支出だと証明できる領収書がないにもかかわらず、なぜ、不正はないと頑張れるのか、当然に、疑問となろう。

　この疑問を解くためには、前橋市議会が2008年度から条例で領収書の提出を義務づけたという点に注意を払わなければならない。それまでは、政務調査費をどのように使ったか、議長に報告書を提出するだけでよかったのである。ところが、監査委員は、それ以前の2005～07年度の政務調査費について、その支出が適切か否かを

---

[28] 産経新聞 2009.8.22「政務調査費6714万円が条例・規則違反、前橋市議会政務調査監査報告」。毎日新聞 2009.8.22「前橋市議会政調費問題」。

[29] 毎日新聞（群馬版）2009.9.16「前橋市議会政調費問題：前橋市長、関連4会派に返還請求」。

監査する際に、領収書があるかどうかを判断基準とした。その根拠にしたのは、条例の施行規則であった。07年までの施行規則に、次のような規定があったからである。

「政務調査費の交付を受けた会派の経理責任者は、政務調査費の支出について会計帳簿等を整理するとともに、領収書等の証拠書類を整理し、これらの書類を……5年を経過する日まで保管しなければならない」。

こうして、監査委員は、領収書がないという理由で、政務調査費の使い方が不適切とした。しかし、これは、会派にとっては、承伏しがたいところであったろう。それまでは、領収書がなくても良いというのが、前橋市議会の議員の常識であり、施行規則の規定も、恐らく、領収書の保管を義務づけているとは解釈されていなかったと思われるからである。しかも、これは、全国の地方議会あるいは議員に共通する常識でもあった。政務調査費の使い方は微妙で、いちいち領収書をもらっていたら、議員の活動はできないというのが、全国的に広まっていた考え方であったといってよい。前橋市が2008年に条例を改正し、政務調査費の収支報告書に領収書の添付を義務づけたのは、こういう風潮を改めるためであったはずである。ほかの県議会、市議会でも、ごく最近になって、領収書の添付を義務づけたところが多い。ともかく、少なくとも前橋市議会の最大会派の側からいえば、2007年度までは領収書なしで良いということになっているのであるから、領収書がないから不正な支出と断定することはできないという理屈のもとに、政務調査費の返還を拒否しているのだと推測できる。事実、監査結果が報告されたときに、最大会派の幹事長は、「監査委員とわれわれには見解の相違がある」と反発していたという[30]。また、また、市長の要求に応じて

---

30) 毎日新聞（群馬版）2009.8.22「前橋市議会政調費問題：清新ク『見解の相違』市監査委の調査結果に反発」。

政務調査費を返還した他の会派も、返還に際して、次のように抗議していたとのことである。

「使用した政務調査費はすべて正当に利用したと思っており、納得はしていない。ただ、領収書を紛失したことはこちらに非があったため返還に応じた」[31]。

とはいうものの、一般住民の感覚からいえば、領収書で支出の証明ができないときは、正当に使ったとは主張することができないというのが当たり前の発想であろう。それにもかかわらず、全国的に、地方議員が政務調査費の収支報告書に領収書を添付する必要はないと考えていたのは、何故であろうか。住民には理解しがたいところである。いまでこそ、領収書の添付を条例で義務づける議会が増えつつあるが、それでも、擦った揉んだの挙げ句というところが多い。いまでも、領収書の添付に消極的なところもある。このように、政務調査費に関しては、住民の常識と議員の意識の間には非常に大きなギャップがあるといわなければならない。何故、こういうギャップがあるのか。これを理解するには、政務調査費の制度が創設された経緯、そして、その制度が運用されてきた経緯をみることが必要である。また、議員・議会が領収書は不要という意識を持ってきたにもかかわらず、何故、最近になって、領収書の添付を自ら条例で義務づけるようになったのか。この点も大いに不思議といわざるを得ない。これを理解するためには、政務調査費をめぐる住民の批判、そして、住民訴訟による裁判の動きをみることが必要である。以下、こうした観点から、政務調査費を検討していくことにしたい。

---

31) 産経新聞 2009.9.26「平成会が政調費110万円を返還、前橋市議会」。

3 政務調査費は"調査研究費"―法律の趣旨―

　政務調査費は、2000年（平成12年）の地方自治法改正によって、創設されたものである。とはいっても、この改正法で政務調査費がはじめて議員に交付されるようになったというわけではない。それ以前においても、政務調査費と同じようなものを交付している自治体が多かった。

　そのきっかけは、1953年（昭和28年）に、法律の制定により、国会議員に「立法事務費」という活動費が支給されるようになったことであった[32]。それならば、地方議員にも活動費を交付するべきだという声が湧き上がったのである。こうして、最初は、都道府県レベルで、1960年頃から、議員の活動費が交付されるようになり[33]、その後、政令市の議員、さらには一般市の議員にひろがっていった。2000年の頃には、すべての都道府県議会が活動費を交付し、市議会レベルでも、70％以上の市議会が交付していたという。

　しかし、この地方議員への活動金の交付は、明確な形で、法律に定められたものではなかった。その結果、各種の団体に交付される"補助金"と同じ形でそれぞれの地方議会の会派に交付された。その結果、"補助金"をもらおうとする各会派は、一般の団体と同じように、補助の申請をしなければならず、また、"補助金"を使って達成した実績の報告をしなければならなかった。これがなかなか面倒なため、地方議員の間には、もっと簡略化して欲しいという声

---

[32] 2009年現在の交付金は、国会議員1人あたり月額65万円。議員が所属する衆参両議院の各会派に交付されている。この立法事務費として各会派（政党）に交付される金額は大変な額になるが、その使途はベールに覆われているという。たとえば、サンデー毎日、「国会議員立法事務費・年間56億円」、2009年6月14日、20-21頁参照。

[33] 地方自治法232条の2の規定に基づき、知事が定める補助金等交付規則を適用し、団体等に対する補助金の一種として交付されたのである。

が強かったという。また、この"補助金"が交付されるのは、議会内の会派に対してであり、議員個人にではなかった。この点でも、不満に思う議員が多かったようである。さらに、この"補助金"は、明確な法的根拠がなかったため、住民から、"ヤミ給与"あるいは"第2の報酬"だと批判されることが多かった。1990年代になると、"補助金"の返還を求めて、住民が裁判に訴えるという状況も出現してきた。そして、"補助金"の使い方に問題があるということで、"補助金"の返還を命じる判決がしばしば下された。

　このため、地方議員の活動費を法律で明確に定めて欲しいという声が、各地の議会から出てくるようになった。たとえば、三重県議会は、1999年6月、地方議員の活動費を地方自治法で認めるようにして欲しいという意見書を、内閣総理大臣そして自治大臣[34]に提出した。県議会議員の仕事は実質的に常勤職になっており、その活動費を公明正大に出せるようにして欲しいとしたわけである[35]。こうした動きに呼応して、全国都道府県議会議長会や全国市議会議長会など、地方議会の全国組織も、議員活動費の法的根拠の明確化を要請していた。そういうなかで、1999年（平成11年）7月、いわゆる地方分権一括法が制定された。地方分権充実のための制度整備が行われたわけである。これを絶好の好機として、地方議員の活動費の法制化の要請がますます強くなった。地方分権の充実のためには地方議会の活性化が不可欠であり、地方議会の活性化を図るには、議員の活動費の法制化が必要だと主張された。たとえば、全国都道府県議会議長会は、こうした要請を、積極的に中央政府にしていた（資料1参照）。

---

34) その後、自治省は省庁の統合で総務省となった。
35) 伊勢新聞 1999.6.26「議員活動費に裏付けを、県議会、改正求め意見書提出へ」。

40

第1部 議員と"お金"

> （資料1）　　　　議員の活動基盤の強化に関する要望
>
> 　地方分権一括法が成立し、地方分権は今や名実ともに実行の段階を迎えることになった。
> 　こうした中で、都道府県議会議員の場合、現在でもその勤務の実態は常勤化、専業化しつつある状況にある。
> 　更に、地方分権の時代にあって、地方議会が住民の負託に応え、その役割を十分に果たしていくためには、議会を構成する議員の活動基盤の強化が不可欠である。
> 　よって、地方自治法について、下記の事項に関し、所用の改正を行われたい。
> 1、議会の活性化を図るためには会派の活動を一層充実強化することが必要であり、都道府県政調査交付金の支給根拠について、一般的な団体補助金と同列に置くのではなく、その位置づけを明確にすること。
> 2、地方分権の進展に応じて、一層積極的、効果的な議員活動が行われるよう、現在認められている報酬、期末手当、費用弁償のほかに、地方公共団体が状況に応じ、自主的に条例で議員活動に必要な経費（例えば文書通信費、事務所費など）を支給できるようにすること。
> 　　平成11年11月11日
> 　　　　　　　　　　　　全国都道府県議会議長会

　これらの地方議員・議会の動きに対応したためだろうと思われるが、2000年（平成12年）5月の衆議院地方行政委員会で、委員長が、地方自治法を改正し、"政務調査費"を交付できるようにするという提案をした。この提案は、何の異論もなく、国会を通過し、ここに、"政務調査費"の交付が地方自治法（第100条第13項）で認められることとなった。

　しかし、法律で定められた"政務調査費"は、地方議員・議会が要請した活動費と必ずしも同じではなかった。というよりも、根本的に、内容を異にしていた。法改正時の衆議院地方行政委員会委員長の説明をみると、政務調査費は次のようなものであった。

　「この際、委員長から、本案の趣旨及び内容についてご説明申し

上げます。……

　地方議会の活性化を図るためには、その審議能力を強化していくことが必要不可欠であり、地方議員の調査活動基盤の強化を図る観点から、議会における会派等に対する調査研究等の助成を制度化し、併せて、情報公開を促進する観点から、その使途の透明性を確保することが重要になっております」[36]。

　要するに、「地方議会の審議能力を強化」するために、「調査研究等の助成」をするというのが法改正の趣旨であり、「調査研究の助成」をするために、政務調査費を交付するというのであった。言い換えれば、地方議会の議長会などが要請していた「効果的な議員活動」を遂行するための交付金ではなく、「調査研究」のための交付金として、法律で明示されたのである。

　これは、裁判所の判例でもはっきりと認められているといってよい。たとえば、仙台高等裁判所は、2007年（平成19年）12月の判決で、"政務調査費"を次のように説明している。
「政務調査費の制度は、議員の調査研究活動を活発にして議会の審議能力を強化……しようとするものである」[37]。

　名古屋高等裁判所金沢支部の2008年（平成20年）の判決も、次のように、法制定時の委員長の説明をほぼそのまま踏襲している。
「地方議会の審議能力を強化してその活性化を図り、地方議員の調査活動の基盤を強化させる観点から、議会における会派又は議員に対する調査研究費の助成を制度化……」したものである[38]。

---

36) 平成12年5月18日、衆議院地方行政委員会・斉藤斗志二委員長の説明。
37) 仙台高等裁判所、平成19年12月20日判決言渡、平成19年（行コ）第15号、政務調査費返還代位請求控訴事件。
38) 名古屋高等裁判所金沢支部、平成20年2月4日判決言渡、平成18年（行コ）第8号、政務調査費返還請求控訴事件。

第1部　議員と"お金"

4　条例の怪？—全国の地方議会の条例が同じ内容—

　2000年（平成12年）に法制化された"政務調査費"には、もうひとつの大きな特色があった。政務調査費の具体的な内容については、法律や政令・省令では定めず、すべて、条例に任せることにしたというのが、それである。

　法律の専門家でもない限り、該当する地方自治法の条文をみるために、六法全書を開くという人は、まず、いないであろう。そこで、政務調査費の条文を示すことにするが……。ややこしい法律用語が使われているけれども、我慢して読んで欲しい。

　「普通地方公共団体は、条例の定めるところにより、その議会の議員の調査研究に資するために必要な経費の一部として、その議会における会派又は議員に対し、政務調査費を交付することができる。この場合において、当該政務調査費の交付の対象、額及び交付の方法は条例で定めなければならない」（地方自治法第100条第13項）。

　大半の読者は、この条文を読んで、「調査研究」費だという枠に制限されているものの、政務調査費の具体的な内容は、それぞれの地方議会によって違うんだなと、想像したことであろう。それぞれの地方議会で条例をつくる以上、内容は違ってくるのは当然だからである。そして、現実に、政務調査費の額は、地方議会によって、違っている。2009年時点の都道府県議会でみると、東京都議会は議員1人あたり月額60万円、神奈川県議会と北海道議会は53万円である。ほかにも、50万円というところが、大阪府、京都府、愛知県、埼玉県のようにいくつかある。毎月これだけの額を"調査研究費"として、本当に使うことができるのかどうか、調査研究を商売としている筆者は非常に不思議であるが……。一方では、徳島県議会や佐賀県議会あるいは沖縄県議会のように25万円というとこ

ろもある[39]。これでも、毎月、毎年、調査研究に使うということになれば、大変な努力が必要だと思われるが……。市町村議会は、一般にもっと低い。市議会のなかには月額1万円のところもあると聞く[40]。

　しかし、このような政務調査費の交付額は別として、政務調査費をどういうものに使えるか、そのチェックをどうするかというような点については、どの地方議会も、内容はほとんど同じである。せいぜいのところ、表現の仕方が違ったり、微細な内容が違ったりしているくらいであり、実質的な内容は全く同じとすらいえる。これは、何故であろうか。全国の地方議会が、たまたま同じ内容の条例をつくったのだろうか。そんなことは、あり得まい。考えられるのは、誰かがつくったものを真似たということである。北海道から沖縄まで、そういう条例で、うまくいくかどうか、大いに疑問であるが、しかし、実をいうと、地方自治体の条例には、こういう内容が同じという条例が非常に多い。法律で制定が義務づけられている条例は、すべてといってよいほど、内容が同じである。条例の制定だけではない。議会の規則でも、こういう傾向が強い。たとえば、議会をどのように運営するかは、それぞれの議会が自分自身で会議規則をつくって決めるということになっているが、現実には、議長会によってつくられた"標準会議規則"をそのまま導入する形で、会議規則がつくられている。その結果、全国どこの地方議会も、議会運営の方式が同じである。株式会社など、一般の組織で、このように同じ運営をしていれば、倒産ということになるのではなかろうか。地方議会の場合でも、こういうことで、『地方自治』といえるかどうか、大いに疑問であるが……。全国画一的なものをつくるというのであれば、何も、地方議会が条例でつくる必要はあるまい。

---

39) 朝日新聞 2009.6.24「政務調査費　公開広がる」による。
40) 鹿児島県阿久根市議会は1人あたり月額1万円であったが、2007年度に廃止された（西日本新聞 2007.3.21）。

それこそ、中央政府に任せておけば済むことであり、合理的というべきである。自治体の議会が条例や規則をつくるというのであれば、それぞれの地域に合ったものを、それこそ独自の創意工夫でつくらなければなるまい。政務調査費を交付するのは、まさに、こういう能力を「調査研究」によって高めてもらうためというべきである。

　ところが、その政務調査費についても、法律で認められるとすぐに、"標準条例"がつくられるということになった。その主導権を握ったのは、地方議会の議長で構成される全国都道府県議長会や全国市議会議長会であった。たとえば全国市議会議長会の場合……。地方自治法の改正で政務調査費が認められた直後に、市議会の議長の集まりで、「全国の市議会に共通する標準的なモデル、雛形のようなものが必要」ということになり、10市の議会事務局長を検討委員とする「政務調査費の交付に関する標準条例等検討委員会」が設置された。そして、2000年7月から、月1回のペースで委員会が開かれ、同年10月末に、最終案が決定され[41]、その後、すぐに、全国市議会議長会の"標準条例"、"標準規則"とされた。

　この"標準条例・規則"は、それまで"補助金"を交付していた市、そして、政務調査費の法制化にもとづき、新たに"政務調査費"を導入しようという市に、すぐさま、導入された。2001年7月、全国市議会議長会が、当時の全国693市議会（670市、23区）を対象に、政務調査費の調査をしている。それによると、政務調査費を交付するための条例・規則を制定したのは607市議会で、そのうち505市議会（83.2％）の条例・規則は"標準条例・規則"と同じだとしていた[42]。残りの102市（16.8％）は「市独自で作成した」としているが、これも、全く独自のものというものではなく、

---

41) 全国市議会議長会「政務調査費の交付に関する標準条例等検討委員会・報告書」平成12年10月。

42) 全国市議会議長会「政務調査費に関する調査結果」平成13年9月。

部分的に違うところがあるという程度のものであったと推測できる。

　全国都道府県議会議長会も、法律が制定されると直ぐに、"標準条例・規程"の作成に取りかかり、2000年（平成12年）11月10日、"標準条例"、"標準規程"を完成した[43]。全国の都道府県議会は、これをモデルとして、条例をつくったのはいうまでもない。そして、この標準条例・規則は、後述するように、全国市議会議長会が作成したものと、基本的に、変わるところがなかった。

　この結果、都道府県レベルの議会も、市議会レベルの議会も、政務調査費はほとんど同じような形で交付され、使われることになった。この当時、町村議会で政務調査費を交付しているところが少なかったが、交付している議会は、恐らく、市議会と同じような縛りで政務調査費を交付したのではないだろうか。

5　条例による政務調査費の実質的変更？

　全国都道府県議会議長会の"標準条例"と全国市議会議長会の"標準条例"は、基本的には、同じ内容だといってよい。もちろん、表面的には、若干の違いはある。たとえば、市議会の"標準条例"には、都道府県議会のものとは違い、政務調査費の使途を厳格に限定した次のような条項が定められている。

　「議員は、政務調査費を……市政に関する調査研究に資するため必要な経費以外のものに充ててはならない」。

　そして、これと同じ内容を条例で定めている市議会が多いということからいえば、都道府県議会よりも、市議会のほうが政務調査費の使い方を厳格にしているともいえそうである。しかし、現実には、市議会レベルでも、「これが調査研究費か？」と首をかしげた

---

43) 全国都道府県議会議長会「政務調査費の交付に関する条例（例）及び同規程（例）関係資料」、平成12年12月、3頁。

くなるような使い方をしている議員・会派が少なくない。政務調査費を使う際に、この条項に合致しているか否かを検討している議員・会派はほとんどいないというのが実情であろう。事実、調査研究のためというよりも、日常的な議員活動（政治活動）に政務調査費を使っている議員が多い。裁判でも、調査研究のための経費といえるかどうか、しばしば問題にされている。

　条例で「調査研究」と念を押しているにもかかわらず、なぜ、こういう事態になっているのであろうか。その条例と対になっている政務調査費の"標準規則"で、議員活動に政務調査費を使えるという「使途基準」を具体的に示しているためということができよう[44]。たとえば、市議会議長会の"標準規則"は、「広聴費」を「使途基準」の事例として掲げ、そして、これは「会派が住民から市政及び会派の政策などに対する要望、意見を吸収するための会議等に要する経費」であり、具体的には、会場費や印刷費や茶菓子代がそれにあたると説明している。「広報費」というものもある。「会派の……議会活動及び政策について住民に報告し、PRするための経費」で、広報紙の経費、送料、会場費などが「広報書」にあたるというのである。

　こういう「広聴費」あるいは「広報費」をみて、議員の「調査研究」活動であると考える住民がいるであろうか。住民の一般常識からいえば、議員活動と見るのが素直というものであろう。それを"標準規則"は調査研究費と位置づけ、その結果、ほとんどすべての市議会が「調査研究費」だとしているのであるが、これは、かなり無理な扱いといわなければなるまい。仮に、「住民から……要望、

---

[44] 全国都道府県議会議長会は"標準条例"と対になるものとして「政務調査費の交付に関する規程（例）」を作成し、その別表で政務調査費の使途基準を示している。同じく、全国市議会議長会も規則案（例）の別表で使途基準を具体的に示し、それが、都道府県議長会のものとほぼ同じである。ということは、府県議会も市議会も、それに従って、同じ内容の使途基準を示していることになる。

意見を吸収するための会議」が調査研究活動だということであれば、それこそ、それでは議員活動とは何なのかが問題となろう。

都道府県議長会の"標準規程"には、「広聴費」はない。しかし、「会議費」という事例が示され、「議員が行う地域住民の県政に関する要望、意見を吸収するための各種会議に要する経費」であり、会場費等がそれにあたると説明していることをみれば、市議会の「広聴費」と内容が同じといってよかろう。

「調査研究」にもっと馴染みにくいのは、「事務所費」である。市議会の"標準規則"も、府県議会の"標準規程"も、使途基準の事例として「事務所費」を示し、事務所の賃借料、維持管理費、事務機器購入などがそれに該当するとしているが、事務所を構えて、どんな調査をし、どんな研究をするのであろうか。議員が、審議能力を高めるために、大型のコンピュータを備えて調査研究をしているなどということは聞いたことがない。審議能力強化のために、実験装置を備えて、毎日、実験をしているということもなかろう。事務所の設置は、会派や議員の政治活動のために設置するというのが、普通の住民の常識といわなければなるまい。

要するに、全国市議会議長会の"標準条例"（あるいは"規則"）は、一方では、政務調査費を調査研究活動以外のものに使ってはいけないと念入りに釘を刺しながら、もう一方では、議員活動のために使えるという「使途基準」を示したために、政務調査費を議員活動のために使うようになったということできる。議員からいえば、規則で決められている以上、その規則にしたがって政務調査費を使うのは当然であるからである。

ところで、"標準条例"や"標準規則"が、なぜ、こういう矛盾する使途基準を示したのであろうか。政務調査費が法制化されたときの経緯から推測できそうである。地方議会、さらには、全国都道府県議会議長会や全国市議会議長会などが政務調査費の法制化を求めて運動していたのは、前述したように、議員活動の充実のためで

あった。ねらいは、「調査研究」費の獲得ではなく、「議員活動に必要な経費」[45]の獲得にあった。そして、その具体的な内容として「事務所費」の獲得を目指していた。各議員が事務所を設けて、議員活動を積極的に展開できるようにしたいと望んでいたのである。

ところが、政務調査費は、法制化される段階で、何の議論もないまま、いわば突如として、「調査研究」費に変貌してしまった。しかし、"標準条例"の作成者たち[46]は、議員活動の充実という観点から法制化を求めていた人々であった。「調査研究」ということの必要性を意識してきた人々ではなかった。となると、法律の規定にしたがい、「調査研究」費という建前は遵守するものの、具体的にどういうところに政務調査費を使うかを検討する段階になると、当初のねらいであった「事務所費」や「広聴費」あるいは「会議費」が浮上してくるのは当然であった。それを意識的にしたのか、無意識的にしたのか、定かではないが、結果的には、条例の制定という手続きを上手く活用して、当初の自分たちのねらいを見事に条例のなかに織り込んでしまったわけである。

その結果、多くの地方議会で、議員（あるいは会派）が規則で示された使途基準にしたがって、「事務所費」や「広聴費」あるいは「会議費」等に、言い換えれば、議員活動のために、政務調査費を堂々と、正しい使い方だと信じて、使うようになった。しかし、これは、政務調査費を素直に「調査研究」と理解する住民からいえば政務調査費の乱用ということになり、半ば必然的に、批判されることとなった。裁判に訴えられるという事態も各地で出てくるようになった。

---

45) 全国都道府県議会議長会の平成11年11月11日の「議員の活動基盤の強化に関する要望」(p. 41、資料1参照)。

46) 全国都道府県議会議長会の"標準条例（および規程）"を作成したのは、2000年（平成12年）当時の都道府県議会のブロック代表である議会の事務局長（実質的には、担当課長）たちであり、また、全国市議会議長会の場合も、10市の議会事務局長によって作成された。

議員が政務調査費の意味そのものを考えず、ただ、規則の使途基準にしたがえばよいという意識を持ち続ける限り、住民との意識のギャップが埋まることはない。議員の多くは、規則で示されている「使途基準」を"与えられたもの"として受け入れているようである。これでは、住民の批判が止むことはない。条例や規則をつくり、「使途基準」をつくるのは、議員自身なのである。

6　政務調査費のチェックは？

　「政務調査費の交付を受けた会派の経理責任者は……政務調査費に係る収入及び支出の報告書を作成し、議長に提出しなければならない」（第7条）[47]。
　これは市議会の"標準条例"の規定である[48]。同じ内容の規定が都道府県議会の"標準条例"にもある[49]。したがって、どの地方議会でも、議員や会派は、政務調査費の報告書の提出を義務づけられているはずである。
　ただし、都道府県の"標準条例"は、「議長は……収支報告書が提出されたときは、必要に応じ調査を行うものとする」[50]というように、議長の調査権を定めているが、市議会の"標準条例"はこの規定をもっていない。このため、市議会のなかには、自主的に、議長の調査権を条例で定めているところもあるが、多くの市議会は議長の調査権を明示していないようである[51]。
　なお、実際に、政務調査費を交付する責任者は知事や市長などで

---

47) 全国市議会議長会「○○市議会政務調査費の交付に関する条例案（例）」（会派用）平成12年10月。
48) なお、市議会の"標準条例"は、会派用のものと議員用のものがつくられているが、議員用の"標準条例"にも第5条に同趣旨の規定がある。
49) 全国都道府県議会議長会、「○○（都道府）県政務調査費の交付に関する条例（例）」（平成12年11月10日決定）第10条1項。
50) 同条、第11条。

あるが、これらの首長の調査権は、いずれの"標準条例"でも明示されていない。というよりも、都道府県の"標準条例"は首長の調査権を否定しているというべきである。たとえば、"標準条例"の解説のなかに、次のような知事の調査権を否定する説明がある。

「都道府県が支出する経費については、予算の適正な執行の観点から、一般的には、知事の調査、検査の権限が及ぶものである。しかしながら、……知事に……調査、研修等の活動に関する領収書等の証票類、現金出納簿まで提出しなければならないとすると、それは各会派の議員の政治活動の自由に重大な影響を与えかねない……といった考え方には首肯すべきものがあり、全面的に知事の調査、検査権にゆだねることは適当でない」[52]。

都道府県レベルの議会は、この"標準条例"をモデルとして、政務調査費の条例を制定している。ということは、これらの条例でも、知事の調査権・検査権は否定されているとみるべきであろう。また、市レベルでも、議長の調査権を定めているところがかなりあるが、こういう市議会は、市長の調査権・検査権を否定しているとみてよいであろう。なかには、神奈川県大和市議会のように、議長の調査権ではなく、市長の調査権を条例で明示しているところもあるが……。

議長のチェックについては、議長会の"標準条例"をまる写したためであろうか。実際にそれをどのように実施するかについては、どこの地方議会も定めていない……と思う。少なくとも、裁判の判例ではそういう事例を見つけることができず、また、新聞の報道で

---

51) 全国市議会議長会の2001年（平成13年）の調査によれば、議長の調査権を条例もしくは規則で定めているところが152市議会（全市区議会の25.2％）あった。
52) 全国都道府県議会議長会、『政務調査費の項に関する条例（例）及び同規程（例）関係資料』、平成12年12月、28頁。

もそうした記事は見あたらない。実際には、議長の調査は、提出された収支報告書を見るだけというところが大部分であろう。しかし、議長に提出される収支報告書は非常に大まかである。【資料2】に示したのは、市議会のある会派が、裁判資料として、2003年に提出した収支報告書であるが、これを見ても、収支報告書が如何に荒っぽいかということが理解できる。これでは、議長がどれだけ収支報告書を眺めていても、具体的な中身は全く見当がつかないに違いない。

　また、いまは、状況が変わりつつあるが、ごく最近まで、収支報告書に領収書の添付を義務づけていないところが多かった。とくに、都道府県議会の場合、当初は、ほとんどの議会が領収書の提出を義務づけていなかった。領収書がなければ、議長は収支報告書をチェックすることができず、このことも、議長の調査を阻害する大きな要因になっていたといわなければならない。

　こういう事態が引き起こした最大の原因としては、都道府県議会の場合には、"標準条例"で領収書の添付が義務づけられていなかったことを挙げることができる。それでは、"標準条例"は、何故、領収書の添付を義務づけなかったのであろうか。「領収書を提出しなければならないとすると……各会派の議員の政治活動の自由に重大な影響を与えかねない」[53]という全国都道府県議会議長会の解説に、その理由が端的に現れているといわなければなるまい。要は、政務調査費を会派や議員の政治活動の資金と考えていたために、収支報告書への領収書の添付を否定したわけである。

　一方、全国市議会議長会は、"標準条例"でではないが、"標準規則"で次のように領収書の保管を義務づけていた。
「政務調査費の交付を受けた会派の経理責任者は、政務調査費の

---

53) p. 51、52) 全国都道府県議長会。

(資料2)　　　　　　平成15年度政務調査費収支報告書
　　　　　　　　　　　　　　　　　　会派等名　　××××会
　　　　　　　　　　　　　　　　　　代表者名　　○○○　㊞

1 収入
（単位：円）

項　　目	金　額（円）	備　　考
政務調査費	41,250,000	
その他（預金利子等）		
合　　計	41,250,000	

2 支出

項　　目	金　額（円）	備　　考
研究研修費	12,395,513	交通費　等
調査旅費	2,028,484	旅費　等
会議費	13,464,819	食料費　等
資料作成費	2,012,560	事務機器の賃借料　等
資料購入費	1,280,127	書籍　等
広報費	4,759,291	郵送料　等
広聴費	4,339,872	茶菓子　等
人件費	0	
事務所費	0	
その他の経費	964,334	事務用品　等
合　　計	41,250,000	

（注）備考欄には、主な支出の内訳を記載するものとする。

3　残額　　　　0　　　円

支出について会計帳簿を調整するとともに、領収書等の証拠書類を整理し、これらの書類を……保管しなければならない」(第7条)[54]。

そして、この"標準規則"にしたがい、領収書の保管を義務づけたところが331市議会(全市区議会の54.6％)もあった[55]。しかし、この場合も、"保管"を義務づけただけであり、実際に、領収書の提出を義務づけた市議会は非常に少なかった[56]。その結果、多くの市では、この保管の義務づけは単なる名目的なものになっていた。領収書に照らし合わせて、政務調査費の使途をチェックするという市議会はほとんどなかったわけである。こういう状況が続けば、領収書は必要ないという意識が議員の間に浸透するのは半ば必然であった。また、政務調査費を、政治活動や議員活動に使うようになるのも当然だったといわなければなるまい。前述の、前橋市の事例、すなわち最大会派が領収書を提示できなかったために多額の交付金の返還を市長から要求され、最大会派がそれを拒絶しているという事例も、こういう状況が背景にあるためだと想像できる。

領収書の提出が義務づけられていないという状況は、議員活動や政治活動に政務調査費を使いたい会派や議員にとっては、非常に好都合な状況である。しかし、これは、住民の反発を買う状況でもある。政務調査費は、法律で「調査研究」の経費であるということが明確に示されている。したがって、住民は政務調査費を、当然に、

---

[54] 全国市議会議長会「政務調査費の交付に関する規則案(例)」(会派用)。平成12年10月、なお、議員用の規則案にも同じ規定がある。

[55] 全国市議会議長会「政務調査費に関する調査結果」平成13年9月。

[56] 2001年3月31日の読売新聞が県庁所在市のなかで秋田、甲府、静岡、大津、松山の5市が条例で領収書の添付を義務づけていたと報道しているように、領収書の添付を「規則」ではなく、「条例」で義務づけているところも少しはあった。ほかに、津、高知、那覇の3市が「規則」で義務づけていたという。しかし、残りの38県庁所在市は添付を義務づけていなかった。なお、都道府県では、高知県と京都府が収支報告書に領収書を添付することを「規定」で義務づけていたが、添付条件に「1人5千円以上の食料費、10万円以上の旅費」(高知県)、「5万円以上」(京都府)という条件付けをしていた。

「調査研究」費として理解する。ところが、現実に、多額の政務調査費が使われているにもかかわらず、会派や議員がどういう「調査研究」をしているのか、明らかでないことが多い。それどころか、事務所費や広報費など、どうみても、議員活動や政治活動にしか見えない活動に政務調査費を使っている会派や議員が多い。となれば、住民は、政務調査費の使い方に疑問の目を向けるのは必然というべきである。事実、政務調査費が交付されるようになった直後から、各地で、政務調査費の使い方をめぐって、住民は、監査委員に監査請求をし、裁判に住民訴訟を起こすようになった。

7 裁判所の判断 ―領収書は必要―

　こうした裁判では、当然に、政務調査費が適切に使われているか否かが争点となった。裁判所は、関係する議員や会派に対して、政務調査費を適切に使ったという証明を求めた。領収書の提出を要請したわけである。もっとも、領収書が提出されても、それだけで適切だと認めるということではなかったが、少なくとも領収書の提出がないと、実質的な審理は始まらなかった。弘前市議の政務調査費をめぐる青森地裁の裁判（2007年5月判決）も、領収書の提出があるか否かが、実質的な審理を始めるスタートとなった。その控訴審である仙台高裁の裁判（2007年12月判決）も、また、金沢市議の政務調査費に関連する名古屋高裁の裁判（2008年2月判決）もそうであった。そして、領収書の提出がない場合には、使い方が明確でないということで、すべて不適切な支出だと推論された。

　もっとも、これらの裁判で、住民から直接的に訴えられたのは政務調査費を受けとった議員ではなかった。住民は、市長を相手にして、市長が会派や議員に政務調査費の返還を請求せよと訴えた。会派や議員は裁判の直接の当事者ではなかったのである。そのため、会派や議員のなかには、領収書の提出を要請されても、黙（だんま）りを決め

込むものもあった。こういう場合、裁判所は強硬に領収書の提出を求めたのはもちろんである。

　たとえば、上述の金沢市議の事件は、金沢市議会の2つの会派が政務調査費を「会議費」という名目で"飲み食い"に使ったとして、市民が訴えた事件であった。第1審は金沢地方裁判所で行なわれたが、その金沢地裁の判決に不満を持った住民が、2006年（平成18年）6月、名古屋高等裁判所に控訴した。この裁判は、名古屋高等裁判所金沢支部で9月末に始まった。そして、名古屋高裁は、政務調査費の領収書が提出されていないということで、2つの会派の経理責任者に対し、それを明確にするようにという審尋書を送付した。しかし、何の回答もなかった。そのため、同裁判所は、平成18年12月15日、「領収書の提出を命ずる決定をし」[57]、翌16日、それを2人の経理責任者に送達した。しかし、2人の会派経理責任者は、ともに黙りであった。

　そこで、同裁判所は、2007年（平成19年）1月18日、「（領収書等の）提出命令に応じなかった理由について陳述書を提出するよう催告」[58]した。が、この催告にも2人は黙りを通した。裁判所が次に採った手段は、「本件両会派の各経理責任者をそれぞれ過料金20万円に処する」[59]という強硬手段であった。（なお、この2人の経理責任者は、原審の金沢地方裁判所でもそれぞれ10万円の過料金を課せられていた。このため、過料金は合計30万円となった）。それでも、両会派の経理責任者は領収書を提出しなかった。初めから領収書は存在せず、提出しようにも、提出できなかったのであろうが……。

　この裁判が進行中の2008年（平成19年）4月27日に金沢市議

---

57) 名古屋高等裁判所金沢支部、平成20年2月4日判決言渡、平成18年（行コ）第8号、政務調査費返還請求控訴事件。
58) 同上
59) 同上

会議員の選挙があった。裁判の当事者として訴えられていた金沢市長は、この選挙によって2つの会派は自然消滅し、その結果、「支払いを請求すべき相手方に存在しなくなった」[60]と抗弁した。裁判する意味がなくなったと主張したわけである。こういう市長の抗弁を見ると、邪推ではあろうが、ひょっとすると、両会派の議員の面々は選挙ですべてのことが洗い直され、裁判から解放されることを期待したために、黙りを通したのではないか……という疑いすら出てくる。

しかし、裁判は甘くはなかった。会派がなくなっても、責任はその構成メンバーが全員で負うことになると判断したのである。そして、両会派の姿勢を「本件事案の解明を著しく阻害した」[61]と結論づけ、その上で、「本件両会派のかかる態度を容認することは……到底許されない」[62]と厳しく糾弾した。その判決が、市長に対して、この2つの会派に政務調査費の返還を請求せよというものであったことは言うまでもない。

8 条例改正の動き ―領収書添付の義務づけ―

政務調査費の支出の正当性を証明するには領収書の提示が必要という裁判所の判断はかなり早い段階から見ることができた。たとえば、2004年2月には青森地裁そして津地裁が、10月には札幌高裁が……というように、裁判所が次々と領収書が必要だという判決を下していた。

こういう裁判の動きに影響されたためであろうか。あるいは、住民の裁判にまで訴えるという強い批判のほうが強く影響したのであろうか。政務調査費の支出に領収書を添付しようという議会が、都

---

60) 名古屋高等裁判所、前掲、57)に同じ。
61) 同上
62) 同上

道府県レベルでも、出てくるようになった。その先鞭をつけたのは、岩手県議会であった。2002年3月にその方向を決め[63]、12月に条例ですべての支出に領収書の添付を義務づけ、それを公開するようになったのである（施行は03年5月）[64]。続いて、長野県議会が03年2月に条例を改正して、5月から領収書の添付を義務づけるようになり、また、翌04年4月には、宮城県議会もすべての支出の領収書を公開するようになった[65]。

　岩手県議会は、この領収書添付の義務づけと同時に、それまで政務調査費を会派に交付していたのを改め、個々の議員に交付することにしたが、このように変更した約1年後の2003年度末の精算では、政務調査費の総額の約15％が使われずに残り、県に返還されたとのことであった[66]。岩手県議会の政務調査費は議員1人あたり年間372万円であるが、これだけの金額を、純粋に「調査研究費」に使うのは大変だといってよい。大規模なアンケート調査をするとか、大がかりな実験をするというのであれば、372万円というお金は直ぐになくなってしまうに違いないが、議員の調査で、そういう「調査研究」をするとは信じにくい。せいぜいのところ、国内外の先例を調べるために訪問するとか、専門家の話を聞きに行くというくらいであろう。こういう「調査研究」で毎年372万円を使うのは並大抵ではなく、交付総額の15％が使い切れずに残ったのは、至極当たり前のことといわなければなるまい。まだ、これでも、余ったお金が少なすぎるとすらいえる。

　その後も、鳥取県議会、和歌山県議会……等々、領収書の添付を義務づける都道府県議会が増えていったが、2008年・09年になる

63）河北新報02.3.21「岩手県議会、政務調査費を透明化」。
64）信濃毎日新聞02.12.13「政務調査費、領収書を公開対象に」。
65）朝日新聞（宮城版）03.1.30「全出費の領収書公開へ、全国3番目、県議会各派が一致」。朝日新聞（宮城版）04.3.5「領収書の添付義務化、県議会で来月にも」。
66）河北新報2004.6.1「岩手県議会、政調費15％返還へ」。

と、全国の都道府県議会は一斉に領収書の添付を義務づけるようになり、それを公開するようになった[67]。朝日新聞によれば、2009年6月現在、茨城県議会を除くすべての都道府県議会が領収証の添付を義務づけているという（p60、資料3参照）。

　が、このなかには、和歌山県議会や兵庫県議会のように、一定額以上の支出についてのみ、領収書の添付を義務づけているところもある。こういう議会は、領収書の添付を義務づけているという説明ができるとしても、実際には、あまり意味がないということも考えられる。たとえば、5万円以上の支出について、領収書の添付を義務づけている和歌山県議会の状況を見ると……。08年度の政務調査費の総額は1億6560万円。返還が約939万円あったため、使われたのは約1億5620万円であったが、このうち領収書で使途が明らかにされたのは約1614万円、総額の10.3％に過ぎなかった。残りは、5万円以下の支出であったということになるが、和歌山県議会は、事務費、事務所費、人件費についても領収書の添付の必要はないとしているので、こういう経費も含まれているはずである。領収書を全く添付していない議員も11人いたという（議員数は46人）。さらに、提出されたもののなかには、「海外渡航費」とのみ記載された約32万円の領収書もあったそうである[68]。こういう和歌山県議会のような領収書添付の義務づけでは何の意味もないというべきであろう。

　現に、京都府議会は、当初、5万円以上の支出に領収書の添付を義務づけていたが、08年にそれを変更し、すべての支出に義務づけるようになっている。また、特定の支出についてのみ領収書の提出を要請していた高知県議会も、09年からは、すべての支出に義務づけるようになった[69]。

---

67) 朝日新聞 2009.6.24「政務調査費　公開広がる」。
68) 紀伊民報 2009.7.9「9割が詳細使途不明　県議会政務調査費」。
69) 高知新聞 2008.12.19「政務調査費　全面公開へ、高知県議会」。

（資料3）　　　都道府県議会の政務調査費（2009年6月現在）

	議員1人あたり月額	領収書添付義務			
北海道	53万円	1万円以上	三　重	29万7000円	○
青　森	31万円	○	滋　賀	30万円	○
岩　手	31万円	○	京　都	50万円	○
宮　城	35万円	○	大　阪	50万1500円	○
秋　田	31万円	○	兵　庫	50万円	5万円以上
山　形	31万円	○	奈　良	30万円	○
福　島	30万円	○	和歌山	30万円	5万円以上
茨　城	30万円	なし	鳥　取	25万円	○
栃　木	30万円	○	島　根	30万円	3万円以上
群　馬	30万円	1万円以上	岡　山	35万円	1万円超
埼　玉	50万円	○	広　島	35万円	○
千　葉	40万円	○	山　口	35万円	○
東　京	60万円	○	徳　島	25万円	○
神奈川	53万円	○	香　川	30万円	1万円超
新　潟	33万円	○	愛　媛	33万円	1万円以上
富　山	30万円	○	高　知	28万円	○
石　川	30万円	○	福　岡	50万円	○
福　井	30万円	○	佐　賀	25万円	○
山　梨	28万円	○	長　崎	30万円	○
長　野	29万円	○	熊　本	30万円	○
岐　阜	33万円	3万円以上	大　分	30万円	○
静　岡	45万円	○	宮　崎	30万円	○
愛　知	50万円	3万円以上	鹿児島	30万円	○
			沖　縄	25万円	○

注）○は1円以上の領収書添付
　　朝日新聞 2009.6.24「政務調査費公開広がる」より引用。

　市議会レベルでも、同じような傾向をみることができる。政令市議会の場合、浜松市議会や静岡市議会のように、早くから、すべての支出に領収書の添付を義務づけているところもあったが、それ以外の政令市議会が領収書を義務づけるようになったのは2007年以後のことである。現在は、大阪市議会や北九州市議会のように、5

万円以上の支出に限定しているところもあるが、ほとんどの政令市議会はすべての支出を対象としている。大阪市議会も、2010年以後はすべての支出に領収書を義務づける予定だとのことである[70]。

　市議会のなかには、領収書の提出を義務づけているだけではなく、住民がその領収書を容易にチェックできるような仕組みをとっているところもある。たとえば、岡山県の備前市議会は、07年6月1日から、各議員領収書付きの収支報告書を公開している。しかも、住民は、事前に申請しなくても、市議会の図書室で直ぐに閲覧できるという[71]。

　また、島根県の浜田市議会は、07年11月27日から、議員全員の収支報告書と領収書を市議会のホームページで公開している[72]。ホームページを開いてみると、各議員が提出した収支報告書と領収書がそのまま掲載されており、なかなか興味深い。これは、政務調査費の交付額が議員1人あたり年額7万円と非常に少ないためにできることでもあるが……。しかし、議会側は、こうした公開の仕方を工夫するべきであろう。

9　裁判で問題になった政務調査費の使い方は？

　議員（あるいは会派）は領収書を提出しさえすれば、それで、免責されるというわけでは勿論ない。領収書は政務調査費を何に使ったかを示すだけである。議員（あるいは会派）にとって重要なのは、政務調査費を"適切に"使うことである。これは当たり前のことであるが、現実には、政務調査費の使い方が"不適切"だとして、新聞紙上などで、よく問題にされる。政務調査費の監査を請求する住民も少なくない。裁判所に訴える住民もいる。しかも、監査や裁

---

[70]　全国市民オンブズマン連絡会議、「政務調査費調査」、2009年5月調査による。
[71]　山陽新聞 2007.6.2「政務調査費透明化へ　領収書付き報告書公開」。
[72]　山陰新聞 2007.11.30「浜田市議会が領収書公開」。

判で、議員が政務調査費の返還を迫られることも少なからずある。

　そこで、地方議員は政務調査費を実際にどのように使っているのか、どういう使い方が"不適切"と認定されているのかを、裁判の判決を事例にしてみることにしたい。事例にした裁判は、2007年（平成19年）5月の青森地方裁判所の判決[73]、そして、その控訴審である2007年12月の仙台高等裁判所の判決[74]である。

　この裁判では、2004年（平成16年）当時の弘前市議22人の政務調査費の使い方が問題となった。訴えたのは、弘前市の市民である。当時の弘前市（合併前の弘前市）の議員数は32人であった[75]。市民は、その70％近い議員の使い方に問題があるとして、裁判に訴えたのである。当時、弘前市は議員1人あたり年額で72万円の政務調査費を交付し、それらの政務調査費を、「使途基準」に沿って、①研究研修費、②調査旅費、③資料作成費、④資料購入費、⑤広報費、⑥会議費、⑦人件費、⑧事務所費、⑨雑費に使うことができるとしていた。したがって、2つの裁判で問題視された使い方を、この「使途基準」にしたがって整理してみると……。

　先ず、①の研究研修費の関連では、議員野球大会への参加費、小学校創立50周年祝賀会の参加費に政務調査費を使っている議員がいた。父兄会費に使っているものもいた。これらの議員は、こうした会合に参加すれば種々の情報を得ることができ、審議能力を強化させることができると説明していたが、これは"詭弁"というべきである。少なくとも市民の側からみれば、こうした会合への参加は議員活動そのものということになろう。青森地裁も、「議員として

---

[73] 青森地方裁判所、平成19年5月25日、平成17（行ウ）7、政務調査費返還代位請求事件。

[74] 仙台高等裁判所、平成19年12月20日、平成19年（行コ）15、政務調査費返還代位請求控訴事件。

[75] その後、平成18年（2006年）に弘前市と岩木町、相馬村が合併して、現在の弘前市となった。2007年に議員定数は34人で選挙が行われた。

の交際費」であると判断し、政務調査費の返還を命じた。

　こうした会合への参加費で問題視されたものには、このほかに、前青森県知事を囲む市町村議員懇話会の参加費や、政党が開催する政経セミナーへの参加費などがあった。研究研修ではなく、政党活動だとされたのである。しかし、その一方では、政党が主催するセミナーであっても、研究会であれば、政務調査費を使っても良いというのが青森地裁の判断であった。これで、市民が納得するかどうか。政党活動だと考える市民が多いのではなかろうか。

　大阪（大阪城、天保山）や北海道（斜里、知床、知床博物館）の視察を研究研修費として分類している議員もいたが、この種の視察旅行は、②の調査旅費として整理している議員が多かった。そして、これらの視察に関しては、観光旅行か否かが問題となった。事実、金沢市や沖縄市への視察など、観光旅行の色彩が濃厚な調査旅行も多かった。青森地裁も、これらの視察を"観光旅行"の色合いが強いと認定したようである。しかし、"観光旅行"だと断定することはできなかった。その結果、下した判断は、"灰色"の判断であった。調査研究のための支出とすることはできないが、「使途基準に合致しない支出」と認めることもできず、消極的に政務調査費での支出を容認したわけである。

　しかし、デトロイトへの調査旅行のように、観光旅行だと積極的に判定したものもあった。その内容が、ライオンズクラブの国際大会への参加、ナイアガラの滝の見学やラスベガスでのカジノ遊び、等々、調査研究とは全く無縁であったからである。

　また、私立幼稚園の補助金の請願するために東京に行った議員についても、青森地裁は、政務調査費の使用を否定した。「請願活動は議員としての通常の活動であり、調査研究活動とは認めがたい」[76]としたのである。

76）青森地方裁判所、前掲、平成19年5月25日判決。

③の資料作成費として計上されていたのは、印刷費やコピー代であったが、領収書が提出されてないものが多く、これらは、もちろん、不適切な支出とされた。領収書は提出されていたが、宛名が後援会宛というのもあった。これについては、青森地裁は、議員活動費だと認定し、政務調査費の使用を認めなかった。

　④の資料購入費は、多くは、朝日新聞や読売新聞、東奥日報や陸奥新報などの新聞の購読料、あるいは、書籍費であった。これらの購読料については、裁判所は文句なしに調査研究に資する費用だと認定した。ただし、社会民主党に所属している議員の同党機関誌（『社会新報』）の購読は、控訴審の仙台高裁は「政党活動に基づいて支出されたもの」[77]というのが控訴審の仙台高裁の判断であった。政務調査費の使用を否定したわけである。また、「アパートノカギカシマス」というタイトルのDVDの購入や、「コドモハダギ」などの書籍の購入も"不適切"とされたが、これは当然であろう。同窓会名簿の購入も認められなかった。

　⑤の広報費として計上されていたのは、研修会館使用料であった。この議員は、いわゆる市政報告のために研修会館を借りたものであったが、青森地裁は、それを、議員活動のためだという断定を下さなかった。調査研究のためとはいえないものの、そうでないともいえないという"灰色"の判断をしたわけである。そして、消極的に、政務調査費での支出を認めた。

　一方、控訴審である仙台高裁は、別の議員に対してではあるが、「市政を語る会」を「議員活動」[78]であるとし、その経費を政務調査費で賄うことはできないという判断を示した。

　（この議員については、原審の青森地裁は、領収書が提出されていないという理由で、政務調査費の使用を否定していた）。

---

77) 仙台高等裁判所、前掲　平成19年12月20日判決。
78) 同上

⑥の会議費では、集会所の使用料に関して、青森地裁はやはり"灰色"の判断を下し、消極的に政務調査費での支払いを是認した。しかし、自宅に併設する施設の使用料については、政務調査費の使用を認めなかった。また、ある議員が、会議費や広報費の名目で、特定の酒店に対して約15万円を支払っていたが、これについては、青森地裁は政務調査費での支出を認めなかった。(これは、青森地裁で確定し、控訴されなかった)。

⑦の人件費に関して、控訴審の仙台高裁で問題となったのは、ある議員が、妻のアルバイト代として毎月5万円、1年間で60万円を政務調査費で支払っていたが、それが認められるか否かであった。当該議員は次のように、その正当性を主張していた。

「政務調査費では事務員を雇用することが困難であったため、フレックスタイムで職務を遂行することができ、かつ低額な人件費で対応できる妻を雇用したものであるから、政務調査費での支払いを認めるべきである」[79]。

これに対して、仙台高裁はそれを、次のように、否定した。

「政務調査活動の補助職員に家族を雇用するというのはお手盛りの危険を伴うものであり、納税者の立場からすればいくら職務に応じた妥当なものであると説明されても容易に納得できるものではないし、そもそも妥当な支出であったか否かを検証することが困難といわざるを得ない」[80]。

他の議員が政務調査費で支払ったアルバイト料も、ことごとく、政務調査費で支払うことを否定されたが、しかし、その理由は、領収書の署名者を特定できないとか、同じ筆跡で数人分の領収書を書いているとかというものであった。そして、事務補助職員費として毎月7千円を政務調査費で支払っていた議員については、「使途基

---

[79] 仙台高等裁判所、前掲。
[80] 同上

準に合致する支出である」（青森地裁）とされた。しかし、調査研究のために、毎月、一定の人物（補助職員）に手伝ってもらう議員が本当にいるのかどうか、疑問に思う住民が多いではなかろうか……。補助職員に手伝ってもらうのは、調査研究ではなく、議員活動のためというのが、恐らく、一般の住民の感覚であろう。

⑧の事務所費については、青森地裁、仙台高裁ともに、議員活動のため、政治活動のために事務所を設置しているという印象を抱いたようである。しかし、調査研究のためではないと全面的に否定することはできなかった。また、弘前市の規則（使途基準）では政務調査費を事務所費に使うことができると明示されていた。このために、裁判所としては、政務調査費の使用を認めざるを得なかったのであろう。苦肉の策として、2分の1の使用を承認した。たとえば仙台高裁は、次のようにいう。

「ある支出が政務調査活動のためでもあるし、他の目的、たとえば議員の後援会活動のためでもあるという場合にどのように対処すべきかについては、本件条例や本件規則には何らの規定も設けられていない。しかしながら、その全額を政務調査費とするのは相当でないことは明らかであるから、条理上、按分した額をもって政務調査費とすべきであり、特段の資料がない限り、たとえば政務調査費とそれ以外の2つの目的のために支出した場合には2分の1とするなど、社会通念に従った相当な割合をもって政務調査費を確定すべきである」[81]。

10 裁判の限界？──政務調査費の適切な使い方は？

このように、2007年の青森地裁と仙台高裁の裁判により、多くの弘前市議が、政務調査費の使い方が適切でないと判断され、政務

---

81) 前掲 p65。

調査費の返還を命じられた。もちろん、これらの使い方のなかには、誰がみても明らかに"不適切"といえるものも含まれていた。これらは、公金の悪用という点で犯罪行為とすらいえるものでもあった。たとえば、デトロイトでのライオンズクラブ国際大会に参加するために政務調査費を使った議員、あるいは、怪しげなDVDや「コドモハダギ」などの書籍を購入した議員などは、これに該当するというべきである。これらの議員は、恐らく、裁判になった時点から、政務調査費の返還を覚悟していたに違いない。

しかし、他の多くの議員は政務調査費を"私事"に使っていないという確信があったはずであり、これらの議員にとっては、裁判で政務調査費の返還を命じられたのは、予想外のことであったろう。裁判所に訴えられるということ自体が驚きであったかも知れない。なぜ、裁判所は、議員が"私事"に使っていないにもかかわらず、それを"不適切"な使い方だと判断し、返還を命じたのであろうか。政務調査費が「調査研究」のための経費であるからである。言い換えれば、多くの弘前市議は、「調査研究」ではなく、議員活動に政務調査費を使用したと判断されたために、その返還を命じられたわけである。

とはいうものの、裁判所は、「調査研究」のために使っているかどうかを厳密に判断し、その観点のみから、政務調査費の使い方を仕分けるということはしていない。"観光旅行"と思えるような視察についても、「使途基準に合致しない支出であると認めることはできない」というややこしい説明のもとに、政務調査費の使用を認めている。これは、訴えた住民の側からいえば、納得のいかない点であろう。同じように、事務所費についても、青森地裁も仙台高裁も、2分の1の使用を承認するという曖昧な判定をしている。しかし、事務所を構えるような「調査研究」をする議員が本当にいるのかどうか、大いに疑問である。大がかりな世論調査をするために事務所を設置するというようなことが仮にあるとしても、それはごく

短期間の設置であり、長期に事務所を設置する必要はない……というのが、普通の住民の感覚であろう。それにもかかわらず、裁判所は、何故、こういう曖昧な判断を下しているのであろうか。

これは、現在の裁判官は、江戸時代の大岡越前守などの裁判とは異なり、法令を前提とし、法令にしたがって裁判をしなければならないためといってよいであろう。地方自治体の条例や規則（あるいは規程）ももちろん法令の一種であり、そのため、政務調査費が規則（規程）の「使途基準」にもとづいて使われている限り、裁判官は、それを適切な使い方だと認定しなければならない。事務所設置の動機が議員活動のためであると裁判官が判断したとしても、「使途基準」で事務所費に使っても良いと定められており[82]、そして、議員がその事務所で「調査研究」をしていると主張する場合には、裁判官は政務調査費の使用を認めざるを得ないというわけである。悪いのは、裁判ではなく、「使途基準」だといわなければならない。

議員のなかには、「使途基準」にしたがっているから"適切な"使い方だと確信しているものもいるようであるが、この「使途基準」はそれぞれの議会によってつくられたものである。実際には、"標準規則"をほぼそのまま導入したものではあるが、それを承認したのは、それぞれの議会である。しかも、現在の「使途基準」に示されている政務調査費の使い方には、法律の趣旨である「調査研究」のためというよりは、議員活動のための経費という要素が多分に含まれている。そういう「使途基準」にしたがって政務調査費を使っていれば、裁判で政務調査費の返還を命じられないとしても、住民から非難されるのは必至だといわなければならない。したがって、各議会は、早急に、そして、抜本的に「使途基準」を改正し、

---

[82] 政務調査費が、もともとは議員活動費として要請されていたが、法制化の段階で、「調査研究費」となった。しかし、「使途基準」は議員活動を前提として作成されたようであるということは前述した。参照、「3-(5) 条例による政務調査費の実質的変更」。

純粋に「調査研究」のための経費として位置づける必要があるといえる。

ところが、現実には、裁判の結果にもとづいて、事務所費の2分の1を政務調査費で賄うことができるというような「使途基準」の改正をしているようである。たとえば、東京都は2008年に「使途基準」を改訂し、2分の1を上限に政務調査費を事務所費に充てることができるとする規定を設けたという[83]。こんなことをしていれば、政務調査費はそれこそ「第2の議員報酬」となりかねず、議会がますます住民の信頼を失うことになりかねまい。

11 政務調査費の廃止の動きは？

住民の批判に応えたのであろうか。あるいは、裁判に訴えられるのが煩わしいからであろうか。政務調査費の制度を廃止する地方議会も出てくるようになった。弘前市議会も2007年4月から政務調査費を交付しなくなった[84]。青森地裁の判決が出たのはその直ぐ後の5月、また、仙台高裁の判決は同じ年の12月であったから、弘前市議の政務調査費の使い方に問題があるという判決が出たときには、弘前市議会の政務調査費はなくなっていたわけである。

愛知県の半田市議会でも同じく2007年4月から政務調査費を廃止した。そのきっかけとなったのは、2006年7月に札幌市で開かれた全国都市問題会議に出席した半田市議の多くが2日目の会議をさぼって観光旅行に出かけ、それがマスコミで大きく報道されたことであった。その結果、市民からの厳しい批判を受けたため、会議

---

[83] この結果、多くの議員が事務所費の賃料に政務調査費を使い始めたという。毎日新聞、2009年10月6日。
[84] 2007年3月の定例会で、議員の提案で、政務調査費の廃止を決定した。この結果、2001年度から交付されるようになった政務調査費は、6年間で姿を消した。参照、『弘前市議会だより』第5号、平成19年3月。

をさぼった当の議員たちが政務調査費の制度そのものの廃止を提案し、廃止を決定したという[85]。

　2008年にも岐阜県山県市議会が政務調査費を廃止し、また、2009年9月には栃木県大田原市議会も廃止した。政務調査費の廃止という動きが少しずつ広がっているわけである。これらの議会はどういう理由のもとに政務調査費の制度を廃止したのだろうか。政務調査費の必要性があまりなかったのであろうか。そもそも、政務調査費をどのようなものとして考えていたのか。その辺が、どうも定かでない。たとえば半田市議会の議事録を見ても、次のように、都市問題会議をさぼって観光に行ったことを市民から批判され、それなら政務調査費を廃止してしまおうということになったという、いわば"やけっぱち"の動機が説明されているだけである。

　「さきの事件のこともあり、現行の条例、規則をいったん廃止し、ゼロから政務調査費のあり方について、民間の有識者を交え、検討し直したいと提案しました」[86]。

　政務調査費を半田市議会がどのようなものとして位置づけていたのか、議事録に掲載された発言では、明らかでない。しかし、議事録を読んでいる限りでは、議員は政務調査費の意義はあまり考えず、交付される以上、何かに使わなくてはならないという意識で使っていたのではないかと憶測できる。それこそ、"第2の報酬"を貰うというような意識で政務調査費を受け取っていたわけである。これでは、住民から批判されるという事態が発生すれば、そういう批判を浴びる可能性のあるお金は貰わないでおこうとなるのは当然といえる。半田市以外の議会でも、恐らく、同じような発想のもとに廃止することにしたのであろう。もちろん、自治体の財政難を理

---

85) 毎日新聞 2006.9.30「半田市議会：政務調査費廃止を可決『出張観光』批判受け」
86) 半田市議会、平成18年9月定例会の議事録（9月29日）での総務委員長（名畑満彦議員）の委員長報告による。

由に、経費削減のために、政務調査費を貰うのを自粛しようとしたのだと説明する議会もあるが[87]、こういう議会の場合でも、政務調査費の意義や必要性を認識していれば、政務調査費の制度そのものを廃止するということにはならなかったに違いない。"第2の報酬"として考えていたからこそ、廃止ということにつながったと言うべきであろう。また、これらの議会の議員が貰っていた政務調査費の額は、半田市議が年22万5千円、岐阜県山県市が年12万円、大田原市の議員も年20万4千円というように、あまり多くなかったことも、政務調査費の廃止を多数の議員が同意した背景にあると思う。弘前市議の場合は、年72万円というように、これらの議会のなかでは抜群に多く、その廃止は各議員にとって痛手であったと思われるが……。それでも、裁判ショックで"第2の報酬"は止めようと言うことになったのであろう。

こうした実態をみている住民も、その廃止を問題視することはないはずである。というよりも、廃止を歓迎するものが多いと思われる。しかし、住民が歓迎するとしても、政務調査費の制度を廃止してしまって、本当に良いのだろうか。とんでもない話と言うべきであろう。

政務調査費は、前に述べたように、「調査研究の助成」をするために、2000年の地方自治法改正によって認められたものである。その目的は、「地方議会の審議能力を強化」するというところにあった。この政務調査費を導入したときにも、地方分権の時代の到来が強調された。そのために、地方議会の審議能力の強化が必要になるということが強調されたのであるが、この状況は、中央の政権が2009年に自民党から民主党に交代したとはいえ、ほとんど変わっていない。それどころか、次の世代に押しつける膨大な借金が増え

---

87) 岐阜県山形市議会は、経費削減が目的だという。岐阜新聞2008.3.4「市議期末手当の加算制度を廃止」。

る傾向にあるという財政状況を考えれば、自治体の自立はますます必要になっているというべきである。そして、自治体が自立していくためには、これまでのような中央政府の意向にしたがった全国画一的な行政から脱却し、それぞれの自治体がそれぞれの自治体に見合った運営をすることが必要となるに違いない。地方が独自の判断をすることが、言い換えれば、地方にも政治が必要となるわけである。その"主役"となるのは、もちろん行政職員ではない。また、そのトップの首長でもない。行政関係者は、法令に拘束され、自由な判断はできないからである。それに対して、議会は、住民の意向にもとづき、それをまとめ上げる形で、いわば法令から離れて判断することができる。もちろん、法律に違反すれば、中央政府との争いになる可能性はあるが、少なくとも法令の令のほう、すなわち政令や省令には合法的に対抗できる力を有している。その意味で、地方の自立、あるいは、地方政治の"主役"に成り得るのは議会である。それだけ議会の審議能力が重要となるわけであるが、しかし、いまの議会のほとんどはこういう"主役"になれそうな審議能力を持っていない。住民の意向を聞くとはいっても、住民の意向を一般質問などで行政に中継ぎしているだけである。住民の意向を議会でまとめ上げるというようなことは、ほとんどの議会がしていないと思われる。また、一般質問も合議制の議会として機能ではない。個々の議員が行政に対して注文を出しているだけであり、議会は個々の議員に議場という場所を提供しているだけである。議案の審議も、行政職員の説明を聞き、その説明を前提に、職員の提案の適否を判断しているに過ぎない。これでは、"主役"にはほど遠く、せいぜいのところ"脇役"といえるくらいであろう。"主役"になるためには、議会として機能し始めた地方議会の状況を視察し、その実態を学ぶ必要がある。地方が自立している外国の地方議会の実態を学んでくることも必要であろう。あるいは、研修に参加することも必要といえる。各地の議員が集まって情報交換をすることも必

要である。これらの勉強は、通常の議員活動ではない。議員としては、特別の調査であり、研究である。

　政務調査費は、議員がこうした「調査研究」をするために、設けられたものと考えるべきである。ということから言えば、政務調査費の制度そのものを廃止することには大いに問題があるといわなければなるまい。現実の運用は、確かに、問題となるところが多いように見える。しかし、これは、使い方を直せば済むことである。

　このように、議会の審議能力をこれからますます高める必要があるということからいって、政務調査費を廃止することはもってのほかというべきであるが、減額もまた大きな問題といわなければならない。とはいっても、これは、現在の政務調査費が少ない地方議会についていえることである。実際に、減額をしているのは政務調査費の額が少ないところのようであるが……。大きな都道府県や大都市の議会のように、1ヵ月あたり50万円も60万円も政務調査費が交付されているような議会の場合には、どのような「調査研究」にこれを使うのか大いに疑問である。私（筆者）の体験から言っても、たとえば外国の地方議会に出かけ、かなりの長期間とどまって議会の実際の審議状況を見続けてきたとしても、100万円もあれば十分すぎるほどである。こういうところは減額が必要かとも思うが、それ以上に必要なのは、事前に全議員（あるいは会派）に上限額の政務調査費を配分してしまうという手法を改めることであろう。「調査研究」に出かけた議員がその実費の申請をし、議長などがその審査をしてはじめて政務調査費を交付するというような事後の支給方法に改めれば、"第2の報酬"といえるような使い方も姿を消すことになるのではなかろうか。

　この場合、裁判所が規則などの「使途基準」に明示されているために消極的に是認している政務調査費の使い方（たとえば事務所の借り賃の支払いなど）を認めるべきでないのはもちろんである。政務調査費を交付するかどうかという議長などの審査は、純粋に「調

査研究」に該当するか否かの観点から行わなければなるまい。

4 費用弁償は必要か？

1 費用弁償の実態

　政務調査費とならんで、新聞などでよく問題視されるものに、「費用弁償」がある。費用弁償というのは、議員が本会議や委員会などに出席すると支給される手当のことである。日常的な言葉で言えば、交通費を含む"日当"のことだと言い換えても良い。町村議会の場合は、以前から、この費用弁償はしていないところが多かったが、都道府県議会や市議会の場合は、多くが1日あたり数千円という単位で交付していたようである。政令指定都市や都道府県レベルでは1万円を超すところもあった。

　たとえば、いま（2009年）、河村市長と激しく対立している名古屋市議会をみると、2002年当時は1日あたり1,5000円を支給していた。2003年4月からは減額されたが、それでも、10,000円であり、議員は平均して年82万円の費用弁償を受けているという。もちろん、議員には、このほかに議員報酬がある。名古屋市議の場合は月89万円[88]、そしてボーナス445万円、計1,513万円を支給されている。その上、政務調査費を月50万円交付されているため、名古屋市議は全額で2,195万円を手にしていることになる。これでは、河村市長が「明らかに、もらいすぎでしょ」と言うのも、無理

---

[88] 条例では議長1,225,000円、副議長1,078,000円、議員990,000円となっているが、2009年は市税収入の落ち込みを受けて、報酬と政務調査費を1割ほどカットしているとのことである。中日新聞、2009.11.29「仕事に見合う報酬とは」（河村 vs 市議会）

からぬところといえる。この金額を知った名古屋市民は、もっと反発を感じるのではなかろうか。

とりわけ、市民が疑問に思うのは、議員としての報酬（議員報酬）をもらっているにもかかわらず、職場である議会に出席すると、日当に相当する費用弁償をして貰うのは何故なのかという点であろう。これは、次のような法律の規定があるためだということができる。

地方自治法第203条【報酬、費用弁償等】
①普通地方公共団体は、その議会の議員、委員会の委員、非常勤の監査委員その他の委員……その他普通地方公共団体の非常勤の職員に対し、報酬を支給しなければならない。
②……
③第1項の者は、職務を行うため要する費用の弁償を受けることができる。
④普通地方公共団体は、条例で、その議会の議員に対し、期末手当を支給することができる。
⑤報酬、費用弁償及び期末手当の額並びにその支給方法は、条例でこれを定めなければならない。

この条文に関して、地方自治法を理解する上で"バイブル"のような扱いを受けてきた『逐条地方自治法』[89]が、次のように、大正7年（1918年）の大審院の判決を引用し、報酬及び費用弁償を必ず支給するべきという考えをほのめかしていた。

「報酬及び費用弁償は、普通地方公共団体が支給しなければならない義務を負うものであって、これを受ける権利は公法上の権利であるから、条例をもってこれを支給しないことと定めたり、予めこ

---

89) 長野士郎『逐条地方自治法』第7次改訂版、学陽書房、昭和40年、672頁。

れを受ける権利を抛棄することはできない」[90]。

　また、それに加えて、『逐条地方自治法』は、費用弁償を、実際に必要とした費用の弁償でなくてもよく、むしろ条例で定めた定額で支給するのが通例であると解説していた。

　このような法律の解釈があったため、それぞれの自治体は、何の疑いもなく、報酬に加えて、日当に相当する金額を、費用弁償という名のもとに、各議員に支給をしてきたのであった。しかし、住民の感覚から言えば、議員報酬に加えて日当を支給するのは、どう考えても、報酬の二重払いであろう。そうした二重払いを、地方自治法はなぜ定めたのかという点が、住民にとっては、理解できないところといわなければなるまい。

　したがって、地方自治法を制定したときの経緯からこの理由を探る必要があるといえるが、現在残っている国会の委員会や本会議の議事録をみる限りでは、残念ながら、この点の説明は見あたらない。草案の段階から定められており、その点についての検討がないまま、国会を通過したとみるべきである。となると、その草案をつくった経緯をみる必要があるが、この点も定かでない。ただ、その内容が、それ以前の法律の内容とほとんど同じであるということからみて、前の法律をそのまま踏襲したのではないかと推測することができる。そして、そのために、国会では当然の内容とみなされ、何の検討もなく通過したとみるのが妥当のようである。

　ということから言えば、地方自治法が、報酬と期末手当に加えて、費用弁償を定めた理由をみるためには、ひいては、費用弁償の意味を探るためには、戦前の法制度の内容をみることが必要だといわなければならない。

90）大審院（民事）判　大正7年12月19日、刑録24輯1569頁。

第1部　議員と"お金"

2　費用弁償の法制度の経緯

　現在の市町村議会議員の制度は、明治21年（1888年）の市制町村制までさかのぼることができる。この明治21年の規定では、議員は名誉職として位置づけられていた。そして、名誉職は無給が原則とされていたが、しかし、特例ということで、次のように、費用弁償の途が開かれていた[91]。

　「名誉職員ハ……職務取扱ノ為メニ要スル実費ノ弁償ヲ受クルコトヲ得、実費弁償額……ハ市会之ヲ議決ス」（第75条）。

　もっとも、これは、名誉職とされた非常勤の職員全般に該当する定めであったため、議員がそこに含まれるか否か論議があったとのことであるが、明治44年（1911年）の市制および町村制の全面改正で、次のように、議員が明記され、明確に、費用弁償を受けることできることとなった。

　「市参与、市会議員、名誉職参事会員其ノ他ノ名誉職員ハ職務ノ為要スル費用ノ弁償ヲ受クルコトヲ得」（(第84条）。

　また、この時の改正で、名誉職の市参与や区長は、「勤務ニ相当スル報酬」を受けることができるようになった。このことを考えれば、前述の大正7年の（1918年）の判決は、きわめて道理にかなったものであったことが理解できよう。議員は、報酬と費用弁償の両方を受けるのではなく、費用弁償のみを受けることを前提とし、それを議員の「公法上の権利」だとしたわけである。言い換えれ

91）都道府県議会の議員の場合は、最初の明治23年（1890年）の府県制では、「府県会議員ニハ旅費及滞在手当ニ限リ之ヲ給スルコトヲ得」と限定的に定められていたが、明治32年（1899年）の全面改正により、「職務ノ為要スル費用ノ弁償ヲ受クルコトヲ得」というように、市制町村制と同じ規定となった。ただし、費用弁償額、その支給方法は府県会の議決だけではなく、内務大臣の許可を得て、府県知事が決定するとされた。

77

ば、いまの地方自治法の規定の下では、通用しない判決だと言わなければならない。

　それはともかく、この市制の規定はそのまま30年近く続いたが、第2次世界大戦後の昭和21年（1946年）に、当時日本を占領していたGHQの指示もあって、地方制度の抜本的な改革が行われ、議員も、次のように、報酬を受けることができるようになった[92]。

市制第104条
　①市会議員……ニハ報酬ヲ給スルコトヲ得
　②（市会議員ハ）職務ノ為要スル費用ノ弁償ヲ受クルコトヲ得
　③報酬額及費用弁償額並ニ其ノ支給方法ハ市条例ヲ以テ之ヲ規定スベシ

　これは、議員が名誉職でなくなったことを意味する。それを前提とすれば、名誉職としての議員に関する規程であった費用弁償は、従来と同じ表現をされているとしても、その内容は変わったとみるのが素直である。それまでは、費用弁償が議員としての主たる収入であり、そのため、日当の形で支給されることがあり得たとしても、昭和21年（1946年）の改正により、それ以後の費用弁償は、議員報酬を補足する第2次的なもの、すなわち、交通費などの実費の弁償になったとみるべきであろう。

　翌昭和22年（1947年）に制定された地方自治法は、この市制の改正によって導入された議員報酬を「支給しなければならない」と義務づけたように、さらに、議員報酬を重視するものとなった。これは、それだけ費用弁償の比重が軽くなったことを意味したとみるべきである。

92）町村会議員、府県会議員も同じであり、また東京都制も同じように改められた。

第 1 部　議員と"お金"

　このような旧制度からの沿革から言えば、現在の地方自治法に定める費用弁償は、厳密な意味での実費弁償であり、日当という形で支給するような費用弁償は、地方自治法の予定するところではなかった。このように考えるのが、妥当というべきであろう。とはいっても、実際の各地方議会での運用は、戦前の議員が名誉職であった頃の運用をそのまま踏襲してきたが……。

3　費用弁償をめぐる裁判

　議員報酬に加えて、議会に出席すれば、日当に相当する金額の費用弁償があるという議員の特権（？）は当然に裁判でも問題になったが、これまでは、現実の費用弁償を是認する裁判判決が多かった。たとえば、名古屋市議会の費用弁償を対象とした名古屋地裁の裁判を例にとってみると……。

　この裁判は、名古屋市民が、平成 14 年（2002 年）に訴えたものであった。当時、名古屋市は、大都市（政令市）のなかでも最高額の日額 15,000 円の費用弁償を各議員に給付していた。「議員の交通費、通信費、資料収集・作成費、調査費、文房具費などの試算に基づく標準的な費用」であるというのが、名古屋市当局の説明であった。これに対し、原告である市民側は、議員報酬や政務調査費と二重払いだと主張し、とくに、タクシー往復料金が積算の根拠とされている交通費を問題にした。原告（市民）は主張する。

　「市会の正副議長には専用の公用車があてがわれ、本会議や委員会にも送り迎えしてもらう。したがって、少なくとも、正副議長に交通費を含んだ費用弁償を支給するのは無用な二重払いである。……さらに、市会議員の市役所への登庁の実態は、マイカーによるものが約 8 割であり、名古屋市は 78 名の市議のうち 74 名に駐車許可証を発行し、市議会の会期中は専用の臨時駐車場を市役所庁舎内に設けて対応している。また、本件費用弁償の当時、78 名中 50 名

の市会議員が、地下鉄市バスの無料の特別乗車券の交付を受けていたし、仮にタクシーを利用したとしても、その片道料金の平均は2,234円に過ぎない。これらのことを考えるならば、市議の費用弁償の額として15,000円と算出し、支出したことは、著しく実態に反し……」[93]。

　この原告（市民）の主張は、通常の常識で判断する場合には、誰しもが納得のいくものである。しかし、裁判所は、この主張を受け入れず、15,000円の費用弁償で構わないとした。名古屋地裁の裁判官はいう。

　「（地方自治法は）条例によってその費用弁償の額を確定し得ることを求めているのであって、あらかじめ費用弁償の支給事由を定め、それに該当するときは、実際に費消した額の多寡にかかわらず、標準的な実費である一定の額を支給する方法を定めることも許されると解すべきである。そして、その際、その支給額をいくらにするかについては、費用弁償に関する条例を定める議会の裁量に委ねられていると解される」[94]。

　要するに、費用弁償の額は議会が自由に定めるものだという判決を下したわけである。この裁判の拠り所になったのは、平成2年（1990年）の最高裁判所の判決であった。その時の最高裁判所の判決文を見ると、次のように、この名古屋地裁の判決と全くおなじである。

　「費用弁償については、……実際に費消した額の多寡にかかわらず、……一定の額を支給することとする取り扱い……も許される……、この場合、いかなる事由を費用弁償の支給事由として定めるか、また、……一定の額をいくらとするかについては、……当該普通地方公共団体の議会の裁量判断にゆだねられている」[95]。

---

93) 名古屋地方裁判所、平成14年11月18日判決言渡、平成14年（行ウ）24、市議費用弁償返還請求事件
94) 同上

最高裁判所がこういう判断をしている以上、費用弁償については、住民がどれだけ疑問を感じても、裁判では勝つことができないともいえそうである。

　事実、前述の名古屋地裁の判決は、その後、名古屋高等裁判所に控訴されたけれども、平成15年（2003年）7月、控訴棄却の憂き目にあい、また、最高裁判所への上告も、平成17年（2005年）10月に棄却された[96]。

4　裁判の新しい動き―札幌高裁の判決―

　ところが、ごく最近、札幌高等裁判所により、この1990年の最高裁判所の判例とは趣旨を異にする判決が下された。この裁判は、札幌市議会議員の費用弁償をめぐる裁判であった。原審の札幌地方裁判所に訴えられたのは平成19年（2007年）8月末であったが、裁判の対象となったのは平成18年から19年にかけての費用弁償であった。当時、札幌市の市議は月86万円の報酬に加えて、1日あたり1万円の費用弁償を給付されていた。札幌市議会議員の場合、費用弁償のなかに日当が含まれていると意識されていたようであるが、これを原告である市民は問題にしていた。市民（原告）はいう。

　「費用弁償は、市議会議員が定例会などに出席するなど、議員としての職務を行うために要する経費を償うために支給されるものであり、その実質は交通費またはそれに準ずる費用以外には想定しがたく、『日当（雑費）』や『事務経費』がどうして必要なのか理解しがたい。むしろ、議会に出席するのは市議会議員の当然の職務であ

---

[95] 最高裁判所第二小法廷、平成2年12月21日判決言渡、平成2（行ツ）91、損害賠償事件
[96] ただし、名古屋市議の費用弁償は2003年4月から日額10,000円に減額されている。

るから、それに日当を与えること自体不当である」[97]。

　第1審の札幌地方裁判所は、この市民（原稿）の主張を無視し、1990年の最高裁判所の判例にしたがい、それまでの地裁や高裁の判決と同じように、議会が費用弁償の内容や金額を裁量で決めることができ、札幌市議会の議会出席の度に1万円の費用弁償をすることに問題はないという判決を下した。

　しかし、控訴審である札幌高等裁判所は、この札幌地裁の判決をひっくり返してしまったのである。地方裁判所や高等裁判所は、最高裁判所の判例に反するような判決を下すことはまずないといってよい。ところが、札幌高裁は、最高裁判例に全面的にしたがった札幌地裁の判決をひっくり返してしまったわけであるが、そんなことをして良いのだろうか。人ごとながら心配になる。が、そこは、札幌高裁もしたたかである。表面的には、最高裁の判例にしたがうという体裁をとり、その上で、札幌市議会の費用弁償を否定するという巧妙な理論展開をしている。そのお手並みの一端を見てみると…。

　札幌高裁は、まず、いかなる事由を費用弁償の支給事由とするか、また、金額をいくらにするかは、議会の裁量に委ねられているという最高裁の判例を前提として掲げ、その上で、議会の裁量権に制約を加えている。前述の名古屋地裁や札幌地裁のように議会の自由な裁量を認めるのではなく、議会の裁量は、地方自治法の趣旨に違反しない範囲でのみ認められるとするのである。これが札幌高裁の判決の進め方であった。

　そして、たとえば、費用弁償の支給事由には、「費用性を有し、かつ、報酬性を有しないものでなければならない」という拘束を加えている。それが地方自治法の趣旨だというのであるが、これを具

---

[97] 札幌市議会、平成20年3月27日判決言渡、平成19年（行ウ）25、損害賠償履行請求事件

体的に「日当」に当てはめてみると、次のようになる。
① 「民事訴訟において証人となったものに支払う日当」のような「休業補償」を含む意味での「日当」については、「議員が議会の会議に出席することは、本来の職務であって、何らかの休業を余儀なくされることではないから……費用弁償の対象にすることはできない」。
② 「出張など本来の勤務場所と異なる場所で勤務させるときに支払われるもの」のような昼食代を含む「日当」については、「議会開催地で行われる会議に出席するのは、議員が本来の勤務場所において勤務することにほかならないから……費用弁償の対象にすることはできない」。
③ 「1日を単位として支払われる報酬の意味」での「日当」は、報酬性そのものであり、費用弁償の対象にならない。

　こうして、「日当」として費用弁償をすることはできないという結論を導き出し、費用の弁償を堂々とできるのは交通費くらいだとする。しかも、その交通費についても、タクシー料金は認めず、公共交通機関に限定し、「市内各地から議会開催地である札幌中央区まで往復1,000円以内の場合がほとんど」だとしている。札幌市議会の10,000円という当時の費用弁償は、到底、認められないとするわけである。
　この札幌高裁の論理の展開は、形式的に議会の裁量権を認めながら、これまでの裁判例を見事に根底から覆している。住民の一般常識ともしっくりと調和する判決ではないだろうか。その意味で、高く評価できる判決である。この判決が、最高裁判所によって認められるか否か、今後の推移を待つしかないが、その意味では、興味深い判決でもある。

5　費用弁償の減額それとも廃止？

　どこの議会でも費用弁償の制度が定められているというわけではない。むしろ、費用弁償をしていない地方議会のほうが多いとすらいえるほどである。また、最近は、費用弁償を実施しなくなった議会も増えつつある。費用弁償の制度そのものを廃止しているところも多い。

　たとえば三重県議会は応召旅費と呼んでいた1日あたり10,600円～20,400円の費用弁償を2004年4月から廃止して、純粋の公共交通機関を使うことを前提とした交通費を給付するようになった。この結果、議場に最も近い県議の交通費は1日90円になったとのことである[98]。また、佐賀市議会は2004年4月から、それまで支払っていた1日4,700円の費用弁償を廃止し、長崎市議会も05年1月から、それまで一に9,000円支払っていた「交通費」という名目の費用弁償を全廃した[99]。大都市（政令指定都市）も、04年に堺市、06年にさいたま市、大阪市、07年に横浜市、札幌市、浜松市、08年に千葉市というように多くの政令市が費用弁償をしなくなった。

　先に、裁判例として取り上げた札幌市議会も、第1審の札幌地裁の判決が言い渡されたときには、すでに、費用弁償の制度を廃止していた。ただし、札幌市議会が、どういう経緯のもとに、どういう審議をして、費用弁償を廃止したのかという点は定かでない。札幌市議会の議事録を見ても、2007年9月26日の本会議に、議員提案で費用弁償廃止の議案が提出され、何ら審議されることなく、その議案が可決されたという記録があるだけである。こういう議会審議で、

98）中日新聞、2004.3.10「三重県議『交通費』実費に」
99）朝日新聞（長崎版）2004.11.23「長崎市議会、議員『交通費』廃止へ」

また、こういう議事録で札幌市民は満足しているのだろうか……。

　もうひとつの事例として取り上げた名古屋市議会は、2009年末現在、いまだに1日10,000円の議員報酬を支給している。河村市長から、名古屋市議の"厚遇ぶり"が指摘され、議員報酬の削減や政務調査費の廃止とならんで、費用弁償の本当の意味での実費支給を迫られているが……。

　政令市のなかで真っ先に費用弁償を廃止した堺市の場合、03年の選挙で初当選した田中丈悦議員が、それ以後、費用弁償の廃止を求め続けていたことが、そして、それに好意的な市民が多かったということが、費用弁償廃止の大きな要因になったと推測できる。しかし、2004年に廃止された時の経緯をみると、その廃止は唐突的で、感情的であった。当時、堺市の市議は、本会議や委員会に出席する度に1万円、年間平均44万円の費用弁償を受け取っていたが、この費用弁償に関して、03年12月、①全廃案（共産党と無所属11人が提案）、②1〜2千円への減額案（公明党の12人が提案）、③4〜8千円への減額案（民主系の8人が提案）の3つの修正案が提案された。自民系議員の12人は現状維持であった。この修正案が04年3月に開催された総務委員会で検討され、まず、①の全廃案は賛成少数で否決された。そして、②の公明党提案の審議になったが、このとき、①案の提案者であった共産党と無所属議員が賛成に回り、賛成多数で可決された。総務委員会の結論が②案の1〜2千円への減額案の採択となったわけである。ところが、これをみた自民や民主系の議員の間から「千円程度に減らすくらいなら全廃」という声が出てくるようになった。結局、民主系の③案、公明党の②案は取り下げられ、本会議では、共産党系の①案だけが審議された。結果は、全議員が賛成。こうして、費用弁償が廃止されたのであった[100]。

100）朝日新聞（大阪版）2004.3.25「やめる？減らす？　堺市議会、見直し曲折」、

これに対して、横浜市議会の場合は、杉山典子議員など、ネットワーク横浜市議の粘り強い説得により、最終的には、無所属議員を除く、すべての会派の同意の下に、費用弁償が廃止されるようになったといわれている。そのことから言えば、感情的ではなく、理性的に、費用弁償が廃止されたように思えるが、しかし、横浜市議会の議事録を見る限りでは、あまり理性的とは感じられない。事実、費用弁償が廃止されたのは2007年2月のことであるが、その1年前の06年3月、共産党横浜市会議員団とネットワーク横浜市議員団によって提案された費用弁償の廃止案が、他会派（自民党、公明党、民主党横浜会）の次のような反対にあい、一蹴されてしまっているのである。

　「先ず第1に……費用弁償は、議員の職務に対する対価として支給される議員報酬とは全く性質が異なるものであります。議員がそれぞれの招集に応じて会議に出席するために要した旅費を弁償する費用弁償と議員報酬との2つは、地方自治法上も明確に別々な制度として位置づけられ、本来別個の性格のものであります。これを明確に区別することを避けて、殊さら費用弁償の廃止を主張しようとすることに対しては、理論的に、また法律的な合理性を欠くものと言わざるを得ないと思います。

　第2に、……一部の自治体において（費用弁償の廃止の）動きがあること……は私どもも十二分に承知しております。しかしながら、費用弁償は、本来それぞれの自治体において、その区域の規模、交通事情、財政状況などを総合的に判断し、かつ自主的、主体的に定めるべきものであります……」[101]。

　この反対論をみれば分るように、2006年時点では、横浜市議の

朝日新聞（大阪版）2004.3.30「堺市議会が『費用弁償』廃止」。総務委員会や本会議の議事録を見ると、この"曲折"は垣間見えるものの、意見の陳述はほとんどなく、結論が分かるだけである。
101）飯沢清人議員の発言、平成18年（2006年）3月10日、横浜市議会定例会。

大半は、費用弁償を議員として当然に支給されるべものと考えていたのであった。しかし、当時の横浜市議は１日あたり 10,000 円という費用弁償を支給されていた。この金額はどうみても交通費などではない。常識的には、日当である。言い換えれば、「議員の職務に対する報酬」であり、議員報酬と費用弁償の両方を支給される場合には、給与の二重取りといわなければならない。こうした反対論で、費用弁償を廃止するという提案を一蹴するのは、やはり感情的な審議というべきではないだろうか。しかも、それから１年経たないうちに、今度は、各会派の団長会議で費用弁償の廃止に合意し、平成 19 年（2007 年）２月の定例会に、その議案を提出しているのである。その上、この日の本会議で採決に入り、１人の議員の反対意見の陳述があっただけで、言い換えれば、実質的な審議は何もしないまま、賛成多数で採択となった。こうして、横浜市議会の費用弁償の廃止が決まったわけであるが、腑に落ちないと感じるのは筆者だけであろうか。2006 年と 07 年の１年間に、横浜市議の選挙があったわけではない。同じ顔ぶれの議会である。その議会で、１年も経たないうちに、議会としての意思が変わり、しかも、それを明確にするような議論は議会で展開されていない。これでは、少なくとも理性的な審議とはいえないであろう。住民の反発を直感的に把握したのではないかと推測できるが……。

　日当という形で支給されている費用弁償はもちろん問題である。昭和 21 年（1946 年）に議員に報酬を支給することを定めたときに、日当の支給に結びつかないように、費用弁償の定義を明確にするべきであったともいえる。しかし、もっとも非難されるべきなのは、費用弁償の規定の曖昧さを利用し、給与の二重払いをし続けてきた議会である。そのことから言えば、たとえ感情的な審議であったとしても、費用弁償を廃止した堺市議会や横浜市議会は高く評価しなければならない。

　いま、費用弁償の廃止の波は全国各地に広がっているようである

が、これは大いに歓迎するべき現象である。

5 議員報酬は重要

1 議員報酬の削減は？

　2009年の夏のある日、三重県の松阪市議会の議員、数人の訪問があった。何事かと思って話を聞いてみると、松阪市ではこの年の6月に市長から議員報酬の5％引き下げの議案が提出されたが、議会はそれを否決してしまった。その後、7月に市議会議員の選挙となり、これらの議員は議員報酬の引き下げを訴えて当選し、意見をともにする6人で会派を結成した。しかし、反対議員の数が多く、実現は難しそうである。そういうなかで、議員報酬を引き下げるための知恵がないかどうかという相談であった。

　私は、いままで、議員報酬の削減をすべきなどと発言した覚えはない。それどころか、心の底では、報酬削減に反対であった。そのため、当然に、「なぜ、私のところに相談に来たのか」という質問を、これらの議員にぶっつけることになった。しかし、議員の人たちにとっては、私のそうした質問こそが意外であったらしい。次のような発言があった。

　「先生は、いつも、議会改革が必要だと、主張しているじゃないですか。そういう人が、なぜ、報酬引き下げに反対するのですか……」。

　これらの議員の人たちにとっては、議員報酬の削減は"良きこと"だという確信があったようである。そして、議会改革は、議会をより良くすることを目指すものである以上、議会改革を主張する論者は議員報酬の削減に賛成するに違いないと推論したわけであ

る。

　確かに、議員の報酬が高すぎると主張する住民は多い。それに対して、議員の報酬を引き上げたほうがよいという住民の声は、少なくとも私は聞いたことがない。そして、議会は住民の代表機関であるということからいえば、議員の報酬は、主権者である住民の意向に基づいて、その金額を定めるのが筋である。となると、住民の"声ある声"が議員の報酬の引き下げを要求している以上、議員報酬の引き下げを議会で提案するのは、議員の正しい判断ということになるとも考えられる。言い換えれば、それは"良きこと"であり、議会改革に相応しい内容であるということもできる。その意味では、私のところに相談にきてくれた松阪市議会の議員の人たちは正しい判断をしていたといえるわけである。

　しかし、この論法には、大きな落とし穴があるという気がしてならない。議員報酬が高すぎるという住民は、実際の議員の報酬額を知らないまま、そういう主張をしているのではないか、という疑問があるからである。もちろん、住民のなかには、議員の実際の報酬額を調べ、それを住民としての一般的な常識と比較して、高すぎると判断しているものもいることは否定できないであろう。そして、東京都議会議員などのように、あるいは、最近（2009年現在）、名古屋市の河村市長が引き下げを要請している名古屋市議会の議員のように、多くの住民がその額を知ってびっくりするような報酬をもらっているところがあることも事実である。しかし、たとえば、私のところに相談に来てくれた松阪市議会議員の報酬は月45万円に過ぎない。これでも高すぎるという住民がいる可能性はあるが、4年に1度の選挙があり、その選挙に当選しなければ"失業"という憂き目にあうということを考えれば、多くの住民はそれを高すぎるとは判断しないのではなかろうか。しかも、この松阪市の議員報酬は、他の自治体に比べて、決して低いというわけではない。三重県内の町議会レベルでは、もっと低く、月20万円前後のところが圧

倒的に多い。

　恐らく、多くの住民は、こういう実態ではなく、マスコミの報道から、議員報酬が高すぎるというイメージをもっているのではないかと思う。しかも、マスコミの報道は、議員報酬だけを取り上げるのではない。前述した政務調査費や費用弁償をいわゆる第2の報酬だとして議員報酬に抱き合わせ、それらの合計額を議員が受け取っている"お金"ということで、その額が高すぎるというイメージを創り上げている。確かに、これらの経費のうち、費用弁償については、議員報酬と重複している面があることは否定できない。その点で、大いに問題があるが、これは、費用弁償を改めれば解決する問題である。その上、議員報酬が低い市議会や町村議会では、一般に昔から費用弁償を支給していない。

　また、もうひとつの政務調査費は、前述したように、本来は、議員の審議能力を高めるための調査研究費であり、議員の職務を遂行するためには、どうしても必要な"お金"である。もちろん、現実の政務調査費の交付の仕方、議員の政務調査費の使い方には大きな問題があることは否定できない。しかし、これも、政務調査費の使い方の問題として解決するべきものである。それを議員報酬とごっちゃにして、議員報酬が高すぎるというイメージを住民に受け付けるマスコミの報道の仕方は大いに問題ありというべきである。

　また、マスコミのこういう報道には、議員が大した働きをしていないという認識が前提にあるといってもよい。住民の代表としてあまり機能していない議員に、月々20万円でも40万円でも高すぎるという意識が記事の執筆者である新聞記者などに濃厚にあるわけである。そして、こうした記者の意識が、新聞記事などを通して、住民に広がり、さらには、議員にも広がっている。最近、議員報酬を"日当制"にしようという声が各地で現れはじめているのは、この端的な現れである。また、熊本県五木村では、議員の働きぶりに応じて議員報酬を増減させる「成果主義」導入の検討を、議員の間で

第1部 議員と"お金"

申し合わせたというが[102]、これも、議員があまり働いていないと議員自身が意識していることの現れといってよいだろう。しかし、議員はあまり機能していないから、報酬を引き下げるというのであれば、それは、議員が機能していないという現状を肯定することにつながるといわなければならない。言い換えれば、議員は、報酬の引き下げられることによって、議員として相応の働きをしなかったことを免責されるということになる。また、こういう報酬引き下げを続けていけば、議員に人材を得ることができなくなる恐れがあることも確かといわなければならない。最終的には、議会は要らないということにもなりかねない。それでも、住民は、議員報酬の引き下げを要求するのであろうか。

ともかく、議員報酬の削減については、マスコミに誘導された表面的な住民の意見にもとづいて、安易に決定するのは問題というべきである。議員報酬は、議員の本来果たすべき役割などを考慮しながら、それを住民に理解してもらい、そして、住民の真意を探りながら、もっと慎重に考える必要があるといわなければならない。

2 現実の議員報酬の決め方は？

私のところに相談に来てくれた松阪市議会の議員の人たちは、2009年12月、会派6人の名前で議員報酬5％引き下げの議案を提出した。そして、12月10日の本会議で、他の議員がその議案の意味やねらいなどを問い、提案者の議員がそれに回答するという"質疑"が行われた。質疑はどこの地方議会でも常に行われることであるが、ほとんどの議案は行政側から提案されるため、質問は議員がするものの、回答は首長や職員がするというのが普通である。しか

---

102) 毎日新聞 2009.12.12「働かぬ議員、報酬へらすべし、五木村が『成果主義』検討」。

91

も、形式的に行われることが多い。そうした形式的な質疑すら省略されることもしばしばあるというのが、地方議会の現状だともいえる。しかし、この時の松坂市議会では、議員（会派）提案の議案であり、その上、報酬問題だということもあって、議員同士の真剣な質疑応答があったようである。議案を提案した会派のメンバー6人のうち、3人は新人議員であった。そのため、会派の幹事長が答弁の中心となったようであるが、質問をする議員が新人議員を名指しで回答を迫るということもあったという。この質疑で主な論点となったのは、①提案理由、②削減幅5％の根拠、③人事委員勧告や特別職報酬審議会の答申との関係、④報酬削減が及ぼす影響、⑤市議会議員の報酬の位置づけ、等々であったが、そのほかに、報酬審議会委員を務めると予想されている連合自治会長との会談はどのようなものであったかを問う質問もあったとのことである。質疑は午前中から行われ、終了したのは午後5時過ぎであったといわれている[103]。要するに、どこの地方議会でもほとんど見ることができなくなった"議会らしき審議"が行われたわけである。こういう審議を常日頃からしていれば、住民の耳目を議会に引きつけることができ、住民が議員報酬に関しても正しい認識ができるようになるのではなかろうか。

　松坂市議会の審議はこれで終わったわけではない。質疑は、あくまでも議案の内容を問い質すものであり、それを出発点として、いよいよ審議が始まるということになる。そして、審議は5日後の2009年12月15日に松阪市議会の常任委員会のひとつである総務生活委員会で始められた。この委員会の7人のメンバーのうち、報酬削減の議案を提出した会派に所属しているのはたったの1人であった。しかも、その議員は委員長に就任していた。このためでもあ

103）松坂市議会議員「川口保」のブログによる。
　　参照 http://blog.goo.ne.jp/tamotsu2008/e/af921c678797f7b0300bb4abb447272a

ろうか。委員会での審議はあまり時間がかけられなかったようにみえる。結果は、他の会派の議員の強い反発にあい[104]、絶対多数で否決された。提案した会派に所属しない議員の1人（無会派）が賛成したが……[105]。12月18日に開かれた本会議でも、この委員会の結論通り、報酬削減に反対22人、賛成7人で簡単に否決されたという。最初の議案質疑の段階で、非常に活発な応答があったにもかかわらず、審議が始まると議員の間での活発な論議をみることができなかったようである[106]。いかにも残念といわざるを得ない。

　ただし、地方議会で一般的に見られる議員報酬の決め方は、首長が「特別職報酬審議会」を設置し、その審議会から提案された議員報酬額をほぼそのまま議会で承認するという方法である。この審議会の委員になっている人たちは、専門家でも何でもない。議員が現実に住民の代表に相応しい活動をしているか否かという点について、ほとんど考慮していないのが実態であろう。その結果、普通のサラリーマンの給料と同じような感覚で、議員の報酬額も決めているようである。他の地方議会の報酬などを参考にしながら決めることも多い。事実、同じような人口規模であれば、議員の報酬もあまり差異がないというのが実態である。これでは、議員に人材を集めることは難しかろう。もっと、住民の関心を引き寄せ、住民の論議を沸き立たせる形で、「自分たちの代表である議員の報酬をいくらにすべきか」を考えてもらい、その声にもとづいて、議員報酬を決める必要があるのではなかろうか。もちろん、その前提として、議員の任務・役割は何かを考えてもらう必要があるが……。議員がその任務を果たしていない場合には、その実態に合わせて報酬を下

---

104) 伊勢新聞 2009.12.16「松坂市議会総務生活委、副市長2人制案は可決、報酬削減案は否決」。

105) 松坂市議会議員　海住恒幸 Report 2009.12.22「特別報酬審議会」。
　参照 http://www.kaiju-matsusaka.com/

106) 伊勢新聞 2009.12.19「3度目の正直、松坂市議会『副市長2人制』可決」。

げ、議会をますます不要なものとしていくべきか、それとも、議員の資質を向上させていくための手法を採用していくべきかについても、住民に考えてもらう必要があるが……。

そういう意味で、松坂市議会が、少なくとも質疑の段階では、市民の耳目をある程度引きつけるような活発さを示したことは高く評価すべきである。

③ 「日当制」は歓迎すべきか？

2008年3月、福島県の矢祭町議会が議員報酬の「日当制」を採用した。それまでの月20万8千円の議員報酬と期末手当を廃止し、議会に1回出席する毎に3万円を支給するという「日当制」にしたのである[107]。これにより、07年度には3,473万円であった議員報酬総額が08年度には1,206万円になったという。議員1人あたりの平均年俸でいえば、08年度は約120万円であったとのことである[108]。

この「日当制」の導入は、議員がほかに収入の道をもっていることを前提としているといってよい。事実、矢祭町の議員は全員が農業や会社員などほかに職業をもつ"兼業議員"であった[109]。この「日当制」の導入に対するマスコミの報道は、一般に、好意的である。といよりも、"兼業議員"を評価している記事が多い。言い換えれば、議員報酬だけで生活費を賄っている議員、いわゆる"専業議員"を批判しているわけである。たとえば、北海道新聞は、「議員って何だ、矢祭町で考えた」という特別記事を掲載していたが、そのなかで、"専業議員"が多い札幌市議を次のように痛烈に批判

---

[107] 2007年12月28日の矢祭町議会で可決。実施は2008年3月31日以降。産経新聞 2007.12.29「議員報酬、全国初の日当制に、福島県矢祭町」。
[108] 産経新聞 2009.4.23「矢祭町議会、消えぬ不満、議員報酬日当制1年」。
[109] 日経新聞 2008.6.30「議員日当制に賛否、福島矢祭町」。

していた。

　「札幌市議会の主要会派の代表に聞くと、『札幌市議は専業が望ましい』と口をそろえた。『専業だから、当然、生計を賄える報酬が必要』と強調する。しかし、専業が望ましい理由は、人口が多く、権限も大きいため、やることがたくさんある、という程度だ。専業化に見合うプロ的な活動とはどういうものか、兼業の矢祭町議会……とどう違うのかが見えてこない。結局、『小さい町とは違う』という、妙なプライドばかりが先に立つ……。専業なら、プロだと胸が張れる質の高い議員活動を、住民にガラス張りで示さなければならない。その覚悟がないなら、札幌市議会といえども、日当制で十分ではないか」[110]。

　しかし、本当に、議員は"兼業議員"で良いのだろうか。"兼業議員"が住民の代表という議員の使命を果たすことができるのだろうか。矢祭町議会は、「日当制」の導入に際して、「町民とともに立たん」という檄文、すなわち、議会としての決意表明を掲げていたが[111]、そのなかで矢祭町の自治基本条例の次のような規定（第7条）を引用し、議員の責務を再確認している。

　「町議会議員は、町民の信託を受けた町民の代表である。議員は、町民の声を代表して、矢祭町の発展、町民の幸せのために議会活動に努める」。

　矢祭町議会の面々は、この檄文に見るように、「日当制」を導入した時点では、議員の使命を十分に認識していたといってよい。矢祭町の議員が議員活動として最高に重視しているのは、町長や行政職員に対して、町政に関する質問をすること（これを一般質問という）であるといってよさそうであるが、「日当制」を導入する前は、

110）北海道新聞 2008.3.7「議員って何だ、福島県矢祭町で考えた」下（専業か兼業か）。
111）矢祭町議会議員　菊池清文「町民とともに立たん」矢祭町議会決意宣言、矢祭町、『広報やまつり』平成20年2月。

各議員の一般質問は、『議会だより』から推察する限り、かなりお座なりであった。思いつきの質問ということすらできた。ところが、「日当制」導入後は、一般質問の内容に質的な変化があった。各議員がそれぞれ町政の問題点を示し、その対応策を暗示しながら、町長をはじめとする行政職員の意見を聞くというようになったのである[112]。2009年6月からは、それまで、議長席の前に設置された演壇で、町長や職員に背を向けながら質問していたのを改め、町長・職員と向かい合う形で、しかも一問一答で質問するという、いわゆる対面方式を採用した。これに住民も興味を示したのであろうか。この6月議会の一般質問のときには、傍聴者が70人もいたという[113]。

　こうした矢祭町議会の動向を見る限り、"兼業議員"であっても十分に議会活動ができるといえそうである。それどころか、議員の意識が高くなり、議会が活性化したということすらできる。しかし、矢祭議会が活性化したのは、「日当制」の導入でマスコミの注目を集めたためではないだろうか。新聞記者が聞き耳を立てている以上、張り切らざるを得ないからである。また、変化したのは一般質問に関してだけであり、議案の審議に関しては、『議会だより』を見る限りでは、変化が読み取れない。以前と同じように、形式的な審議をしているだけではないかと思う。たとえば、2009年9月議会は、9月15日から18日まで4日間の会期で開かれた。この会期では、全部で26議案が可決されたが、その審議に使った日数は、

---

[112] たとえば、『議会だより』（No.104；2008.5.1）に掲載されている「日当制」導入前の2008年3月議会の一般質問（要旨）をみると、各議員の質問は、「これはどうなっているか」、「あれはどうなっているか」という単純な質問の羅列であった。ところが、「日当制」導入後の6月議会の『議会だより』（No.105；2008.8.1）をみると、それぞれの議員が町政の問題点を追求し、その是正策をほのめかしながら、町長をはじめとする行政側の意見を聞くというように、一般質問（要旨）の記録が変貌した。

[113] やまつり『議会だより』（No.109；2009.8.1）。

議案の説明を受けた1日を含めて、たったの3日間であった[114]。議案を審議したのは実質的には2日間だけと思われるが、これで、「町民の声」を代表した審議ができたのだろうか。「住民の声」を聞くなどという時間は全くなかったに違いない。各議員の発言は、「住民の声」ではなく、「議員個人の声」だったのではなかろうか。もしそうだとすれば、議員の責務を果たしていないということになろう。

変貌のあった一般質問にしても、「住民の声」をどれだけ代表しているのか、気に掛かるところである。一般質問を真剣にしようとすれば、現実に施行されている様々な施策が住民にどれだけ役立っているか、使っているお金との比較で効果が上がっているかどうか、等々を調べて回り、そこから、町政が抱えている問題点を整理し、それを行政に突きつける必要があるが、こういう調査をしているのだろうか。大いに疑問である。恐らくは、各議員が個人的に問題と思うところ、あるいは誰かから苦情をいわれたことなどをもとにして、単純に質問しているのではなかろうか。

とはいうものの、こういう議案審議の状況は、あるいは一般質問の動向は、ほかの地方議会においても、一般的に、見られる状況である。しかし、それを前提として、そういう議員だから「日当制」で十分だというのはどうであろうか。この方法では、議会がほとんど機能していない現状を認めるということに繋がってしまう。そして、議員の数も減らしていこうということになろう。挙げ句の果ては、議会は不要ということにもなりかねない。これは、地方の自治が消えることを意味する。住民投票だけでは、自治は守れないというべきであるが、この点については後述する。

---

[114] 9月議会は4日間開かれたが、1日目は議案説明、2日目は議案調査（議会は休会）、3日目は一般質問のために議案審議はなし、4日目に議会での議案審議そして可決という議会であった（『議会だより』No.110：2009.11.1）。

地方の自治を充実していくためには、議員が「住民の声」を反映した一般質問をし、また、「住民の声」にもとづいた議案審議をするようにし向けていくことが必要である。そのためには、議員を"専業"にすることが不可欠だといわなければならない。また、議員に良き人材を集めようとすれば、できるだけ高給にすることも必要であろう。

　もちろん、矢祭町には矢祭町の特殊な事情があり、そういう事情のもとに「日当制」を選択するという姿勢は尊重するべきであろうが、しかし、「日当制」を"良きこと"として、一般的に広めようとするマスコミの姿勢は賛成できない。

4　イギリスの地方議員は名誉職か？

　地方議員の報酬は少なくて良いという論者には、イギリスの議員を名誉職の事例として取り上げ、その名誉職の議員が住民の代表に相応しい仕事をしていると強調するものが多い。

　確かに、イギリスの議員は、国会議員であれ、地方議員であれ、昔は、ほとんど報酬をもらっていなかった。しかし、国会議員の場合は、1970年代の後半から、報酬がうなぎ登りに上がり、2009年時点には、約6.5万ポンドの年俸を受け取っている。2010年1月8日の為替相場（1ポンド＝152円11銭）でいえば、約1千万円ということになり、日本の国会議員と比べて桁違いの安さに見えるが、しかし、イギリスで6.5万ポンドといえば結構な金額である。また、この報酬以外に、秘書3人分の給与も国会議員に交付され、ロンドンでの滞在費、住宅費やホテル代、通信費、交通費なども受け取っている。09年には、政権党・野党を問わず、多くの議員がロンドン滞在費を不当に請求していたことが判明し、大きなスキャンダルとなった。どこの議員も、お金には弱いようである。

　このような国会議員とは違い、地方議員の報酬は、20世紀末ま

では全体的に少なかった。が、その地方議員の報酬も、21世紀にはいると、たとえば大ロンドン市の議員は2009年時点では年俸で53,439ポンド受け取るようになった。議長になると、64,103ポンドと国会議員とほぼ同じ額をもらうことができる。また、議員の1人は副市長になっているが、この議員の場合は96,062ポンド（約1,412万円）ともっと高給である[115]。イギリスでは、2万ポンド前後の所得の人々が多いといわれている。私の知り合いの大学教授は、かなり上の方のクラスだと思っているが、約4万ポンドの年収だという。となると、5万ポンドを超す大ロンドン市の議員は、名誉職どころか、高給取りということすらできる。

バーミンガム市の議員の年俸は、09年前半の時点で、15,818ポンドである。ただし、「日当制」という考え方は強いようであり、1日あたりでいえば、129ポンドになると公表している。議員として1年間に122日ほど活動するという計算をしているわけである。バーミンガム市は議院内閣制を採用しているが、この"閣僚"となる議員は活動する時間が長く、しかも、責任が重いため、年俸は30,462ポンドとなっている。この内閣のトップは"リーダー（Leader）"と呼ばれているが、その年俸は54,396ポンドである[116]。

しかし、その一方では、相変わらず、議員の報酬が低いところも多い。たとえば、ウインチェスター市の議員の場合は、09年現在、5,874ポンドの年俸をもらっているだけである。"リーダー"は23,200ポンド、"閣僚"議員も13,700ポンドの年俸に過ぎない。が、これは基本の報酬である。イギリスの地方議員は、ほかに、交通費や食事代ももらっている。もちろん、日本の各地で問題になっ

---

115) 参照、大ロンドン市（GLA）のホームページ：http://www.london.gov.uk/gla/salaries.jsp
116) Birmingham City Council, *Constitution*; Essential Supporting Documents Volume B, Part 3 (E), Members Allowance Scheme, Revised May 2008.

ているような"1日あたりいくら"というような費用弁償ではなく、純粋の交通費・食事代であるが……。興味あることに、どの自治体でも、たとえば小さな子供を持っている議員には、子供を預けるための費用を交付されている。ウインチェスター市議の場合には、1時間あたり8.6ポンドである[117]。

　このように、イギリスの地方議員も、とくに最近、ロンドンをはじめとする大都市ではとても"名誉職"とはいえないような状況になっており、また、その他の地方議会でも、ある程度の金額の報酬が出るようになっている。しかも、それが、年々、引き上げられているという状況にある。これにより、経済的に余裕のない人でも、志があれば、議員になれる道が広がりつつあるといってよいであろう。

　もちろん、これまでも、余裕のある人々だけが議員になっていたのではない。働かないと生計をたてることができない人々のなかにも、志をもって、議員になる人が少なくなかった。しかし、これらの人々は、議員になれば、フルタイムで働くことは難しい。そのため、パートで働くことになるが、議会の幹部、たとえば委員会の委員長などになると、パートで働くこともできなくなるという。閣僚となれば尚更であり、朝早くから夜遅くまで、議会に詰めっぱなしになることが多い。その結果、生活保護（income support）をもらって生活するという議員も出てくることになる[118]。イギリスの地方議会が議員報酬を出すようになったのは、こういう事態の解決策でもあった。

　"兼業議員"を主張するマスコミや論者は、こうしたことを考えたことがあるのだろうか。安易に、イギリスの事例を、しかも過去

---

117) Winchester City Council, *Constitution of the City Council*, Part6, Revised May 2008.
118) David Wilson and Chris Game, *Local Government in the United Kingdom*, Third Edition, 2002, Palgrave Macmillan, p. 232.

の事例を引っ張り出すのは、住民に誤解を招く危険性が高いというべきである。

第2部
議会と住民

1 議会は"合議制"ではないのか？
一般質問の意義と問題点

1 議員の晴れ舞台？

■一般質問は最重要な議会活動？

　地方議員が、いま、最も重要な議会活動だと考えているのは、"一般質問"だといってよい。議員になって初めて一般質問をしたときには、緊張で足が震えたなどと述懐する議員も少なくない。なかには、あまりの緊張のために、どういう発言をしたか、はっきりとは覚えていないという議員もいるほどである。

　私も、三重県の教育委員長として、一般質問を受ける側の席に座っていたため、新人議員のこういう檜舞台に何回か出会わしたことがあるが、かなりの人生経験を経た新人議員でも、緊張しているなと感じたところであった。かくいう私も、答弁を初めて要請されたときには、緊張して声がうわずったが……。それほど、議場には、緊迫した雰囲気がある。

　一般質問というのは、首長などの行政担当者に、県政や市政の現況や将来の見通しなどを質問し、その回答を得るというものである。その質問には、各議員が考える問題点が含まれていることはい

うまでもない。というよりも、問題点を追求し、なぜ、そうなっているかを行政側に問い質すものであるといった方が正確であろう。こういう一般質問をする議員には、30分とか1時間という持ち時間が与えられ、各議員はその持ち時間を使って、県政や市政を批判する。こういう形を取っている議会が多い。

■一般質問のテレビ放映

最近は、議会風景を放映している地方のテレビ局が結構ある。こういう議会では、一般質問をする議員は"主役"としてスポットライトを浴びることになる。事実、最近は、質問をする議員が、パネルを用いたり、発言にメリハリをつけるなど、様々な工夫を凝らし、"主役"としての役割を果たしていることが多い。脇役を演じているのは、答弁者すなわち知事や市長などの行政側の人々である。

また、いまの地方議会は、ほぼ例外なく、広報紙を発行している。議会が何をしているかを住民に知ってもらうためであるが、一般には、『議会だより』という名前がつけられていると思う。この広報紙でも最大の扱いをされているのは各議員の"一般質問"である。質問をした議員の写真を載せ、議員の質問内容と、それに対する首長や職員の回答をきれいに整理して掲載している『議会だより』が多いのではなかろうか。議員の"主役"ぶりは、記録としても残されるわけである。

2 行政の課題の提示―チェック機能は？―

■質問の周到な準備

"主役"になろうとすれば、パフォーマンスだけでは足りない。質問する内容に精通することが必要となる。そうでなければ、知事や市長、あるいは、行政職員の答弁に軽くいなされてしまい、恥をかくということになりかねない。こういう議員も、現実に、いない

わけではないが……。こういう議員は、せっかくの"主役"の座も脇役であるはずの知事や市長に奪われ、引き立て役になってしまっている。

そのためであろう。一般質問をするチャンスを獲得した議員は、県政や市政の実態を綿密に調べ、関係者のヒアリングをし、専門家の意見も聞き、問題点を整理する、等々、一般に、周到な準備をしている。一般の職員より、事情に詳しくなっている議員もいるほどである。

この結果、何人かの議員の一般質問、そして、それに対する行政職員の答弁を真面目に聞いていれば、自治体が抱えている行政上の課題は自然に浮かび上がってくるといっても言い過ぎではない。主権者である住民が、このような議員の一般質問をできるだけ数多く聞いてくれさえすれば、住民としても、県や市や町の運営を真剣に考えざるを得なくなり、その結果、世の中が変わるとすらいえそうである。残念ながら、今のところ、そういう住民はほとんどいない。もちろん、一般質問を傍聴に来ている住民もいないわけではないが……。三重県議会の状況でいえば、傍聴者の多くは、応援している特定の議員の一般質問を聞くだけである。他の議員の質問になると、潮が引くように退場していくという情景がいつも展開されている。結局、真面目に一般質問を聞いているのは、答弁席に座っている行政職員だけということになろうか。議員も、もちろん、同僚議員の質問を真面目に聞いているであろうが……。

■議員は怖い存在？

こういう議員の一般質問での追求を、行政側、とくに職員は、恐れ、かつ心配している。何か新しい施策を押しつけられるかも知れないからである。一般質問というのは、行政が何をしているかを質問するだけではない。こういう単純な質問だけで終わる議員もいないわけではないが、住民の代表だという意識が強い議員であればあ

るほど、あるいは、責任感が強い議員であればあるほど、質問という形で、実際には、行政の問題点を追求し、その是正を求めるものである。そして、この問題点の指摘が的を射たものであれば、それこそ、"主役"として、脚光を浴びることになる。が、この是正要求は、詰まるところ、「新しい施策を実施しろ」という議員側の要請である。もちろん、それにはお金がかかる。ところが、いまの時代は、それでなくとも財政難の時代であり、こうした議員の要請にしたがう金銭的な余裕はない。これが行政側の頭痛の種である。その結果、行政側としては、何とか、議員の追求をやり過ごそうとし、議員と行政の間で、丁々発止のやりとりが行われることになる。もちろん、職員の答弁には、型にはまった答弁が多いが、三重県議会の例でいえば、議員と知事のやりとりは聞いていても、なかなか面白く、内容があるといえる。

　私も教育委員長として答弁に立つことが稀にあったが、こういうときは、職員がはらはらしているのが、見え見えであった。私が"主役"の議員に張り合って、新しい施策の実施を約束などすると、経費の面で、あるいは、他の施策との整合性の面で、大変なことになる可能性があるからである。

　とはいえ、これは、一般質問の効果がないということではない。議員というのは、職員にとっては、"怖い"存在である。そういう議員の追求である以上、行政職員は、議員の発言を無視できないのはいうまでもない。三重県の教育委員会でいえば、一般質問での議員の発言はもちろんのこと、教育関連の常任委員会での議員の自由討論での発言は、すべて、即座に教育委員の手元に配布される。それだけ、議員の発言に注目しているのである。そうである以上、一般質問での議員の追求を、黙ってやり過ごすことはない。少なくとも、理にかなった追求であれば、担当部局に持ち帰って、その対応策が講じられていく。将来の施策として検討されるものもあれば、実施中の施策の修正を図ることもある。

こういうことからいえば、一般質問は、行政のチェックという点で大きな働きをしていることは確かだといわなければならない。

③ 対面方式の普及

■対面方式とは？

　地方議会の本会議場は、国会と同じように、議長席を真ん中に置き、その両側に、首長以下の行政担当者が座る席が設けられているのが一般的である。そして、それに向かい合う形で、議員席が並ぶ。この議員席には、理由は定かでないが、国会議員の座り方を真似ているのであろう。前のほうには新人議員が座り、議員としてのキャリアが長くなるにしたがい、後ろの席に座るという議会が多い。

　議場には、このほかに、演壇がある。一般的には、演壇は、議長席の前に、議員席に向かい合う形で設置されている。昔は、この演壇の前に、速記者の席（あるいは、ボックス）が、どこの地方議会にもあった。速記者がここに座り、首長や議員の発言を記録していたのであるが、最近は、録音装置が進んでいるためであろう、速記者の姿を見たことがない。いつ頃から、速記者がいなくなったのか、私には、定かでないが……。いまでは、速記者の席の痕跡すらないないところが多いようである。

　こういう議場で、知事や市長あるいは町長が演壇に立って、議会開会の挨拶をし、議案の説明をしてきた。挨拶は議員に対するもの、また、議案の説明は議員に向かって説明するものであり、演壇に立つのは当然のことといえた。議員も、たとえば常任委員会の委員長が委員会でどういう審議をしたかというような委員長報告をするときには、この演壇に登壇して、報告してきた。そして、一般質問も、委員長報告と同じように、議員が登壇して質問するというのが、一般的なしきたりであった。議員が、同僚議員に顔を向けて、

第2部　議会と住民

言い換えれば、質問の相手方である首長や職員に背を向けて質問をし、次に、首長や職員が同じ演壇に立って答弁をするという形態が、長い間、続けられてきたわけである。

いまでも、一般質問をこういう形態で行っている議会が多いはずであるが、数年前から、これとは違う形で、一般質問を行う議会が出現するようになってきた。議員席の側にも演壇（質問席）を設け、ここから、首長をはじめとして行政職員が座っている、いわゆる"ひな壇"に向かって、質問するようになったのである。行政機関に向かい合って質問することから"対面方式"とか"対面演壇方式"といわれている形態である。（これに対して、従来型の一般質問の仕方は"演壇方式"とか、"登壇方式"と呼ばれることが多い）。

■対面方式を採用した理由

この"対面方式"を最初に採用したのは、三重県議会であると私は考えていた。そして、そのように解説したこともあるが[1]、これは間違いであった。その前に、秋田県象潟町（現・にかほ市）が庁舎建設に伴い導入していたのである。また、鹿児島県吉田町、山形県八幡町議会でも2000年に対面式を実施していたという新聞記事もある[2]。

三重県議会では2003年2月19日から"対面方式"が始まった。"対面方式"を実施すると、今度は、質問者の議員が傍聴席に背中を向けることになるので、三重県議会では議長席の斜め後ろの壁に大型スクリーン（縦2.5メートル、横3.5メートル）を設け、質問者の顔を映し出すようにしている[3]。

---

1) 竹下譲「地方行政から地方政治へ―議会こそ自治の主役―」、日経グローカル編『地方議会改革マニフェスト』（日本経済新聞社、2009年11月）63頁。
2) 上毛新聞、2001.7.20「桐生市議会、一般質問を対面方式に」。
3) 伊勢新聞 2003.2.20「対面演壇方式始まる、都道府県議会では全国初」。

三重県議会が"対面方式"を採用したのは、行政職員がいわゆる役所言葉で答弁を曖昧にし、意味不明にするのを回避するためであったという。議員が、職員と向かい合って追求すれば、実施できることと、できないことをはっきり区別して答弁するに違いないと考えられたわけである。確かに、この点では、効果があった。私自身が三重県議会のひな壇に座って答弁した経験からいっても、面と読むかって、「この点は、どうか」と追求されると、迫力があり、曖昧に答弁するのは難しかった。しかも、三重県議会の議員は、一問一答の方式で行政を追求することが多く、そのため、曖昧な答弁をすると直ぐにそれが追求されることになり、議員の発言の重圧感は

(資料4)　　　"対面方式"の三重県議会の議場

議員席の全面に、質問をするための演壇（質問席）、議長席の斜め後ろの壁に、大型スクリーンが設置された。

なおさら強かった。最近、全国各地の地方議会に「対面方式」が広まりつつあるが、これは、三重県議会のこうした状況からいっても、当然の現象ということもできる。

■演壇方式の意義？

とはいえ、このような"対面方式"を採用し、一般質問の重みを高めれば高めるほど、一方では、議会の"議会としての機能"が薄くなっているのではないか……という懸念が生じてくる。

議会というのは、いうまでもなく、合議制の機関であるとされている。その構成メンバーは議員である。となると、議会のあるべき姿は、議員が集まって協議し、議員全員（あるいは多数）の合意で物事を決定するところにあるということになる。行政機関を追求する一般質問も、議会としてそれを行うというのであれば、議員全員での協議が必要であり、そして、議員の間の合意が必要だといわなければならない。ところが、現実の一般質問は、一人ひとりの議員が行政機関に立ち向かうという形で進められている。他の議員は質問者と行政機関のやりとりに全く関与していない。これで、果たして、議会の機能といえるのだろうか。議会が合議制の機関であるということからいえば、こういう疑問が生じるのは当然といってよいであろう。そのことからいえば、従来の演壇に立って、議員に向かって発言する形で、行政機関に質問するという"演壇方式"も捨てがたいところがあるといわなければならない。これは、議員に向かって、「私は、行政のここが問題だと思うが、皆さんはどうですか」、「ひとまず、行政側の説明を一緒に聞いてください」と発言していることにもなるからである。議会が合議制であるということと、一般質問の位置づけについては、後にまた、もう少し詳しく検討してみたい。

4　一般質問の答弁書は不要か？

■事前の勉強会

　地方議会の本会議は、大きく、2つに区分される。ひとつは「定例会」であり、もうひとつは「臨時会」である。臨時会は、文字通り、臨時に開かれる会議であり、たとえば、補正予算を組まなければならないときなどに、招集される。この結果、臨時会では、あらかじめ何について審議するかが告知され、それ以外の事柄については審議しない。これに対して、定例会は決まった時期に招集されるものであり、そこでは、議会の権限に属するすべての事柄が審議されることになっている。現実には、事前に準備された事柄しか審議しない議会もかなりあるようであるが……。

　一般質問が行われるのも、この定例会である。というよりも、現在では、多くの地方議会で、一般質問が定例会の中心的な要素になっているといっても言い過ぎではない。この定例会が迫ってくると、首長部局や教育委員会などの職員は非常に忙しくなる。議員がどういう質問をするかを把握し、それに対する回答を準備する必要があるからである。

　実際には、多くの地方議会では、一般質問をする議員は事前に質問の要旨を示し、議長の許可を得ることになっている。そして、この質問要旨は担当部局に回ってくるが、この質問要旨から、議員が実際に何を問い質そうとしているのかを理解するのは、容易なことではない。そのため、担当部局の職員は、議会棟に何度も足を運び、具体的な質問内容を探ることになる。これがなかなか大変である。が、ともかく、こうして探り取った質問内容をもとに、担当職員が答弁書を作成する。質問内容がはっきりとはしないため、何種類かの答弁案を準備することも多い。

　知事や市長等の首長は、事前にこの答弁案を読み、意味を考え、

理解に努めるが、1日に4人とか5人の議員が一般質問をするため、答弁案として準備された内容も多岐にわたる。細かな数字なども入ってくる。首長といえども、県政や市政の隅々まで把握しているなどということはあり得ない。したがって、一般質問に的確に答弁するためには、担当職員の解説を聞いておくことも必要である。これには、意外と長い時間がかかる。1日かけても終わらないこともあると聞く。私も、三重県議会で教育委員長としての答弁をしたことがあるが、この時も、かなりの時間をかけて、職員と打ち合わせをしたものである。

　これらの準備作業を経た後、議場で、議員が質問をし、首長が答弁するということになる。議員が、細かな数字などを聞くときには、幹部職員や教育長あるいは県警本部長などを、答弁者として、指名することも多い。首長が、概略を説明し、詳細を幹部職員に任せるということもある。これが、多くの地方議会で見られる一般質問の形態だといってよいであろう。

■事前準備は問題か？

　新聞記者の人たちと話をしていると、このような一般質問の仕方を批判する者が多い。事前に準備されたシナリオにしたがって答弁するのは"セレモニー"だというのである。"学芸会"だと批判する記者もいる。確かに、首長のなかには、職員が作成した文書を間違えないように読むだけという者も少なくないようである。幹部職員でも、自分の言葉ではなく、部下の職員が作成した文書を棒読みする者もいる。傍聴している住民にとって、こうした答弁は、面白くないかも知れない。しかし、そのことから、答弁は、シナリオをつくるべきではないということになるであろうか。言い換えれば、首長が自分自身の知識と理解で答弁すべきだということになるのであろうか。

　昔は、議員がどういう質問をしていいか分からず、質問内容を職

員につくってもらうということがあったと聞いている。担当職員は、質問をつくり、それに対する答弁書をつくるというように、すべてを仕切っていたわけである。こういう場合は、まさに"学芸会"であり、批判は当然だといわなければならない。いまでも、ひょっとすると、こういう事例がある可能性があるが、しかし、あったとしても、稀な事例、ごくごく例外的な議会（あるいは議員）であろう。多くの議員は、自分自身で、質問内容をつくっているはずである。

　どの議会にも、かなりの数の議員がいる。これらの議員が、それぞれ、市政や県政で問題だと思う内容を調べ上げて行政機関を追求し、その是正を迫ってくるわけである。そのなかには、法令でその実施を要請されているもの、過去から引き継ぎで実施されているものなど、様々な施策が含まれている。また、細かな数字を挙げて、その意味や効果を問う質問も少なくない。時には、中央政府の政策に対する首長の所感を問うものもある。こういう一般質問に、首長は、シナリオをもたずに、答弁できるだろうか。担当部局の幹部職員であっても、恐らく、無理であろう。少なくとも、教育委員長としての私の体験でいえば、具体的な教育内容に関する質問を受けた場合には、自分の知識だけで答弁するのは不可能であった。私自身の考え方、一般論としての回答で良いという場合は、私個人の知識で答弁できたものの、こういう答弁はあまり意味のあるものではない。

　となると、シナリオ抜きで答弁する場合には、それこそ、担当職員に答弁を任せることにならざるを得ないということになるが、それよりは、首長が、シナリオに書かれている正確な情報にもとづいて答弁する方が、はるかに面白い議会になるのではなかろうか。そのシナリオに書かれた情報をスタートとして、一問一答で、首長と議員が応酬するということも期待できる。

　とはいっても、首長が、官僚用語でかかれたシナリオ（答弁書）

を棒読みするのは問題であるが……。

5　一般質問は誰のために？

■一般質問の内容は？

　2・3年前のことになるが、全国各地から集まった数十人の議員の人たちと一般質問に関して議論をする機会があったが、そのなかに次のような意見があった。

　「図書館の蔵書数がどれだけかというような、自分で調べれば直ぐに分かることを質問する議員がいる。これは嘆かわしい……」。

　確かに、議員報酬をもらって政治活動に専念しているはずの議員が、少し調べれば分かることを、議場という場で行政職員に問い質すのは、ちょっと問題だという気もする。しかも、議場に列席している首長や行政職員は、職務を中断して議場に出席し、回答しているのであり、そのために、ときには、残業する必要も出てくるということを考えれば、こうした質問は時間の無駄遣い、ひいては税金の無駄遣いともいえそうである。

　この時の議論でも、ほぼすべての議員の人たちが、簡単な質問はするべきではないと強調していた。が、一般質問で、こういう簡単な質問は、本当に、するべきではないのだろうか。

　ここで検討する必要があるのは、各議員は誰のために一般質問をしているかという点である。一般に、議員は住民の「代表」であると意識しているに違いない。そして、現在の議員の人たちがもっとも重要な議会活動として位置づけているのは一般質問である。ということからいえば、少なくとも議員は、一般質問を"住民のために"していると意識しているといってよいであろう。

　そうであれば、一般質問は、主人公である住民が支持できるもの、そして、理解できるものでなければなるまい。したがって、一般質問はできるだけ分かりやすいものにする必要があるといえる。

それを前提とする場合には、冒頭で述べた「蔵書数がどれだけか」というような簡単な質問も、無下に否定することはできないのではなかろうか。少なくとも質問の切り口である場合には、逆に、適切な質問だということもあるはずである。単純な質問だけで終わってしまう場合には、大いに問題ありということになるが…。

■住民を引きつけるには？

　一般質問を住民に理解してもらおうとすれば、何はともあれ、住民に聞いてもらわなければならない。そのためには、住民の関心を議会そして一般質問に引きつける必要がある。

　最近は、一般質問の風景が地方テレビで放映されるようになったためであろうか。パフォーマンスを織りまぜながら、質問をする議員が増えつつある。一問一答式を採用している議会では、首長や幹部職員の回答を利用しながら、面白く質問する議員も出現するようになった。こうした場景は見物であり、住民を議会に引きつけるものとして高く評価するべきである。が、現実には、傍聴者はほとんどいない。

　しかし、時折ではあるが、傍聴者がどっと押し寄せることもある。一人の議員の質問が終わると、潮が引くように消えてしまうが……。これは、議員が支持者を動員しているためである。このような動員ができる議員は、日頃から、支持者の住民と常にコミュニケーションをはかっていると思われる。そうした地道な努力があるからこそ、支持者たちは、議員の活動ぶりを見るために（もしくは、チェックするために）傍聴しているといってよいであろう。このような議員、すなわち多くの住民を動員している議員の質問は、通常、非常に分かり易いという傾向がある。簡単な質問から入り、まずは、傍聴者である住民に状況を理解してもらった上で、問題だと考える施策を説明し、それがなぜ問題なのかを分析していくような進め方をする者が多い。それを聞いていると、ついつい、そ

の話に引き込まれ、いつの間にか、問題意識を共有するようになるのが常である。こういう議員が増えてくれば、傍聴者が増えることは確実である。また、住民もその議員に自分の考えを持ちかけ、その結果、一般質問も住民（支持者）の具体的な意向を組み込んだものになっていくに違いない。ひいては、議員が住民の「代表」として機能し、議会も活性化していくと考えられる。

　もっとも、これでは、支持者という一部の住民の意向を代表するだけだと反論する読者もいることであろう。議会は、住民全体の意向を代表するべきだというわけであるが、これについては、項を改めて、解説することにしたい。

6　一般質問と「住民全体の利益」

■多種多様な住民の意向

　議員は、住民の意向を反映しなければならない。これは、一般に、当然のことと考えられている。とはいっても、住民の意向は様々である。家庭に小さな子供がいるか、あるいは、寝込んでいる高齢者がいるかなどの状況によって、住民の意向は違ってくるし、地域によっても、住民の意向が違うことが多い。どれだけの情報をもっているかによっても、住民の意向は変わってくることであろう。

　このような多種多様な住民の意向を、果たして、議員はどれだけ把握できるのだろうか。せいぜいのところ、自分を応援してくれる支持者の意向を把握できるくらいであろう。しかも、支持者の意向といえども、ひとつにまとまっているわけではない。恐らくは、ひとりひとり、バラバラである。議員が、議会で支持者の意向を表明しようとすれば、こうした種々様々な意向を集約することが必要となる。言い換えれば、支持者に機会あるごとに情報を提供し、意見交換を積み重ね、支持者の意見をひとつにまとめ上げていくことが

必要だといわなければならない。

■住民全体の利益は？

 とはいうものの、住民と頻繁に意見交換をするのは容易ではない。ましてや、支持者の住民の意見をひとつにまとめ上げていくなどというのは不可能に近いことであろう。その結果、実際には、議員は、自分ひとりの判断で"住民の意向"を創りあげているのではなかろうか。こうした議員の姿勢の拠り所となっているのは、恐らくは、「住民全体の利益を目指さなければならない」という発想であろう。住民全体の利益をはかろうとすれば、個々の住民の意見は聞かない方が良いということになるからである。

 住民全体の利益を目指すという発想は、日本では、昔から当然のこととされてきた。"定理"ともいえる扱いを受けてきたといっても言い過ぎではない。が、その一方では、前述したように、住民の意向を反映しなければならないという発想も、ここ数十年、強くなってきた。とくに最近は、住民の意見を直接的に聞かなければならないという風潮が強く、住民投票で物事を決めるという発想すら出てくるようになった。住民の意見を聞くことも、いまや"定理"になったわけである。

 この二つの"定理"は、よくよく考えてみると、矛盾するものだということができる。議員が、住民の意見を聞くという"定理"にしたがい、住民の意見を聞こうとすれば、どうしても、自分を支持してくれる住民の意見を聞くことになるが、この支持者（住民）は、有権者全体からいえば、ごく一部の住民に過ぎない。したがって、住民（支持者）の意見にしたがって、ある施策を提案したとすると、それは、一部の住民の利益をはかることになってしまうということになる。言い換えれば、住民全体の利益を目指すには、住民の声を聞いてはいけないということになってしまう。

 しかし、住民の意見を全く聞かないという議員を認める主権者

（＝住民）は、少なくとも現在では、存在しないであろう。となると、住民の声を聞きながら、なおかつ、住民全体の利益をはかる手立てを考えなければならないということになる。

これは、現在の一般質問の手法では、恐らく、無理である。しかし、一般質問を、今のような、一人ひとりの議員の質問ではなく、議員全体の質問にすれば、住民の声を聞きながら、住民全体の利益を考えるということも可能だと思われる。

7 議会は"合議制"の機関では？

■一般質問は、ひとりの議員の意見

一般質問は、行政の現状を質問するだけではない。その質問には、当然に、行政批判が含まれている。もちろん、単に批判で終わることはない。その見直しを要請するというのが通常の一般質問である。というよりも、この見直しを要請するために、議員は、行政の実態を問い質しているということができる。これは、もっと直截的にいえば、新しい施策の要請を意味する。

一般質問の本質的な内容が、このように、新しい施策の要請であるにもかかわらず、一般質問は、ひとりの議員の発言だけで完結している。他の議員は、黙って聞いているだけである。その議員の新しい施策の提案に、賛成もしくは反対という意思表示を全くしていないのが、現在の一般質問である……といってよいであろう。

一般質問は、法律で決められているわけではない。昭和30年代後半の頃から、各地の地方議会で見られるようになり、いつの間にか、全国どこの地方議会でも、議員の中心的な議会活動になったものである。したがって、一般質問の仕方は、地方議会によって異なるのが自然ともいえる。が、実際には、どこの地方議会でも、同じような形で、行われている。少なくとも、私が、見学した数十の地方議会では、微細な違いはあるとしても、本質的には同じであっ

た。どこの地方議会でも、一人ひとりの議員が、30分とか1時間の質問時間が与えられ、ひとりで首長及び幹部職員などの行政機関に立ち向かい、他の同僚議員は黙ってそれを聞いているというものであった。関連質問ということで、別の議員が補足的に質問するということもあるが、これも、行政機関にひとりの議員が行政機関に向かって質問をするだけである。議員全員が加わって、一般質問で要請された内容について、また、行政機関の答弁について、議論するというような議会は皆無だといってよい。

■議会は、"議員の集合体"？

　これでは、議会は"合議制"の機関だということはできまい。それどころか、議会は、一人ひとりの議員に発言の場所を提供しているに過ぎないというべきである。あるいは、"個々の議員の集合体"が議会だということもできる。そのような議会で、一人ひとりの議員が、行政機関に対して、行政機関の責任で新たな施策を実施しろと要請している。これが一般質問であるといってよいが、これは、施策の立案→企画→実施という行政の流れの中に、議員が実質的に組み込まれてしまっていることを意味する。政治家である議員は、そういう行政の流れから離れて、いわば行政の外側から、行政のチェックをするべきだと思うのであるが……。

　それはともかく、行政機関の側も、こういうひとりの議員の要請には消極的にならざるを得ない。その要請を受け入れた後に、何か問題が起こった場合、議会がその責任を負うことはなく、すべての責任を行政側で担わないといけないからである。他の議員は、一般質問をした議員の要請に問題が含まれていたにもかかわらず、それを黙って見過ごしたことに責任を感じるなどということは恐らくなかろう。それどころか、逆に、その要請にしたがった行政に対して、責任を追求するのが普通だと思われる。これでは、行政側としては、一般質問での議員の要請を迷惑に思い、何とか、それにした

がわない形で、回避しようとするのは当然でもある。

　もちろん、一般質問での追求が的を射ており、その改善のための要請は至極当然のものだということはあり得る。しかし、この場合でも、行政側は、それをストレートに受け入れない傾向が強い。行政側の理論で理屈付け、行政側の独自の施策として実施するのが普通である。

　ひとりの議員の要請をストレートに受け入れれば、他の議員の要請も拒絶しにくくなる。その結果、多くの議員の要請を受け入れざるを得なくなるが、現在の財政難の状況のもとでは、これは無理な話である。そのため、すべての議員の要請については、ひとまず、「ああでもない」、「こうでもない」ということで拒絶するということになる。そして、多くの要請については、行政側は何らの対応もせずに済ましてしまうのが普通である。

　一般質問を聞いていると、「私は、前回の質問でも、これを要請したが、いまだに実現していない。これはどうしたことか？」と発言する議員がかなりいる。が、これは、行政側からいえば、当然のことといわなければならない。

■一般質問を議会の質問にするには？

　それでは、一般質問を、個々の議員の質問ではなく、議会の質問あるいは議会の意思にするにはどうしたらよいのであろうか。何はともあれ、ひとりの議員が行政機関に質問し、問題点を追求し、その改善のための施策を要請して終わりという現在の仕組みを改めることが必要だといわなければならない。言い換えれば、議会を個々の"議員の集合体"ではなく、"合議制の機関"に戻すことが必要である。

　たとえば、ひとりの議員が、いまと同じように、行政の実態を追求し、行政側の答弁を受けた後、行政機関に向かってではなく、同僚の議員に向かって、次のような提言をする。

「わたしは、この点が問題だと思い、行政側に質問をした。これに対する行政側の答弁は、皆さんに聞いてもらったところであるが、私は、大いに問題だと思う。したがって、改善策として新たな施策の提案をしたい。これについて、皆さんはどう判断されるでしょうか」。

　要するに、現在の一般質問を、議会が"合議制の議会"として機能するための事前の準備とするわけである。こうして、議員全員で、ひとりの議員が提案した新たな施策が本当に適切な提案であるか、住民に役立つ提案であるか、等々、について論議するということにすれば、それこそ、一般質問は"合議制の議会"の中心的な活動として位置づけることができるようになろう。最近、一般質問を"対面方式"で行う議会が増えているが、これは、いわば、現在の尻切れトンボのような一般質問を前提とし、それをより効果のあるものにしようというものである。それは、それで面白い試みであることは確かであるが、しかし、"合議制の議会"という議会のあり方から、ますます、遠ざかるものともいわなければならない。その点で、伝統的な"演壇方式"にもそれなりの利点があるかというべきである。少なくとも、"合議制の議会"ということからいえば、正当性があるともいえる。

　話は戻るが、議会を"合議制の機関"にする方法としては、一般質問を、行政機関に立ち向かう前に、議員全員で検討し調整するようにするということも考えられる。この調整の前に、行政側の答弁をもらい、行政の実態を議員全体で理解しておくことはもちろん必要であるが、これをもう少し具体的に説明すると……。

　先ずは、議員の一人ひとりが、行政の問題点と思われる点を行政側に質問し、回答を得る。それを終えた段階で、議員全員で問題点を洗い直し、改善の緊急性が高く、必要性が大きい順に、問題点の順位付けをする。これには、議員全員の丁々発止の論議が必要となる。その上で、優先順位の高い順にしたがって、問題点の改善策を

議員全員で検討することになる。普通は、問題点を指摘した議員の改善策が受け入れられ、行政側に対する要請となるであろうが、それを議員全員で補足する。このようにすれば、それこそ、"合議制の機関"としての議会に相応しいだけではなく、一般質問が"議会の意思"であるということにもなろう。一人ひとりの議員が問題点を追求する最初の段階で、各議員がそれぞれの支持者の意見を反映した発言をし、議員全員の論議で解決すべき順位を決めていくということになれば、前述の矛盾する"定理"すなわち、「住民の意見にしたがう」という"定理"を満足させながら、「住民全体の利益をはかる」という"定理"をも同時に満足させることができるともいえる。

　こうした"議会の意思"としての追求そして要請に、行政側が抵抗することがあるのはいうまでもない。財政難を理由に、あるいは、法令や中央政府の指示などと矛盾することを理由に、行政側が抵抗するのはもちろんである。そのため、行政側と議会の論議が必要になるが、この議論の結果、議会側が要請した施策を実施するということになれば、当然、議会がその責任を負うことになる。議会が率先して財源を工面しなければならず、時には、新地方税を議会の責任で採用する必要も生じよう。また、法令や中央政府の指示に矛盾するということもあり得る。この場合には、議会が中央政府に対抗しなければならない。それが、議会の役割である。こういう議会の活動があって、初めて、地方分権が現実のものとなり、地方自治が実現するともいえる。そのためには、議員が"議会の人間"としての自覚に燃え、住民の代表としての責任感に燃える必要があるが……。

2 住民は議会を信頼できるか？

1 住民への配慮は？―議案審議の実態―

■議案の審議は重要！

　現在の自治体議会の機能のなかで、最も重要なものと考えられるのは議案の審議である。行政機関が議会に提案してくる予算案や条例案などの可否を検討し、決定する行為がそれにあたる。議会がこれらの議案を採用するか否かを決定しない限り、自治体の運営は機能麻痺に陥ってしまうといっても言い過ぎではない。

　最近は、議員が条例案を提案し条例になったというような新聞報道も目につくようになってきた。しかし、全体的にみる場合には、これはごく稀な現象といえる。どの自治体でも、ほとんどの議案は首長によって提案されている。予算や決算については、議案の提出は首長の権限であると、とくに法律で定められているため、議員が発案するということはない。したがって、現段階では、議案の審議は、ほとんどの場合、執行機関が提案した議案を議会がチェックすることを意味するといってよいであろう。

　一般に、議員は、この議案の審議をあまり重視していないようにも感じられる。少なくとも一般質問に比べて、熱の入れ方は低いようである。事実、定例会での議案審議を手早くすませ、できるだけ多くの時間を一般質問にまわしているという議会も多い。しかし、議案のチェックは非常に重要である。とくに予算案のチェックは、住民に対する具体的なサービスを決めるものであるため、とりわけ重要といえる。また、決算の審議も、現実には形式的なチェックだけしか行われていないようであるが、本来的には、実施された施策

やサービスが果たしてどれだけの効果を上げたかをチェックするものとして位置づけるべきである。効果が上がらなかったと判断された施策やサービスについては、翌年度もそれを続けるか、それとも廃止するかという"事業仕分け"を実質的に行う。それが本来の決算審議ではなかろうか。そうであるとすれば、予算案と同じように、あるいは、それ以上に重要だというべきである。条例案も、新しい施策を実施するための条例案である場合には、住民に影響するところは大きく、その審議は非常に重要といわなければならない。

このような議案を、地方議会はどのように審議しているのであろうか。

■どういう議案か、住民には分からない？

議案の審議は、通常、首長が議案を本会議に提出することからはじまる。この審議で、最初に行われるのは、議案の内容説明である。しかし、説明とはいっても、この説明は非常に形式的であり、それを真面目に聞いていても、議案の目的やねらいが明確になるということはほとんどない。少なくとも、議会を傍聴している有権者には、その説明は"ちんぷんかんぷん"というのが実態である。

私は、三重県議会で丸２年間にわたって、議案説明を聞いたが、完全に理解できたのは、私が関係している教育委員会関係の議案だけであった。これは、私自身が、教育委員として、この議案の内容を決めていたためであるが、それがなければ、恐らく、教育委員会関係の議案でも理解できないところが多々あったと思う。

それにもかかわらず、本会議で、この議案説明に質問をする議員はあまりいない。この質問は"質疑"と呼ばれているが、この質疑が省略されることもしばしばある。ほとんどの場合、知事や市長・町長などの議案説明を聞くだけで、最初の本会議の審議は終了する。

このように、質疑をしないのは、本会議の前の全員協議会で、行

政職員の議案の解説を聞き、そのときに、質問をして、内容を理解しているためであると説明する議員が少なくない。全員協議会が一般的に非公開であるため、議員は、自由に、どんな質問でもすることができ、それだけ議案の内容が理解しやすくなるというわけである。確かに、全員協議会であらかじめ議案の説明を聞き、その段階で、内容を理解しているとすれば、本会議で改めて質問する必要はないかも知れない。しかし、主権者である住民の立場からみて、こういう状況は是認できるであろうか。住民が傍聴にいけるのは、多くの地方議会では、本会議だけである。最近は、常任委員会も傍聴できるようになった議会は少なくないようであるが、全員協議会については、ほとんどの議会は傍聴を認めていないと思う。議事録も、作成されていない。それにもかかわらず、議員は、自分が分かったということで、本会議で質問をしなければ、傍聴者の住民は、議案の意味が全く理解できないということになってしまう。現に、住民には"ちんぷんかんぷん"のまま議案の説明が終わっているのが、多くの地方議会の実態である。議事録を後に読んでも、どういう内容の議案なのか、さっぱり分からない。こういうことでは、議員は、住民の代表として、審議していることにはならないというべきであろう。

議員は、全員協議会での解説を聞いて分かったとしても、住民が議案の内容を明確に把握できるように、質問をし、内容の説明を提案者に迫ることが必要である。少なくとも、後に議事録を読む住民が、議案の内容を理解できるように問い質しておく必要があるといわなければならない。ところが、現実には、本会議の議事録を読んでも、議案の名称が分かる程度という地方議会が圧倒的に多い。本会議の少なくとも最初の議案説明に関しては、全く形骸化しているというべきである。

第2部　議会と住民

■委員会や本会議の議案審議は？
　本会議での議案に対する質疑の後、簡明な議案については、たとえば教育委員の任命を議会が承認して欲しいというような簡明な議案の場合は、直ぐそのまま採決ということもある。が、多くの議案は、一般的に、常任委員会に回される。詳細な審議を委員会に任すのである。
　常任委員会には、その委員となっている議員が出席する。通常は、議案の内容を説明するために、担当部局の職員も出席する。その審議は、まず、職員が説明し、それに議員が質問するという形で進められる。議員の中には、議案の問題点を機敏に察知するという能力を有する者もいる。こうした議員は、職員に対して、疑問点を厳しく追及し、職員を立ち往生させているが、不思議なことに、その疑問点を他の委員（同僚の議員）に説明し、その対応策を委員同士で論議するということはあまりない。言い換えれば、議案の適否について、委員（議員）の間で議論し、検討しているという情景はほとんど見あたらない。いくつかの地方議会の委員会の議事録を見ても、委員同士の議論はあまりないようである。個々の議員がそれぞれ自分の質問をし、意見を言い、それに対して、担当職員が答える……という繰り返しで委員会の審議が終了する。これが一般に見られる委員会の風景である。その後、採決を取り、多数委員の意見で結論が決まることになる。が、反対意見がないため、何となく全員が賛成ということで、採決することもなく、原案が可決されることも多い。むしろ、それが、多くの議会に見られる通常の姿といってもよい。とはいえ、委員会の途中で、休憩を取り、その間に、議員の間で、意見の調整をするということも少なくないようであるが…。この調整は議事録には残らない。
　そして、議案は本会議に返され、再び本会議での審議になる。ここでは、最初に、委員長が報告するということで審議が始まる。委員長報告は、一般には、「慎重審議の結果、全会一致で可決しまし

た」というように、最終結果を示すだけで、何が問題となり、どういう経緯を経て結論に達したかというような説明はまったくない。せいぜいのところ、どういう意見が出たかという形で、各委員（議員）が職員に対してどういう質問をし、意見をいったかという説明があるだけである。その質問や意見に対して、他の委員（議員）がどういう反応を示したかという説明はない。こういう議論が、休憩中にあったとしても、公式の委員会では行われていない。そうである以上、報告の仕様がないともいえるが……。これでは、住民は、どれだけ真剣に、委員長報告を聞いたとしても、内容は全く理解できないというべきであろう。しかも、いまでも、委員会での議事録が公表されていない地方議会が多い。こういう地方議会では、住民は、委員会の審議状況を全く理解できないということになる。審議内容を知りたい住民は傍聴すればよいということかも知れないが、委員会の傍聴にいくのは、市民側からすれば、かなり勇気が要ることである。本会議の傍聴はできるが、委員会の傍聴は尻込みしてしまうという住民が非常に多い。しかも、勇気を奮って委員会の傍聴に行ったとしても、前述のように、舞台裏で物事が決まることが多く、住民には"ちんぷんかんぷん"である。頼りにできるのは、本会議での委員長報告だけということができる。ところが、その委員長報告がこういう有様である。住民には、委員会の審議は、結論は分かるが、実質的な内容はさっぱり分からないというのが実態であろう。この報告をもとに、本会議での質疑および"討論"がはじまる。しかし、"討論"とはいっても、ある議員が反対意見を述べ、別の議員が賛成意見を述べるだけである。相手の意見の欠点をつき、論駁しあうことはない。極論する場合には、反対者と賛成者が互いにそっぽを向きながら、勝手なことを言うだけとすらいえる。これが"討論"である。しかも、この討論すら省略されることが多い。これでは、"審議"とは、とてもいえないのではなかろうか。議会としての責任を果たしていないともいえる。議会が何を決めた

第 2 部　議会と住民

のか、傍聴者である住民が熱心に聞いたとしても、理解できないことであろう。また、議事録をどれだけ真面目に読んでも、議案が通過した経緯などは分からないということになろう。しかも、不思議なことに、こういう審議の仕方は、全国どこの地方議会でも、ほとんど同じである。議会審議の仕方が、法令で決められているわけではない。それにもかかわらず、どこの地方議会でも、審議の仕方は、ほとんど同じである。なぜだろうか。これらのついては、後述することにしたい。

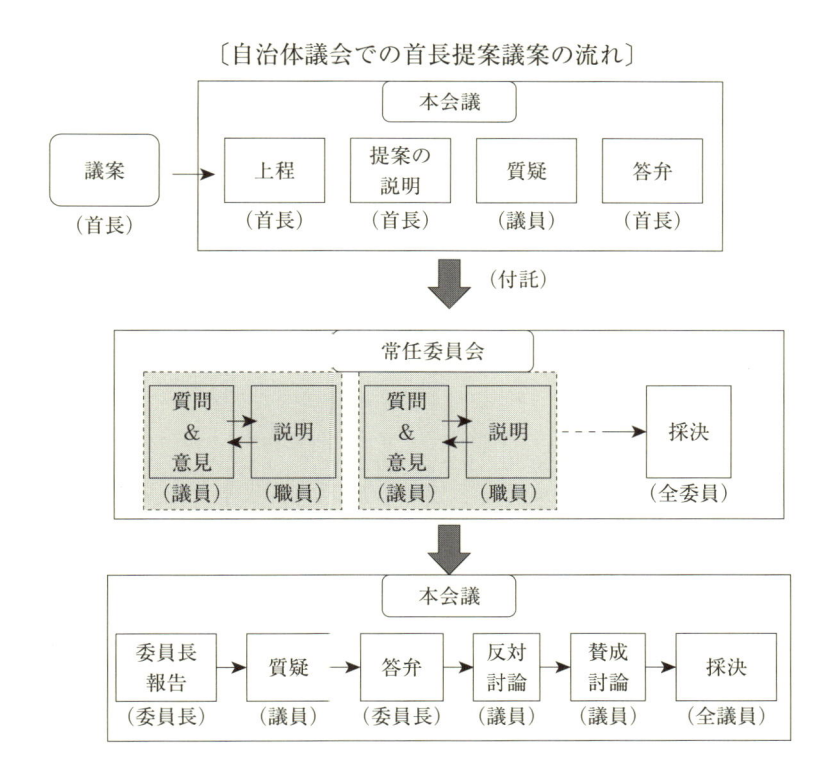

〔自治体議会での首長提案議案の流れ〕

本会議
議案（首長）→ 上程（首長）→ 提案の説明（首長）→ 質疑（議員）→ 答弁（首長）

（付託）

常任委員会
質問＆意見（議員）⇄ 説明（職員）　質問＆意見（議員）⇄ 説明（職員）‥‥→ 採決（全委員）

本会議
委員長報告（委員長）→ 質疑（議員）→ 答弁（委員長）→ 反対討論（議員）→ 賛成討論（議員）→ 採決（全議員）

2　議案は事前に住民に配布すべきでは？

■議会軽視か？
　このところ、どこの自治体においても、執行機関が政策案（施策案）を作成する際に、パブリック・コメントということで、住民の意見を聞くことが増えている。この政策案は、一般に、議案として議会に提出される。このことからいえば、最近は、住民も議案の中身を事前に知ることができるようになってきたともいえそうである。しかし、パブリック・コメントが行われるのは、ほとんどの場合、新規の政策に限られている。しかも、そのなかの、とりわけ住民の関心を呼びそうな施策に限定しているという自治体が多い。予算案などについては、一般に、パブリック・コメントは行われていないようである。もちろん、予算案は、議会にかけられる前に、住民に知らされるということも少なくない。このような予算案に代表されるように、議案は、何はともあれ、先ずは議会に提出されるという原則になっている。マスコミが新聞などで報道するのも、その後である[4]。
　この結果、不可思議な現象も出現する。たとえば、自治体の行政機関のひとつである教育委員会は、その会議を公開しているところが少なくない。私が所属する三重県の教育委員会も、その委員会の会議を公開している。しかし、"公開"とはいっても、すべての審議を公開しているわけではない。それどころか、日によっては、20ほどある議題や報告題のうち、2つか3つしか公開できず、他はすべて"秘密会"で行うということもある。これは、個人情報が絡んでいるためということもあるが、多くは、議会にかける必要がある

4）公式の議会の前に、全員協議会で議案が説明されることが多く、こういう場合は、全員協議会の後にマスコミに報道されることもあるが……。

第2部　議会と住民

ためである。議会に諮る必要がある議案については、たとえば、予算案については、議会にかける前に住民に公表することができず、したがって、教育予算をどのようにするかという教育委員会内部の審議についても住民に公開することができないのである。この結果、教育委員会で公開できる会議は、ほとんど内容のないものになってしまっているのであるが……。しかし、これを公開しようとしても、"議会軽視"だということで議会から攻撃されるという懸念のもとに、教育委員会の事務局の職員がこぞって反対をするため、いまのところ、公開できていない。そして、全議員がというわけではないが、なかには、議案をあらかじめ住民に知らせるようなことを行政機関がすると、"議会軽視"だとしてクレームをつける議員が確かにいるようである。

　もちろん、"議会軽視"は民主主義の崩壊につながる可能性があると、私は考えている。"議会重視"は重要である。しかし、議会で審議する議案を、議員よりも先に、住民に公表すれば、"議会軽視"になるのであろうか。その点が、大いに疑問というべきであろう。

■議会信頼への第一歩？

　イギリスは議会制民主主義の国であるといわれている。私はイギリス地方政治が専門であるため、イギリスに時折出かけ、地方議会にも傍聴に行っている。ある時、南ケンブリッジシャー市の議会に、そこの住民である知人につれられて、傍聴にいったことがある。どの議員にもそれぞれ独特の訛りがあり、聞き取りにくかった。しかし、議員に配布されているものと同じ議案の説明書そして資料を数日前に入手し、辞書を片手にそれを熟読していたため、その上、知人から解説を受けていたため、議論している内容は十分に理解することができた。それだけではなく、議員が互いに論破しようとしているやりとりは、かなり面白い"見物"であった。もちろ

ん、他の傍聴の人々も、そういう資料をみながら議員のやりとりを聞いていた。議員がどのような発言するか。傍聴者は監視しているような雰囲気でもあった。事実、私を案内してくれた住民は、議員の発言が気に入らなかったらしく、隣で「今夜にでも、議員と話し合わないと……」とぼやいていた。後で聞くと、実際に20人ほどの住民が集まり、議員と一緒に、議案について話し合ったという。

問題となったのは、住宅団地を造成するという議案であった。私の知り合い達は、大きな団地ができれば、地域の文化が消えてしまうという考えから反対していたそうであるが、代表者である議員は、その住民達の意向を理解せず、地域の活性化につながるというひとりの議員の主張に同調したのであった。これは、議案の提案者である担当職員も強調していた点であったが……。

このため、知人たちは住民の集まりを開き、そこに自分たちの代表である議員を呼び出したのであった。集会では、住民と議員、そして、住民同士の話し合いが数時間にわたって行われたという。結局、その議員は、次の議会で反対意見を展開したとのことである。

このような議会であれば、住民が議会を重視するようになるのは必然だといってよい。住民が議員の発言に関心を持ち、議員と意思疎通を積極的にはかろうとするのは、住民が事前に議案や資料を入手し、何が議会で審議されるかを知っているからである。このように、議案の事前の公表は、決して、"議会軽視"ではない。それどころか、議案の事前の公表は、住民が議会に親しみを持ち、議会を信頼するようになる第一歩だというべきである。

3 不可思議な地方議会の運営

■自由な討議・討論はなし

議会は合議制の機関である。合議制である以上、議員の合意によって議会の意思が決められなければならない。そして、合意するた

めには、議員が自由に意見を述べ合って、それらの意見が妥当か否かを討議することが必要である。時には、自分の意見を通すために、同僚議員を懸命に説得する必要もあろう。その結果、討論となり、論争となる。これが議会の審議である……というのが、多くの有権者の常識的な発想ではないだろうか。

　ところが、奇怪なことに、地方議会では、議員の間で討議されることは皆無だといってよい。少し古い話であるが、2007年2月に「自治体議会改革フォーラム」が実施した議会運営の実態調査をみても、議案の審議に際して議員相互の自由討議をしていると回答した地方議会は、回答1,178自治体（38都道府県、14政令都市、18特別区、581市、443町、84村）のうち、わずか7つの自治体に過ぎなかった[5]。その上、これらの自治体の議会が自由討議しているというのは、主観的にそう考えているだけで、客観的には、必ずしもそうはいえないところもあるようである。事実、自由討議をしているという議会のなかには、議員が意見を順に述べているだけで、相手を説得するというような試みは全くなされていない議会もあった。これでは、形式的に"自由討議"という時間帯を設けているだけで、実体を伴っていないというべきであろう。調査をした「自治体議会改革フォーラム」も、地方議会においては議員同士の討議は想定外のようだと、解説しているほどである。

■ "討論"は討論でない

　議員研修などで、議員同士の討議がないという話をすると、必ずといってよいほど、「そんなことはない、われわれの議会は討論をしている」と反撥する議員がいる。これは、どこの地方議会でも、議案を採決する前に"討論"を行っているためであるが、この"討

5）自治体議会改革フォーラム「全国自治体議会の運営に関する実態調査2007調査結果概要」http://www.gikai-kaikaku.net/research.html

論"は、一般社会で理解されている「討論」とは全く別のものといわなければならない。

　たとえば、現在の地方議会の"討論"は、ある議案を採決するに際して、先ず、反対する議員が反対意見を述べ、次に別の議員が賛成意見を述べるという形で行われる。しかも、普通は、それぞれ一回発言するだけである。その上、反対議員と賛成議員は相手の意見を論駁しようという意思を全く持っていないといってよい。それぞれが、相手の意見を考慮せず、淡々と自説を述べるだけである。ときには、2、3人の議員が意見を陳述するが、それがすべて反対意見で、賛成意見が全くないという"討論"もある。これで討論という言葉を用いるのは、どう考えても間違いというべきであろう。それにもかかわらず、こうした意見の陳述に"討論"という名前をつけ、「討論」していると議員が胸を張っているのは、住民（有権者）の目から見れば、奇っ怪としかいいようがあるまい。

■誰が議会運営を指示？

　さらに、不思議なことに、こういう"討論"が行われているのは、特定の地方議会に限られたことではない。全国すべての地方議会で、こういう"討論"が行われ、その結果、議員間で議案をめぐって、論議し、論争するということが行われていないのである。

　何故、こういうことになっているのだろうか。こういう"討論"が法律で定められていると信じている議員も少なくないようである。しかし、地方自治法にも、もちろんほかの法律にも、そうした定めはない。地方自治法で定められているのは、議事の公開や過半数で議決することなど、ごく基本的な原則だけである。各地方議会がどのように審議するかというような議事手続きについては、具体的には、何も定めていない。ただ、それぞれの「会議規則」を定め、それにもとづいて、議会の運営をしなければならないと定めているだけである。しかも、この「会議規則」を発案できるのは議員

だけだとされている。言い換えれば、どのように議会の運営をするか、どのように審議するかという方法については、それぞれの議会の議員自身が考え、審議し、議員だけで決定することになっているのである。

　このことからいえば、各議会でどういう"討論"をするかについても、それぞれの議会（議員）が、「会議規則」のなかで、独自に定めなければならないということになる。それが現実に行われていれば、地方議会によって、"討論"の仕方が違うことになるはずである。ところが、実際には、摩訶不思議なことに、どこの地方議会でも、ほとんど同じ"討論"、内容のない"討論"が行われている。それだけではない。どこの議会でも「会議規則」そのものが同じなのである。

　もちろん、「会議規則」の一字一句がすべて同じというわけではない。条文の配置なども若干違っている。しかし、その実質的な内容に、ほとんど変わりがない。その上、自治体としての性格が異なる都道府県議会と市議会を比較しても、「会議規則」の内容は同じである。町村議会の「会議規則」もほとんど変わりがない。これは、議会運営の仕方が同じだと言うことを意味する。もちろん、"討論"の仕方も、同じである。なぜ、こういう奇怪な現象が起こっているのであろうか。地方議員の多くは「会議規則」を自分たちでつくる責任があるなどとは、夢にも思っていないからだといえる。いわば、天から降ってきたような「会議規則」に、そのまま従って、議会を運営しているからである。天から降ってきた…というのはどういうことか。これを理解するために、現在の地方議会の「会議規則」が導入された経緯を追ってみることにしたい。

4　議会沈滞の最大の原因は"会議規則"

■面白かった昭和20年代の地方議会

　地方議会の古い議事録を読んでいると、いまとはずいぶん違う議会風景が浮かんでくることが多い。たとえば、東京都の墨田区議会の議事録には、灰皿が議場を飛び交ったという記録も残されている。私が、この区議会史の執筆をしていたとき、こういう議会風景を描こうとすると、担当職員から、議会の恥になるとクレームがついたが、しかし、私の考えはそれとは全く逆であった。こういう場景は、議会の恥になるどころか、議会があるべき機能を果たしていたことを示す証左であり、賞賛に値すると考えたのである。事実、灰皿が飛び交ったのは、議員が互いに相手を屈服させようという本物の"討論"をしていたためであった。白熱した論争の結果、興奮した議員が灰皿を投げつけたというわけである。もちろん、怪我をするような灰皿ではなく、アルミ製の灰皿であったが……。こういう行為は住民の代表に相応しくない行為、紳士にあるまじき行為ということで、非難されることはもちろんあろう。しかし、議員が互いにそっぽを向いて、淡々と意見を述べ合うだけで、行政機関の提案してきた議案にほとんど賛成するという無気力な議会よりは、ずっと素晴らしい議会だというべきではなかろうか。さらに、真の住民の代表として行動するためには、住民の意向だと思う意見、住民のためになると思う意見を強く主張することが必要だといわなければならない。

　2年ほど前のことであるが、イギリスのウインチェスター市議会を傍聴したことがある。この時は、審議が朝の9時過ぎから始まったが、ある議案で、議員の間の議論が紛糾した。反対議員と賛成議員がほぼ同数で、お互いに、相手を説得しようと弁をふるっていた。それでも最初の頃は、大人しい説得であったが、そのうち、興

奮した議員も現れ、激しい論争、しかも、いつ果てるともみえない論争となった。まさに討論となったのである。しかし、相手の言い分は聞くという各議員の姿勢は続き、最終的に、2時間ほどで集結した。反対派が相手方の説得に成功し、結局、圧倒的多数で議案が拒否されたのである。その後、休憩に入り、私は、数人の議員と話し合うことになったが、「日本の市議会と違うか？」という質問を受けた。私は正直に「日本の市議会は、こういう議論はしない」と答えると、議長の次のような痛烈な皮肉があった。

「日本は、イギリスよりも、ジェントルマンの国でしたか？……」[6]。

　昭和20年代の墨田区議会や鈴鹿市議会[7]は、こういうウインチェスター市議会に近い議論をしていたともいえるが、その頃の議事録を読んでいると、どういう議案が審議されているのかが明確に理解できることが多い。しかも、その議案のメリットがどこにあるのか、欠点がどこにあるかという点も、議員の議論を通して、イメージとして浮かび上がってくる。賛成する議員に対して、「こういう欠陥があるのに、なぜ賛成するのか」とある議員が突きかかり、また逆に、こういう利点があるのになぜ反対するかというやりとりが記録されているからである。そういう議論のやりとりを読んでいると、最終的に、まとまった議案についても納得がいくことが多い。こうした議会の審議は、住民にとっても非常に理解しやすく、自分たちの代表がどういう活動をしているかを、監視し、評価しやすい審議であったといえよう。事実、この頃の議会は、いまの地方議会に比べて、はるかに高い評価を受けていたようである。

6）この時のウインチェスター市議会の審議風景については、竹下譲監著『よくわかる世界の地方自治制度』イマジン出版、2008年、38-42頁。
7）私は、鈴鹿市議会も市議会史を編集・執筆したため、昭和20年代の残っている議事録に全部目を通したことがある。

■「標準会議規則」の"丸写し"

　これに対し、いまの地方議会の議事録は、いくら熱心に読んでも、どういう議案を審議しているのか、さっぱり分からないことが多い。反対討論、賛成討論も、反対や賛成の根拠とされているものが、客観的にみて正しいことなのか、それとも、ひとりの議員の憶測に過ぎないのか、さっぱり分からないのが普通である。住民は、議会の傍聴に行ったとしても、議案審議の内容はほとんど理解できないに違いない。昭和20年代の地方議会が住民に分かりやすい審議をしていたのとは大きな違いである。荒っぽいところがあったとしても、昭和20年代の地方議会は、それぞれの議会の持ち味を出し、結構、面白味のある議会であった。議論が紛糾するかも知れないけれども、逆に、それが内容を明確にする働きをしていたし、様々な住民の代表が集まっているという実感がもてる"議会らしき審議"でもあった。そういう昭和20年代の地方議会がどうして消えてしまったのであろうか。何故、地方議会がいまのような状態になってしまったのであろうか。

　その大きな分岐点は、昭和30年（1955年）にあったようである。この年に、中央政府レベルでは自民党と社会党が結成され、以後、万年与党の自民党と万年野党の社会党という構図のもとに、自民党の一党支配が続いたが、このいわゆる1955年体制ができあがった時に、国会議員が1人で法案を発議する権限も制約されるようになった。たとえば衆議院では、法案の発議に議員20人以上の賛成が必要となったのである。そしてこれが地方議会にも波及し、それまで一人ひとりの議員が議案を提案できたものが、「議員定数の8分の1以上の者の賛成」[8]がないと、提案できないということになった。恐らくは、議会の運営をスムーズにするためであろうと

8）昭和31年の地方自治法の改正：112条2項。後に、この規定は「議員の定数の12分の1以上の者の賛成」と緩和された。

思われる。そして、同じ趣旨のもとに……と聞いているが、「会議規則」のモデルとなる「標準会議規則」をつくろうということになった。形式的な作成者は都道府県議会議長会、市議会議長会、町村議会議長会であったが、実際につくったのは、自治省（現総務省）関係者、地方議会関係者、学識経験者であった。誰がリーダーシップをとったか、定かでないが、恐らく、自治省の指導のもとにつくられたのであろう。事実、それ以後の「標準会議規則」の解説は、自治省関係者によって行われてきた。

　こうして作成された「標準会議規則」の中身は、合理的、能率的な議会運営をねらいとするものといえた。また、"そつのない"運営をするためのものでもあった。そして、この「標準会議規則」は、瞬く間に、全国の地方議会に広がっていった。それまでの、議会運営の仕方を駆逐し、この「標準会議規則」に定められた議会運営になったのである。

　これにより、質問の仕方も、発言の仕方も、議論の仕方も、あるいは、議案のかけ方も、さらには、委員会の審議の仕方も、採決の仕方も、ほとんどすべての地方議会で同じになった。もちろん、「標準会議規則」は、法律ではない。中央省庁の命令でもない。形式的には、単に、議長会が「会議規則」のモデルをつくっただけであった。しかし、地方議会は、ほとんど例外なく、それを"丸写し"してしまったのである。こうして、昭和20年代の墨田区議会にみられたような審議は、消えてしまった。

■互いにそっぽを向いた"討論"？
　「標準会議規則」ができるだけ時間のかからない審議にするなど、審議の能率を高めていることは確かである。しかし、その反面、"そつのない"審議、あるいは、住民に分かりにくい審議にしてしまったという側面があることも事実といわなければならない。これは、議会審議が、形式的で、面白味のないものになったということ

を意味する。たとえば、昭和20年代の地方議会では、私が議事録を読んだいくつかの市議会に限っていえば、いまのように"討論"という特別の時間は設けていなかったものの、議案審議の過程で、常にといってよいほど、議員間の討論が行われていた。しかも、その討論は、常識的な討論、相手方を説得するための討論・議論であった。その結果、議事録を読むだけでも、結構、面白い審議だったろうということが分かる。もちろん、住民に分かりやすい審議であったに違いない。ところが、地方議会が「標準会議規則」をほぼそのまま丸写ししたために、どの地方議会でも、審議は形式的になり、聞いていても、さっぱり分からない審議、面白味のないものになってしまった。討論も、一般社会では理解できないような奇っ怪な"討論"になった。

こういう討論をもたらした条文としては、「標準会議規則」の3つの条文を挙げることができる。

- 討論しようという議員は、「あらかじめ議長に発言通告書を提出し」、その発言通告書には「反対又は賛成の別を記載しなければならない」[9]。
- 「議長は、最初に反対者を発言させ、次に賛成者と反対者を、なるべく交互に指名して発言させなければならない」[10]。
- 「発言は、すべて簡明にするものとし、議題外にわたり又はその範囲をこえてはならない」[11]。

これらの規定にしたがえば、あらかじめ通告していない議員は討論に参加することができないということになる。これでは、議会で

---

9) 都道府県議会標準会議規則50条1項2項。市議会標準会議規則48条1項、2項。参照；長野士郎『逐条地方自治法』（第7次改訂新版）、学陽書房、昭和40年、384頁。
10) 都道府県議会51条。市議会50条。町村議会49条。長野士郎、同上、385頁。
11) 都道府県議会53条、市議会52条、町村議会51条。長野士郎、同上、386頁。

展開される"討論"が異常な形になるのは当然ともいえる。通常の常識的な討論では、最初に予定された人が切り出すとしても、それに賛同できない人が反論し、さらに、それに反論する人が出てくるのが普通である。通告した人しか発言できず、しかも、「簡明に」するというのでは、"討論"になるわけはない。せいぜいのところ、それぞれが"見解の発表"をするというくらいであろう。事実、実際の"討論"を聞いていても、反対者と賛成者は、お互いに、そっぽを向いた意見を発表している。

■討論1人1回の原則？

それでも、通告した議員が、何度でも発言できるということであれば、ひょっとすれば、お互いに、相手の意見の欠点を指摘し、自分の意見に同調させようとする議論を展開するようになるかも知れない。そして、通告した議員が多ければ、それこそ、常識的な意味での討論になり、合議制の機関に相応しい議論になる可能性もあるといえる。

しかし、こうした討論は、「標準会議規則」を補足する形の解釈によって妨げられている。たとえば、地方議会の議会事務局の職員たちが大いに頼りにしている解説書には、「討論の回数は何回か」というところで、次のような説明がある。

「実際問題とすると、賛否各人1回どまりがほとんどです。2回も3回も同一人物が討論すると議事妨害の心配もあります。また際限なく続けると、同じことを繰り返し、挙げ句の果ては、興奮してけんか騒ぎにならないとも限りません。したがって、標準規則にはありませんが、1回と規定しておくべきです。議会慣例上からすれば、1人で1回を守るのが礼儀をわきまえた議員の発言だと考えます」[12]。

---

12) 中島正郎『新版Q＆A議長・委員長必携』ぎょうせい、平成12年、153-4頁。

また、別の解説書は、次のように、討論は「一人一回の原則」だとして、他の議員の発言に何度も反論することをはっきりと否定している。
　「討論の回数については、標準会議規則に明文規定はないが、1議題について1議員1回が会議原則とされている。したがって、一度討論を行った者は、他の討論者の意見に対して反駁することはできない。……一人の議員が相手の意見の表示のたびにこれに反撃していたのでは、冷静な論議を阻害することになりかねないので、反復討論を禁じているのである。この原則は、特に規定をまつまでもなく、当然のこととして会議規則にも規定していない」[13]。

　現実の地方議会の討論では、反対議員と賛成議員が、お互いに相手の意見とは関係なく、それぞれ"反対意見"を述べ、"賛成意見"述べるという場景が展開されている。しかも、ほとんどの地方議会では、反対議員も、賛成議員も、一人一回の原則に基づいているように思う。上記の解説書にしたがえば、まさに優等生がそろっているということになる。
　しかし、こういう"優等生"の議会に感心している住民（有権者）はどれだけいるだろうか。住民の目から見れば、こういう議会の"討論"は、最悪の討論ということになるのではなかろうか。討論というのは、意見を戦わせることである。住民（有権者）はそういう相戦う討論を聞いて、初めて、議案の本当の意味が理解できるということもできる。議会での審議に必要なのは、議員が「互いに意見を述べ、その理非を論じ合うこと」である。こういう討論を展開すれば、議員自身も、何を検討しているのか、それが住民にとっていいことかどうか、等々が理解できるようになるのではなかろう

---

[13] 地方議会運営研究会（代表鈴木宮夫）、『地方議会運営辞典』ぎょうせい、平成14年、475頁、478頁。

か。

　いまのように、行政職員の説明だけで判断しているのは、かなり一面的な判断である。間違った判断と言うこともときにはあるともいえる。それを是正するのが、議員同士の本当の意味での討論である。事実、前述のウインチェスター市議会の審議にみられるように、議員の間で議論を重ねていけば、住民にとって何が重要かということが浮き彫りになり、それまで賛成していた議員が、大挙、反対に回るということもしばしばあるのである。

5　独自の議会運営を！ ―標準会議規則からの脱却―

■住民の立場に立った一般質問は？

　議員の人たちは、住民の立場に立って、議会での審議の仕方を検討したことがあるのだろうか。議員の一般質問を聞いていると、住民の意向を聞き、客観的な状況を調査・勉強し、熟考を重ねた上で、質問をしている議員が多いようにみえる。しかも、パネルを使うなど、質問の仕方に工夫を凝らしているものが少なからずいる。質問の仕方も、いまでは、ほとんどの議員が、順序立てをして、論理的に進めている。こういう質問は、ぼんやり聞いていても、行政機関に何を問い質そうとしているのか、容易に、イメージが浮かんでくる。こういう状況を考えれば、一般質問のときは、議員は、住民あるいは支持者のことを強く意識しているといってよいであろう。そして、住民の立場から、様々な問題点を追求し、その改善を、行政機関に迫っているといってよい。

　しかし、一般質問は、前に述べたように、ひとりの議員が、ひとりの議員の資格で、行政機関に質問し、新たな施策を要求するものである。行政の問題点を追求していることは確かだとしても、それは、質問をしている議員が問題点だと考えているに過ぎない。他の同僚議員がそれを問題点だと考えているかどうかは不明である。恐

らくは、それについて、ほとんど考えたことがないというのが実態であろう。新たな施策の要求も、質問をしているひとりの議員の要求に過ぎない。しかも、その施策の企画から実現まですべて行政機関でするように要求するだけである。行政機関としては、それを実施するかどうかは、行政機関側の判断で決めなければならず、責任もすべて、行政機関側で負わなければならない。行政機関側で、その要求された施策を企画し、議会にかけたときに、他の議員から批判され、否決される可能性も十分にあり得る。そういう意味では、一般質問での要請は、議会の議場という場所で行われるものの、議会の要求ではなく、実質的には、一人の住民の要求と同じだといわなければならない。行政機関としては、おいそれと従うことのできない要求というわけである。事実、議員は、一般質問でどれだけ要求しても、それが実現されることはほとんどない。これでは、住民としては、話の内容が理解でき、自分たちの立場に立って、行政機関を追求し、新たな施策を要求しているということが理解できたとしても、あまり意味がないということになろう。いまのままの一般質問が続く限り、どれだけ議員が住民のことを考えた質問をしたとしても、せいぜいのところ、支持者の住民が「まあまあ頑張っているな」と評価するくらいである。とはいえ、一般質問のなかで要求された新たな施策が行政機関によって採用されることがほとんどないため、支持者の住民が満足することはないと思われるが……。結局は、議会に対する不信感はますます強まっていくことになろう。一般質問を、一人ひとりの議員の追求や要求ではなく、前述したように、議会の要求に変えることが必要である。それが、住民の立場に立った一般質問だといわなければならない。

■住民を無視した議案審議？

これに対して、行政機関から提案される議案は、予算案であれ、条例案であれ、議会が同意すれば、直ぐに実施されるものである。

第2部　議会と住民

　住民にとって、その審議は、一般質問よりも、はるかに重要なものといわなければならない。この点を、議員の人たちは、意識し、理解しているのだろうか。
　一般質問に比べて、議案審議には、全体的に、議員はあまり熱心でないように見える。少なくとも、一般質問のような工夫を凝らしている議員はほとんどいない。ほとんどが、受け身的に、審議しているだけである。その結果、住民は、どれだけ熱心に傍聴したとしても、一体、どういう施策案が審議されているのか、さっぱり分からないということが多い。ひょっとすると、議員のなかにも、議案の内容を理解していない者がいるのではないか……と思えるくらいである。
　こういうことをいうと、「失礼な」と怒る議員が必ずいるに違いない。しかし、審議されている議案が議会を通過して施策となれば、住民はどういうメリットを受けるのか、本当に効果がありそうか、財政が耐えられるのか、それよりもっと重要な施策がないのか……というような具体的な内容を理解している議員はどれだけいるだろうか。恐らく、ほとんどの議員は理解していないのではないだろうか。行政職員の「必要です」という説明を聞いて分かったような気分になっているだけではないだろうか。その施策が法令で義務づけられているものである場合には、説明している職員ですら、施策の実際の効果などは考えていないように思える。事実、私は、県の教育委員長として、提案する議案（施策案）を決める立場にいたが、こういう法令上の施策については、それが法令を実施するためのものということは理解していたものの、果たして効果があるのかどうか、どれだけの住民が恩恵を受けるのか、分からないことが多かった。
　行政職員は、法令にしたがうことが義務づけられている。そうである以上、効果があるか否かに関係なく、法令に規定されている施策を実施しなければならない。言い換えれば、それを議案（施策

案）として議会に諮る必要がある。しかし、議会には、そういう義務はない。議会の責務は、住民の代表機関として、行政機関から提案される施策案をチェックすることにある。もちろん、このチェックは住民のためにすることである。したがって、議会は、行政機関から提案された施策案が、住民にとってどれだけ有効かという観点から、審議しなければならない。まさに、住民の立場に立って、住民の目線で、審議する必要があるわけであるが、住民の意見を聞くことも重要である。そして、最終的に、上程されている議案が、住民にとって有効なものでないという結論を下した場合には、法令の定めがどうであれ、議会としてはそれを拒絶しなければならない。それが議会の責務である。こういうことを意識して、議案をチェックしている地方議会はどれだけあるだろうか。現実には、ほとんどの議会は、行政職員の説明のみにもとづいて、議案の是非を判断しているといってよいであろう。住民の立場ではなく、行政職員の立場に立って、審議をしているわけである。これでは、住民から見放されるのは当然だと言わなければなるまい。

　とはいうものの、議員のなかには、住民に有効かどうかという観点に立って、議案を検討している者もないわけではない。現に、常任委員会の審議をみていると、行政職員に対して、粘り強く議案を批判している議員が少なくない。議案の撤回を主張している議員すらいる。しかし、これらの議員は、議案の提案者である行政機関を相手に、自分の疑問点をぶっつけているだけである。他の同僚議員に対して「どう思うか」と問いかけることはしていない。傍聴者に分かりやすいように、行政職員に質問しているようにも見えない。ほとんどの場合、何回かの質問・批判を行政職員にぶっつけた後、「私は反対だが、いくら反対しても、通してしまうのだろうな？」というような最後の発言で終了してしまう。

　こういう審議を、地方議会は、長い間、繰り返してきたわけである。それを考えれば、住民が議会に不信感をもつのは当然といわざ

るを得まい。議会の信頼を取り戻すためには、議会の審議の仕方を抜本的に変え、住民の立場に立って審議をする必要があり、そのためには、先ずは、住民に分かりやすいような審議にすることが必要というべきである。しかも、早急に……。

■独自の会議規則を！

ここ１・２年、議会基本条例を制定する地方議会が急激に増えてきた。その結果、議会運営の仕方に独自の工夫を凝らす地方議会も数多く出現するようになった。これは高く評価すべきである。しかし、それでも、議会の基本的な運営の仕方はあまり変わっていない。いまでも、ほぼすべての地方議会が「標準会議規則」に縛りつけられている。

議会の審議、とくに、議案の審議をもっと住民に分かりやすいものにしようとすれば、何にともあれ、「標準会議規則」に"さよなら"することが必要である。そして、それぞれの地方議会で、その持ち味を生かした独自の会議規則をつくらなければならない。形式的には、現行の会議規則の抜本的な改正ということになるが……。

こういう改正をしようという場合、議会は、改正案の作成を議会事務局の職員に押しつけるという傾向が強い。しかし、議会事務局の職員が、「標準会議規則」とは全く別の「会議規則」をつくるのは難しいというべきである。「標準会議規則」とは全く別の「会議規則」をつくるということは、いまのような秩序のとれた大人しい議会運営から離れるということを意味する。どういう議会運営になるか、なかなか想定がつかず、議会運営が無秩序になる可能性も高い。たとえば、議員が自由に論議できるような「会議規則」にすれば、審議に時間がかかり、深夜まで、審議が続くようになるということもあろう。活発な討論を認めたために乱闘騒ぎが起こり、まかり間違えば、新聞種になるというような事態が発生するかも知れない。

議会事務局の職員は、「標準会議規則」に習熟し、それに基づいて秩序のとれた議会運営をすることに全精力を注いできた人々である。そういう職員に、"改革"ともいえる冒険的な改正を期待するのは、恐らく、無理な注文というべきであろう。こういう荒っぽい"改革"を実行できるのは議員だけといわなければなるまい。
　このような新しい「会議規則」を作成する上で、留意しなければならないのは、住民に分かりやすい審議にするということである。また、"面白い"審議にするということにも心懸けなければならない。これは、住民の意向を引き出すためである。住民の意向を引き出そうとすれば、まずは、議会の審議に関心を持ってもらうことが必要であり、そのためには、住民の興味を引くような議会審議にしなければならない。
　「会議規則」を作成するのは、恐らく、議会運営委員会だろうと想像しているが、各議会の運営委員会の面々は、それこそ、議会事務局に頼ることなく、委員会独自の発想で、新しい議会運営の仕方を考えるべきであろう。

6　起立による採決の是非

■ "表決"と"採決"

　議会審議の最終的な段階で行われるのは"採決"である。審議の検討を重ねた後、議長が議案に賛成するか否かを議員に問い、多数決でその採否を決定する。これが"採決"であるが、地方議会では"表決"という用語が用いているところが多い。
　"採決"と"表決"に明確な意味の違いがあるのだろうか。解説書などは、一般に、"表決"は議員の側からみた表現であり、一方、"採決"は議長の側からみたものだと解説している。"採決"は、議長が、議員に対して、賛否の意思表示を求める行為だというわけである。確かに、文字をみていれば、そのような意味かと考えられる

が、しかし、実際には、どこの議会でも、"採決"と"表決"を区別なく使っているようにみえる。ここでは、採決という用語で説明することにする。

　この採決で議案の審議が終了する。そして、賛成の議員が多ければ、条例案や予算案は、"案"がはずされ、〇〇条例あるいは〇〇年度予算として確定し、実行に移されることになる。このように、議員の採決での意思表示は、住民（有権者）に大きな影響を及ぼすものである。気軽に賛成とか、反対とかを決められるものではない。もちろん、議員が私的な立場で表明できるものでもない。採決は、住民の代表としての公的な行為であるというべきである。そして、住民に対して、責任を負わなければならない意思表示であるといわなければならない。

　したがって、各議員が採決でどういう意思表示をしたかという結果は、住民（有権者）に対して、公表することが必要である。住民（有権者）は、自分たちが選挙で選んだ代表が議会でどういう意思表示をしたかを知る権利があるということもできる。そこまで杓子定規にいわなくても、こういう情報があれば、住民（有権者）は、自分の判断と支持している議員の判断が違っているかどうかを知ることができ、違っている場合には、その旨を議員に伝え、抗議することができる。住民の代表としての議員は、こういうコミュニケーションを積み重ねていくことが重要である。この積み重ねによって、住民の意向を理解することができるからである。また、こういうコミュニケーションが常に行われていれば、住民（有権者）も、議員に対する信頼感を大きくしていくに違いない。もちろん、住民と議員の判断が常に違うということになれば、その住民は、次の選挙で別の議員を選ぶことになるであろうが……。しかし、そういう状況になることこそが重要だといわなければならない。いつまでも、地縁や血縁だけで議員が選ばれている場合には、議会に対する住民の不信感がますます強くなっていくことが必然というべきであ

る。
　現在の採決の仕方は、議員の責任ある判断を誘導するような仕組みになっているのだろうか。また、住民に対して、適切な情報を提供できるようなシステムになっているのだろうか。大いに問題ありといえそうである。

　■起立による採決
　現在は、次のように、起立による採決を行っている地方議会が圧倒的に多い。
　　議長「これより議案の採決をいたします」。
　　　　「賛成の諸君の起立を求めます」。
　　　　…多数の議員が起立…
　　　　「起立多数であります。よって本件は原案のとおり可決されました」。

　地方議会の中には、挙手で採決するところもあると聞いているが、この起立による採決のほうが、挙手による採決と比べて、賛成者の数をはっきりと数えることができる。その意味では、良き方法だともいえるが、しかし、この方法のもとでは、通常、議事録に記録されるのは、「起立多数」という言葉だけである。これでは、議事録をどれだけ丹念に読んでも、誰が賛成し、誰が反対したのか、知ることができない。住民は、議会の傍聴に行けば、あるいは、テレビなどの議会中継をみている場合には、誰が賛成したかを知ることができるかも知れないが……。しかし、仕事をしている住民はそれほど傍聴にいけるものでもない。また、テレビにかじりついている時間もない。となると、議事録に記録していなければ、住民は知りたくても知る術がないということになる。また、記録が残らなければ、後になって、有権者から責任を追及されることもほとんどない。これでは、議員の責任意識も希薄になるのは必然であろう。

地方議会の会議規則をみると、"無記名投票"で採決をすることもできると定めているところもある。というよりも、多くの議会は"無記名投票"の規定を会議規則に持っているようである。しかし、これは、住民の代表者である議員に相応しい行為なのだろうか。はなはだ疑問といわざるを得ない。住民の代表である以上、各議員は、自分を支持してくれた住民に、自分の行動や判断をはっきりと見せる必要があるといえる。住民に隠した方法で、意思決定をするというのは、議会としてあるべき行為ではないというべきであろう。そもそも、民主主義の国で、地方議会の議員が無記名投票で採決するというような国が、日本のほかにあるのだろうかと思うほどである。

　また、形式的な議案はともかくとしても、少なくとも住民の生活に影響する議案については、最終的な採決でだけではなく、審議過程でそれぞれの議員がどういう態度をとったかについても、「議会だより」などで積極的に公表していくことが必要ではないだろうか。こういう報道を続けていけば、住民も、議案の審議に目を向けるようになるのは必然といえる。そして、自分が選挙で投票した議員の行動をチェックするようになるに違いない。その結果、議員も"住民の代表"として、住民の目を意識しながら、責任ある行動をとらざるを得なくなり、議会も活性化していくということが期待できる。採決の方法を見直し、採決での個々の議員の態度を明確にできるような仕組みを工夫することが必要である。

7　面白くない議事進行！

■言葉づかいも紋切り型

　昔からそうであるが、地方議会の議長は頻繁に交替している。議長が１年ごとに替わるというところも少なくない。それだけ議長が替われば、なかには、議事をうまく仕切ることができず、議長席で

立ち往生するような議長も出てくるのではないかと思うが、そういう話は聞いたことがない。それどころか、議長が替わっても、議長の議事の仕切り方は全く同じだというのが普通である。それだけではない。どこの議会でも、議長の議事進行の仕方はほとんど同じである。全国どこの議会でも、たとえば常任委員会で審議をした後の本会議では、議長は、次のように、紋切り型の無味乾燥な言葉で、議事の進行をしている。

議長　「日程第1、議案第1号から議案第10号を一括して議題といたします。本件に関し、所管の委員長から、順次、委員会における審査の結果について報告を求めます。〇〇委員長」。
　　　—〇〇委員長、登壇—
〇〇委員長　「ご報告申し上げます。〇〇委員会に審査を付託されました議案第1号につきましては、去る6月15日に委員会を開催し、関係当局の出席を求め、慎重に審査いたしました結果、全会一致をもって原案を可決すべきものと決定いたしました。なお、本委員会で議論のあったことを2点申し上げます。……」
議長　「△△委員長」。
　　　—△△委員長、登壇—
△△委員長　「ご報告申し上げます。△△委員会に審査を付託されました議案第2号につきましては、去る6月19日に委員会を開催し、関係当局の出席を求め、慎重に審査いたしました結果、全会一致をもって原案を可決すべきものといたしました……」。
議長　「××委員長」。
　　　……
議長　「以上で委員長報告を終わります。委員長報告に対する質疑の通告は受けておりません」。

議長 「これより討論に入ります。討論の通告がありますので、発言を許します。16番、□□議員」。
—16番、□□議員登壇—
16番（□□議員）「会派◇◇を代表して討論に参加させていただきます。今回上程されている議案中、2案に反対して討論に参加します……」。
議長 「以上で討論を終了いたします」。
議長 「これより採決に入ります。採決は、3回に分け、起立により行います……」。

■文書を読むだけ？

　議会が違えば、当然、議事進行の仕方も違うはずと考えるのが、普通の住民の発想であろう。また、議長が替われば、議事の進め方も変わるに違いないと住民は想像するはずである。たとえば、神経質で、時間にうるさい人が議長になれば、ちょっとしたヤジでも押さえつけるだろうし、予定した時間内に終了するために、議員の発言を制限するはずである。一方、大らかな人が議長になれば、ヤジを面白いと思うかも知れない。終了時間もあまり気にせずに、長めの発言も認めるに違いない……と、普通の住民は、考えるのではないだろうか。

　しかし、現実の議長は、全国どこの議会でも、同じように紋切り型の言葉を使い、ほとんど同じ仕方で議事進行をしている。こういう不自然な現象が、何故、おこっているのであろうか。

　どの議会でも「議事次第書」と呼ばれるマニュアルにもとづいて、議事が進められているからである。これらのマニュアルはそれぞれの議会事務局の職員によってつくられている。が、職員は完全に自分の工夫だけでつくっているのではない。全国市議会議長会などが作成した議事次第書・書式例や周辺議会の議事次第書を参考にしてつくっているために、どこの議会のマニュアルもほとんど同じ

ものになっているのである。これらのマニュアルには、議会の開会から終了まで、必要な議長の発言が、すべて事細かく丁寧に書かれている。議長は、議事進行に関して何も考える必要はない。議長席に座って、マニュアルを朗読しさえすれば、自然に議事が進み、会議が終了するようになっている。新しく議長になった人がこのマニュアルに飛びつくのは当然である。この結果、すべての地方議会で、誰が議長になっても、議事進行の仕方が同じという現象が生まれているというわけである。

■ **審議を面白いものに！**

　なぜ、こういうマニュアルが作成されているのであろうか。一般にいわれているのは、議長の思いつきの議事進行では、会議に無駄が多く、紛糾する可能性が高いという点である。確かに、議長個人の力量に任せた議事進行では、議長になる議員によって、上手下手があるに違いない。時には、紛糾することもあろう。しかし、それはそれで、面白いと言えないだろうか。議会の審議では無駄な論議があるのは当たり前のことといわなければなるまい。民主主義とはそういうものだともいえる。議論に熱が入り、紛糾しても、別に問題ではなかろう。それよりも、マニュアルによって議事を形式的なものにし、結果的につまらないものにしてしまっているほうがはるかに問題である。

　いまの地方議会にとって、もっとも重要なことは、住民の信頼を取り戻すことである。そのためには、まず、住民の関心を議会に引きつけなければならない。現在の地方議会で展開されている審議風景は、住民にとって、あまり面白いものではないはずである。審議を熱心に聞いたとしても、何を審議しているのか、あまり理解できないに違いない。とくに、議案の審議はそうであろう。これでは、住民の関心を議会に引きつけようとしても、無理な話だといえる。

　住民の関心を議会に引きつけるには、何はともあれ、議会を面白

くする必要がある。そして、議長が替われば、議事の進め方が変わるということになれば、少なくとも傍聴者は「おっ！」と思うに違いない。その結果、議会に興味を持ちはじめるということも十分に考えられる。住民が議会に興味を持つようになれば、議長に就任した議員も様々な工夫を凝らすようになる。そして、それがまた住民を引きつける。こうして、議会はどんどん面白くなっていく……ということも期待できよう。少なくとも、議会の議事の仕方が変わり、議会運営の仕方は変わるに違いない。

　もちろん、議長が自分流の工夫をすれば、「会議規則」や法令から若干の逸脱をすることもあり得る。しかし、そのときは、「会議規則」を変えれば済むことである。法令から逸脱することがあるといっても、所詮、軽微な逸脱に過ぎないと思われる。その法令も手続きに関連するものであろう。これにこだわりすぎるほうが問題だというべきである。

3 「議会改革」の基本姿勢

1 議会基本条例のブーム

　いま、全国的に「議会改革」がブームになっている。多くの地方議会が「議会改革」を重要課題として位置づけているのはもちろんのこと、実際に、「議会改革」に取り組んでいる議会も多い。
　議会が違えば、抱えている問題も違うはずである。したがって、「議会改革」の内容は、議会によって異なるはずといえるが、現実には、どこの地方議会の改革も、内容が非常に似通っている。たとえば、いまは、議会基本条例の制定という「議会改革」が、全国の地方議会に燎原の火のように広がっているといってよい。

議会基本条例を制定した地方議会は、ホームページなどを見ると、どこの議会も、基本条例をつくったことを誇示し、自信満々である。が、不思議ことに、これらの議会が何のために議会基本条例を制定したのかを探ろうとしても、いまひとつ、明確ではない。もちろん、最初に、議会基本条例を制定した北海道の栗山町議会や三重県議会の場合は、別である。動機は明らかであり、目的もはっきりしている。たとえば、栗山町議会が基本条例をつくったねらいは、議会と住民の意思疎通を常にはかり、議会に対する住民参加を実現するというところに、また、それによって、議会を住民に信頼してもらえるように変革していこうというところにあった。そして、「議会報告会」など、具体的な実現手段も基本条例の中で明示していた。
　ところが、最近になって、議会基本条例を制定した地方議会の場合、このような明確なねらいが見えないところが多い。議会のあるべき姿や理念を示すというような目的は掲げているとしても、それで何をしようとしているのかという点が、いまひとつ、はっきりしていないのである。基本条例の制定に関与した議員の人たちの話を聞いていても、その点が曖昧で、議会基本条例をつくることが目的だったのではないかと思えるほどである。事実、こういう議会では、議会基本条例をつくったにもかかわらず、議会と住民の関係や議会運営の仕方に全く変化がない。これでは、何の意味もない議会改革ということになろう。

2 議会の責任は？

　いまの地方議会は、それぞれ、多くの問題を抱えているといわなければならない。たとえば、いまの日本は、中央政府はもちろん、地方自治体も大変な財政危機の状況下にある。北海道の夕張市のようにいわゆる財政破綻に陥ったところもあれば、破綻寸前というと

第2部　議会と住民

ころも多い。いわゆる不交付団体で、数字的には健全な財政といわれている自治体でも、一皮むけば、いつ財政が破綻するか分からないというところも少なくないはずである。

　このような大変な事態になっているにもかかわらず、地方議会はほとんど責任を感じていないようにみえる。恐らく、大部分の議員は、「私には関係がないこと」と思っているのではなかろうか。確かに、こうした現象は、バブル経済や不況のなかで、いわば時代の動きのなかで生まれてきたものである。その意味では、地方議会に責任を押しつけるのはお門違いともいえる。

　しかし、地方議会に本当に責任がないのだろうか。財政の逼迫について考えてみると、財政が逼迫するようになったのは、お金を使いすぎたことが原因である。高度経済成長やバブル経済のなかで、お金を費消する"快楽"を覚え、お金が乏しくなってからも、お金を使い続けたためである。現在も、この身の程を知らない費消は続いているが……。この使い方を最終的に決めているのは、議会の議決である。ということからいえば、議会にも大きな責任があることは確かと言わなければならない。

　もちろん、予算の原案をつくるのは行政機関である。そのことから、一般には、責任者として、首長以下の行政機関が挙げられることが多い。が、しかし、行政職員には、自由に予算案を組めないという制約がある。法令で定められているサービスについては、すべて実施しなければならないという制約である。たとえば、小学生から英語を教えると文科省が決めれば、それを不要だと判断したとしても、拒絶することができないのが、行政職員の立場である。そんなことをすれば、地方公務員法に定められている職務の違反ということになる。

　これに対して、議員は、住民の代表として、住民の立場で、住民の視点で、物事を判断することができる。法令で決まっているサービスであっても、それを鵜呑みにする必要はない。自分たちの地域

の住民にとって本当に必要なサービスか否か、もっと必要なサービスがないのかどうかを考えることができる。それが、議員の責務であり、議会の責務であるといってもよい。とはいっても、議会が法令上のサービスを切り捨てれば、関係省庁から非難されることは大いにあり得る。このためであろう。地方議会は、また議員は、一般に、法令に非常に従順である。あるサービスの実施に猛烈に反対している場合でも、法令に決められているサービスだという職員の一言で、黙ってしまうのが、議員の一般的な姿である。これでは、議員が選挙で選ばれている意味が全くないといわなければなるまい。議員・議会は、住民の代表である。そうで以上、住民にとって全く不用なサービスだと判断する場合には、法令に立ち向かうことも必要である。その財源を別の、もっと有効なサービスに回す必要があるといわなければならない。地方自治法も、こういう対立があることを想定し、総務省に係争処理委員会を設置している。実際には、この紛争処理委員会は"開店休業"だと聞いているが……。

　地方議会は、住民の代表機関として、もっと毅然とした態度で、中央省庁に対抗する必要があろう。地方自治というのは、そういう議会の態度で獲得していくものということもできるが、議会がそういう姿勢で予算審議をしていたとすれば、財政破綻や財政危機という現在の事態は発生しなかったのではなかろうか。予算の「議決」というのは、それほど重要なことであり、真剣に取り組むべきことなのである。

3 議会の守備範囲は？

　東京圏の都市には、また、名古屋や大阪には、人々があふれかえっている。しかし、地方に行くと、商店街を歩いても、買い物客がほとんどいないというところが多い。私がいま住んでいる四日市は、恐らく三重県下ではもっとも人通りが多いはずであるが、それ

でも、繁華街を歩いていると、シャッターを下ろしている店がちらほらと目につく。買い物客は、郊外のスーパーマーケットにとられてしまったわけである。

　四日市よりもっと人口の少ない地方都市に行くと、もっと閑散としている。シャッターを下ろしている店も多い。シャッター通りということがよくいわれるが、街全体が休業状況になっているところ、いわばシャッター街になってしまっているところすらある。

　山間部に行くと、限界集落といわれる地域もある。そこでは、高齢者が細々と住んでいるが、こうした限界集落のなかには、近いうちに、消滅してしまうところも多いという。江戸時代にちゃんとした集落であったところが、国民人口が3倍に増えたにもかかわらず、いまでは誰もいなくなってしまったという状況である。これは大変な問題というべきであろう。限界集落に近い状況の集落も多い。役場がなくなり、学校がなくなり、郵便局もなくなり、もちろん、病院もなければ、店もないという地域がどんどん増えている。

　こういう社会の変貌というか、社会の危機に対して、地方議会は関係がないのであろうか。たとえば、シャッター街の最大の原因は、郊外に大型のスーパーマーケットなどに買い物客を取られてしまったためといってよいが、こういうスーパーの建設に議会が関与したことがあるのだろうか。郊外にスーパーが出店する際には、もちろん、行政は関与することであろう。しかし、議会は全くといってよいほど関与しないのではなかろうか。郊外にスーパーを建設する場合、その建設予定地が市街化調整区域になっているのが普通であり、それを市街化区域に変更することが必要となる。農地転用も必要ということが多かろう。こういう手続きの段階で、議会は、住民の代表として関与するのが当然ではないだろうか。

　シャッター通りに関しても、そういう状況が始まる前に、ぽつぽつと店舗が閉じられ、いつの間にか、別の用途の建物に変わっているという現象が見られる。商店街が、櫛の歯が抜けたようになり、

徐々に、さびれていくわけである。しかし、新しい建物をつくるには、建築確認という手続きが必要であり、この段階で、他の用途の建物にすることに地域の住民がこぞって反対し、店舗の後継者を捜すということをすれば、或いはシャッター街になるのを防げたかも知れない。少なくとも、シャッター街になるのを遅らせることはできたであろう。そういう仕掛けを議会はしたことがあるのであろうか。郊外での大型スーパーの建設に多くの住民が賛成であったとしても、長い目で見ればどうなるのか。近い将来、住民が高齢になり、車を運転できなくなるという予測もある。そういう時には、街の商店街が再び必要になるが、そうした事態を、議会は住民と話し合ったことがあるのだろうか。

　議会は、法律上、こうした話し合いをすることを義務づけられているわけではない。しかし、議員の間で、街の将来のことを考えながら、スーパーの進出について話し合っても、別に、問題はなかろう。そして、「議会として、どういう対応をするか」を検討しても、別に、問題はないはずである。それどころか、議会が住民の代表機関であるという立場からいえば、住民の生活に多大の影響を及ぼし、当座は住民に便利だとしても、将来的には、街並みを崩壊させるかも知れないようなスーパーの進出については、地方議会としては、とくに市町村議会としては、真剣に議論しなければならないことだというべきであろう。法律で議会の議決事項として定められていないから議会は関係なしというこれまでの議会の姿勢は、怠慢そのものといっても言い過ぎではあるまい。そして、議員間の議論の結果、スーパーの進出に反対ということになれば、その旨を住民に公表し、世論の喚起をはかる。これが議会の住民の代表機関としての当然の責務ではないだろうか。スーパー建設に賛成する住民も、もちろん、多数いるはずであり、このような議会の反対の姿勢にたいして、反撥することも十分に考えられる。こういうときは、今度は、議会と住民が議論して、世論をつくりあげていけばよいという

ことになろう。

　議会と住民の議論の結果、たとえばスーパー進出に反対という形で見解が統一されたとしても、もちろん、法的には何の拘束力もない。その意味では、全くの徒労に終わってしまう可能性も十分にある。しかし、住民の意向と合致する形で、議会が立ちはだかれば、決定権を持つ行政機関としても、それを無視することはできないに違いない。決定権が都道府県の行政機関にある場合でも、地元の市町村議会の反対を押し切ることは難しかろう。

　スーパー側から、議会が行政機関の決定を妨害したということで、裁判に訴えられるという可能性も十分にある。しかし、大多数の住民が議会を支持し、住民もスーパーの進出に反対ということであれば、裁判所も杓子定規の判決をすることはできなかろう。事実、昔の話であるが、昭和40年代に、乱開発やマンション建設に、法的権限のない市や町が立ち向かい、開発業者や中央政府から反撥されながらも、ある程度の秩序ある街づくりに成功したという事例がいくつかある。当時、"権限なき行政"として脚光を浴びた事例であり、この結果、法律も改正された。ただし、このとき先頭に立ったのは、議会ではなく、何人かの市長であった。最近は、こういう勇ましい首長は消えてしまったようであるが……、しかし、そもそも、こういう戦いをするべきなのは議会だといわなければならない。議会は、住民の代表として、現在及び将来の住民生活を真摯に考えなければならず、その際に、法律上の権限がないからといって、遠慮する必要は毛頭ないといえるからである。権限がなければ、実質的に、それを勝ち取ればよい。それが"地方自治"というものである。いまの日本に、こういう真の"地方自治"が決定的に欠けているといってよいが……。議会の守備範囲は、無限といってよいほど、広いのである。

4　住民の意見を聞かない審議？

　地方議会は、こういう無限に広い守備範囲のなかで、住民の代表機関として、機能しなければならない機関である。具体的には、住民の立場で、住民の視点で、住民の利益のために審議し、議論し、議決する機関、それが議会だということになる。議会のこの機能を果たす上で、重要なことは、住民の意向を忖度して審議するということであろう。

　しかし、住民には様々な人がおり、物事のとらえ方、関心の持ち方、考え方も様々である。そういう住民の意向を、地方議会は、どのようにして忖度しているのであろうか。最近は、北海道の栗山町議会のように、議員全員が町内各地に出かけ、住民と話し合っているというところもある。が、これは例外的な議会であり、ほとんどの地方議会では、各議員がそれぞれ勝手に住民の意向を忖度しているだけではないだろうか。議会としては、住民の直接的な意見は聞いていないわけである。

　とはいっても、自分の支持者や後援会の人々と頻繁に会合を開き、議会活動の報告をし、話し合っている議員も少なからずいる。これらの議員は、実際に、住民の生の意見を聞いた上で、住民の意向というものをつくりあげているといえそうである。その意味では、議員としてのあるべき姿ともいえるが、不思議なことに、世間一般の常識では、こうした議員の動向はあまり歓迎されていない。議員は、住民全体のことを考えなければならず、一部の住民の意見に従うべきではないというわけである。

　議員がそれぞれの支持者の要求にしたがい、それを実現するために、行政職員に問い合わせたりすると、政治を私物化するものとして、マスコミなどによって、厳しく糾弾される。議会としても、こういう世間一般の常識にしたがう傾向が強く、倫理条例などを制定

して、議員が支持者の利益をはかることを防止している。そして、それを「議会改革」として位置づけている議会が多い。

　一部の住民の利益を恣意的にはかるという特権が地方議員にあるのだろうか。本当にあるとすれば、非難されて当然である。が、こういう風潮のもとで、「議員は住民全体のことを考えなければならない」という発想がますます強くなっていることも忘れてはならない。それぞれの議員が住民全体のことを考えようとすれば、支持者などの住民の意見を聞いてはいけないということになりがちである。支持者は、住民全体からいえば、ごく一部の住民に過ぎず、したがって、支持者の意見にしたがえば、一部の住民の利益をはかることになるからである。議員が住民の意見を聞かずに、自分の判断だけで、議会の審議をするべきということになるわけであるが、こういうことで良いのだろうか。

　現実の地方議会は、議員がそれぞれ自分の判断だけで、議会の審議をしているようにみえる。これらの議員が住民全体のことを考えているかどうか定かではない。多くの議員は、自分たちが選挙で選ばれている以上、自分の意見イコール住民の意向であると判断しているのではないかと想像できる。要するに、住民の声を改めて聞く必要はないと考えているわけであるが、とくに、行政機関から提案された議案については、予算案にしろ、条例案にしろ、議会の審議は住民の具体的な意見を全く聞いていないといってよい。住民に影響するところが多大であるにもかかわらず、住民はどういう議案であるかすら知らされていないのである。これでは、住民は意見をつくることすらできず、市や町の運営が知らないところで行なわれていると考えるのは必然だということができる。その結果として、自分たちの代表機関としての議会を信頼しなくなったのも、これまた、当然だといわなくてはなるまい。最近、議会・議員に対する住民の批判がますます強くなり、議員の定数削減、報酬削減、政務調査費の削減（というよりも、廃止）を要請する住民の声が強くなっ

ているが、これは、議会が住民の意見を聞いてこなかった当然の報いともいえる。こういう住民の批判に応えて、議員定数の削減や報酬の引き下げなどを議会が自ら実践して、それを「議会改革」だと謳っている議会がある。しかし、これは、議会の機能をますます喪失させるものというべきであろう。議員の数を減らせば、ますます住民の意見を聞くことができなくなり、その結果、なお一層、住民の信頼を失うことになりかねないからである。また、報酬を減らせば、有意の人材が議員からはなれていくことも十分に予測できる。これも、結果的に、住民の不信をますます大きくすることに繋がるといわなくてはなるまい。

　いまの地方議会にもっとも必要なことは、住民の信頼を回復することである。そのためには、実際に住民の意見を聞き、それを反映した審議をしなければならない。もちろん、住民全体の利益を考えることは必要である。それだけでなく、将来の住民の生活まで考えた議会の審議をしなくてはならない。こういう道筋をそれぞれの地方議会で工夫することこそが「議会改革」である。

5　予算案の審議は？

　住民の意見を実際に聞く際に、最も重要な働きをするのは一人ひとりの議員である。各議員がそれぞれの支持者から住民の意見をくみ取り、支持者と議論して、ひとつの意見にまとめていく。その過程で、議員が支持者である住民を誘導し、説得する必要があるのはいうまでもない。こうして、まとめ上げた意見を、各議員が議会に持ち寄る。そして、議会で、全議員がそれを表明し、議員全員で、どの意見が適切か、優先順位が高いのはどれか、等々を検討する。こういう過程を経ていけば、住民の意向を反映した審議ができるということになろう。

　もちろん、支持者である住民から意見を聞くためには、住民が議

案を知っていることが必要である。また、議員も、その内容を知っている必要があろう。したがって、行政機関から提案された議案、たとえば予算案を審議する場合には、その予算案をあらかじめ住民に公表しておくことが重要となる。また、議員も、住民の意見を聞くためには、あらかじめ予算案を理解し、自分の支持者にどういう影響を及ぼすかという点を、かなりの程度、把握しておくことが必要である。現在の地方議会でも、担当職員が全員協議会などで議員にあらかじめ予算案の説明をしているところが多いようであるが、こういう説明を、議員は真剣に聞いておれば、住民との話し合いもできるのではなかろうか。しかし、もっと良いのは、最初の本会議での議案説明を詳細にし、質疑応答を繰り返して、予算案の特色や大まかな内容を浮き彫りにし、その本会議の議案説明で明らかになった内容を住民（支持者）に説明した上で、住民の意見を聞き、話し合いをするという方法である。議員のなかには、こういう話し合いをすると、行政職員の側に立ち、行政職員の発想を住民に押しつける者が少なくないが、こういう姿勢はとるべきではない。議員も、住民の代表として、住民（支持者）側に立ち、支持者とともに、予算案の是非を考えることが必要である。

　こうして、まとめ上げた意見を、各議員が議会に持ち寄り、それをもとにして、予算案の是非を議員全員で検討することになる。この検討に際しては、「なぜ、そういう予算を組もうとしたのか」という行政職員の詳細な説明も聞かなければならない。それを聞いた上で、議員は、予算案の是非を検討する。とはいっても、代表という立場にある以上、支持者とともにまとめ上げた意見に拘束されるのはいうまでもない。また、各議員は、それぞれ支持者とともに意見をまとめ上げているため、別々の意見をもっているのが普通である。そういう意見が議会で表明されることなく、消えてしまったとすれば、支持者（住民）は、必然的に、自分たちの代表者（議員）を弾劾する。したがって、各議員は、必死になって、それぞれの意

見を表明し、その正当性を主張することになる。議員の間で、どの議員の発言がもっとも妥当かをめぐって、激しい議論が展開されるわけである。一方では、行政職員の詳しい説明を聞き、「もっともだ」と納得する議員もいるだろう。自分の意見を引っ込め、職員の意見に加担する議員もいるに違いない。そして、最終的に、恐らくは多数決で、たとえば予算案に同意するか、それとも修正するか、修正する場合には、どのように修正するかが決定されることになる。こういう審議の過程を踏めば、ほとんどの住民は、自分たちの意見が通らなくても、議会審議に納得するのではないだろうか。ひいては、議会の信頼の回復に繋がるはずである。

　また、こういう審議は、いまのように、行政職員に対する質疑だけですることはできない。行政職員の説明はあくまでも審議の前提であり、それから長い時間をかけて、議員の間で論議する、時には、お互いに論争する、あるいは、それこそ戦うという意味での"討論"をするということになろう。こうした議論をするように、議会の審議を変えていく、これが「議会改革」である。

6　住民参加——眠り過ぎた議会——

　住民の議会に対する信頼を回復する方法としては、議会の審議に住民に参加してもらうことも有意義かも知れない。

　"住民参加"というと、これまでは、行政機関のものだと考えられてきた。"住民参加"に対する議会の態度は、常に、冷ややかであった。いまでも、そういう態度をとり続けている議会が多い。これは、恐らくは、議員が選挙で選ばれ、住民の代表として公的に位置づけられている以上、議員の声が正当な住民の声であり、それ以上に個々の住民の声を聞く必要はないと、多くの議会が考えてきたためであるといってよいであろう。これは、具体的には、多くの議員の考えがそうであったことを意味する。あるいは、多くの議員が

そういうことを考えずに、ただ先例にしたがってきただけという可能性もあるが……。

しかし、議会がこういう態度をとり続けたために、住民と議会の距離は徐々に広がっていった。一方、行政機関の側は、ここ数十年、一貫して、住民参加を進めてきた。最近は、新しい施策を企画する場合、住民を委員とする審議会を設置し、そこで企画してもらうのが一般的になりつつある。さらに、その審議会の委員を公募で募集する自治体が増えている。住民からいえば、自分で名乗りをあげさえすれば、施策の立案に加わることができるということになるが、その上、こういう審議会で決定された施策案は、そのまま、議会を通過するというのが常である。その結果、審議会の公募委員になった住民は、議会の存在意義をほとんど感じていないようにみえる。重要な施策は主権者である住民自身で決めればよいと考えているわけである。事実、審議会の公募委員になった住民のなかには、「議会は不要」と公言する住民も少なくない[14]。

こういう状況を、議会は黙って見ているようであるが、それで良いのだろうか。住民の声を政策に反映するというのは、そもそもは、議会の機能だったはずではないか。あるいは、議会の責務であったと言い直すこともできる。ところが、議員は住民の選挙で選ばれているという地位に甘んじすぎたためであろう。議会は、住民の声を反映するように、"住民参加"の仕組みを創るという工夫を何もしてこなかった。

一方、行政機関は、その間に、様々な住民参加の工夫を凝らして

---

14) 筆者は、1970年代のころから、各地の自治体の審議会に参加しているが、議会に対する不信感は徐々に強まってきたと感じている。ただ、80年代の頃までは、委員には各会の代表、たとえば、自治会や商工会議所、婦人会、PTAなどの代表が就任していたため、あまり強硬な意見ではなかったが、1990年代に入ると、委員を公募で募集する自治体が増え、こういう公募委員は、議会に対する姿勢は過激で、「議会は要らない」と公言する者が増えてきた。

きた。審議会の設置はもちろん、最近では、新しい施策の立案に際して、パブリック・コメントを実施しているところも多い。住民投票を実施する自治体もあった。こういう行政機関の動きに気付いていながら、議会は、何もせず、眠り続けてきた。が、そろそろ、目を覚まさなければならない。そのまま眠っていれば、住民は議会を見捨て、その結果、議員の数は致命的に少なくなり、議員報酬も日当制などになって、議員のなり手がなくなり、議会が機能しなくなるということになりかねない。

　私は、議会がうまく機能しなくなれば、民主主義が崩壊すると考えている。そして、議会がうまく機能するためには、できるだけ多くの住民の意向を、住民との直接的な話し合いによって、くみ取ることが必要だと考えている。議員の数をそろえ、また、有能な人材を集めなければならない。言い換えれば議員にそれなりの報酬を付与することが必要である。議員は名誉職で十分だという意見も、とくに最近、名古屋の河村市長などによって主張されているようであるが、その際に参考にしているイギリスの自治体では、議員として活動するために"生活保護"をもらっているという事例もあるのである。議員がそういう保護をもらうことを、日本人は認めることができるのだろうか。恐らく、難しかろう。また、イギリスの議会では、ここ数年、急激に議員報酬が上がっているということにも注意するべきであろう。人材を集めようとすれば、とくに日本では、それなりの報酬が必要だと言うべきである。

７　議会制民主主義は"住民参加"になじまないか？

■日本流の議会制民主主義

　議会への"住民参加"にあまり積極的でない議員が多い。それどころか、"住民参加"と議会制民主主義は相反すると考えている議員すら多いのではないだろうか。事実、住民投票やパブリック・コ

メントに否定的な議員は、必ずといってよいほど、議会制民主主義を強調する。このような議員は議会制民主主義をどのようなものとして考えているのであろうか。議会制民主主義とは何かという点について、真剣に検討している議会は見当たらない。一般には、漠然と次のように理解しているように思える。すなわち……

　民主主義には二つの型がある。ひとつは直接民主主義で、これは、住民（有権者）全員で意思決定をするものである。これは、まさしく「住民による政治」であり、その意味では、理想的な民主政治だといえる。しかし、現在の日本の自治体で、これを基本的な政治形態とするのは不可能である。これに対して、もうひとつの間接民主主義は、住民が「代表」を選出し、その「代表」が住民のために政治をするという仕組みである。これは、実現可能な形態であり、その意味では、適切な形態だといえる。「代表」が、個々人の利害にとらわれず、住民全体のことを考えて意思決定できるという利点もある。そして、議会制民主主義は、この間接民主主義の典型的なものであり、現在の日本では議会制民主主義が採用されている……という理解である。

　そして、こういう理解のもとに、議会の審議に参加するのは議員のみであるという考えが浸透しているように思える。この考えのもとでは、住民が議会に参加できるのは、傍聴だけということになる。最近は、住民の要望や意見を議員全員で聞こうという考え方も広まりつつあるが、しかし、せいぜいのところ、そこまでである。住民が議会の審議に参加するなどということは、今の段階では、到底、認められないところであろう。

　しかし、こういう理解あるいは考え方は、万国共通の普遍的なものというわけではない。むしろ、日本流の議会制民主主義の理解だというべきである。

■イギリスの議会政治は？

　たとえば、議会制民主主義の国といわれているイギリスで、地方議会がどのようなものとして位置づけられているかを見てみると……。

　イギリスの地方議会の審議の仕方は、日本とはかなり（あるいは、非常に？）違っている。なかでも大きく違うのは、議会の審議の過程で住民の声を直接的に聞くところが多いという違いである。たとえば、議会を"オープン"していると説明する自治体が多いが、このオープンというのは、"傍聴"できるという意味ではない。"傍聴"できるのは当然のことであり、さらに、住民が発言できるという意味なのである。規模の大きな自治体では、30分とか1時間という住民の発言時間を特別に定めているところもある。しかし、それほど大きくない議会では、議長の許可さえあれば、自由に発言できるというところが多い。こういう議会では、審議は、職員の議案説明があり、次に、それに対して議員が質疑で、その内容を問い質し、それが終了した後で、住民が発言し、何人かの住民の発言を議員が聞いた後、議員の間での議論が始まり、結論に到達するというのが普通である。議員の議論の間に、住民の発言が加わるということもある。もちろん、議長の許可が必要であるが……。

　また、イングランドの地方圏には、パリッシュという自治体（一般に「タウン」や「ビレッジ」と呼ばれている）がある。2010年に、名古屋市の河村市長のもとで設置された地域委員会の原型でもある。しかし、名古屋市の地域委員会とは根本的に違うものである。もっとも違うところは、イギリスのパリッシュは徴税権を持っており、どういう行政機能を果たすかは、公選で選ばれたパリッシュ議会が自分自身で決め、自分で集めた税金でその経費を賄うという点である。その結果、パリッシュ（タウンやビレッジ）によって担っている機能が異なる。自前の警察官を有するなど、市に匹敵するどころか、それ以上のことをしているところもあれば、ほとんど

何もしていないところもある。人口も、数万人のところもあれば、数百人というところもある。市や県が、道路や施設を建設するときには、これらのパリッシュの議会に協議するのが普通である。民間業者から住宅を建てたいという申請があったときには、その許可権をもっている市は地元のパリッシュ議会に協議しなければならないことにもなっている。パリッシュでは、議会で、こういう協議にどう対応するかを審議しているが、ほとんどのパリッシュ議会では、住民が議会審議に自由に参加でき、自由に発言できるようになっている。採決に加わることができるとしているパリッシュ議会も少なくない。

　こうして採択されたパリッシュ議会の結論は、たとえば、建築許可に関しては、パリッシュ議会の代表が市議会に出向いていって、地元のパリッシュの意向として、説明する。建築許可の決定権が市議会にあるからである。市議会の審議は、担当職員の説明を聞き、それから、パリッシュ議会の結論を聞き、さらに、市民の意見を聞いた上で、市議がお互いに論議するという形で行われる。この場合、市議会はパリッシュ議会の結論に拘束されるわけではないが、実際には、パリッシュ議会の結論をくつがえすことは難しいという。逆の結論を出すと、パリッシュ議会は様々な抵抗を試みるからである。ときには、住民総会を開いて、抵抗のデモンストレーションをすることもあるとのことである。いわば、住民は、パリッシュ議会で発言すれば、市議会にも影響を及ぼすことができるわけである。

　これがイギリスの地方議会の審議の仕方であるが、これは、間接民主主義というよりは、直接民主主義を基盤とする議会政治であると位置づけることができる。いま、日本の住民が期待しているのは、まさに、こういう議会政治だというべきではないだろうか。住民参加を認めない日本流の議会制民主主義では、住民の信頼を回復することは不可能だといっても言い過ぎではあるまい。

第3部

議会の仕組み

1 常任委員会で審議するのは何のため？
――本会議を実質的審議の場にする必要あり――

1 常任委員会は必要か？

　常任委員会を設置し、ここで議案の実質的な審議をする。これが県議会や市議会の姿である。この常任委員会の設置は法律で義務づけられているわけではない。常任委員会を設置するか否かは、各自治体の議会の考えによるというのが法律の姿勢である。都道府県レベルと市レベルでは、すべての議会が常任委員会制度を採用しているという。

　これらの地方議会は、常任委員会の導入に際して、その適否を真面目に検討したのであろうか。あるいは、その継続の妥当性を議論しているのであろうか。少なくとも現時点では、常任委員会の設置は当然のこととして受け入れているのが実態であろう。その見直しなどは全く考えていないと思う。事実、常任委員会の設置を見直し、本会議ですべての審議をすることにしたというような新聞報道はみたことがない。

　現在の常任委員会は、行政機関の部局にあわせて、総務委員会、建設委員会、教育民生委員会等々の部門別に設置されている。この

ような常任委員会を設置する理論的な根拠としては、議員の専門化をはかるためであると解説されるのが普通である。

　確かに、現在の自治体が処理している業務には種々様々なものがある。しかも、その内容は非常に複雑である。行政職員の場合は、それらの業務を処理するために、それぞれ専門の職務をもち、研修を受け、時間をかけて、それに習熟するシステムになっている。そうした職員によって練り上げられた政策案（議案）をチェックしようとすれば、議員も、常任委員会に分かれ、それぞれの管轄事項に精通するようになる必要があるのは当然ともいえる。

　また、常任委員会の制度を採用すれば、少数の議員に分かれて議案を審議することができ、結果的に合理的能率的な審議になるという利点も考えられる。こうしたことからいえば、現在、ほとんどすべての地方議会が常任委員会を設置しているのは、当然の現象であり、評価するべきこととしいえそうである。

　しかし、議会の審議には、二つの特殊な要素があるということにも注意を払わなければならない。ひとつは、議会の構成メンバーである議員は、選挙で選ばれた住民の代表だということである。もうひとつは、議会で審議される議案は、すべての住民に何らかの関係がある議案だという点である。この二つの要素を前提として考えれば、ある議案の範疇については、専門家として精通するようになり、それに関係する議案の審議には参加するが、他の範疇の議案については、専門外のこととして、議案審議に参加しないというのでは、"住民の代表"としての責任を全うしていないということになろう。その意味では、常任委員会制度には問題があるということもできる。

　もっとも、これについては、次のような説明がなされることがある。すなわち、常任委員会は、議会の下審査をする機関に過ぎず、本来の審議は本会議で行われている。そうである以上、常任委員会で専門別に分かれて審議しても何ら問題ではないという説明であ

る。そして、多くの議員は（というよりも、ほとんどすべての議員は）、この説明に納得しているようにみえる。が、現実に、本会議でちゃんとした審議をしている議会はどれだけあるだろうか。どこの議会でも、本会議の審議では、常任委員会での審議結果を、ただ追認しているだけといってよい。いわば、本会議の審議は、完全にといってよいほど、形骸化されているわけである。これでは、常任委員会が実質的な審議場所であるといわざるを得ず、議員は実質的に特定の範疇の審議にしか参加していないといわざるを得ない。議員が"住民の代表"としての責任を全うしようとすれば、本会議を実質的な審議の場にもどす必要があるといえる。

　また、現在の常任委員会は、どこの地方議会でも、例外なく、行政部門別に設置されているため、議員が特定の行政に精通するようになることはたしかだといえる。が、そもそも、特定の行政に精通する必要があるのかどうか。この点にも、大きな疑問があるのではないだろうか。議員が選挙で選ばれた"住民の代表"であるということからいえば、議員は行政職員に対抗する必要は何もないといえるからである。議員は、普通の住民の発想で、あるいは住民の常識で、住民の目線で、議案をチェックすることこそが重要なのである。それこそが議員のもっとも基本的な責務であり、行政職員と同じような知識を有することが責務ではない。となれば、住民の目線で審議する場として、常任委員会が相応しいか否かを再検討する必要があるというべきであろう。

　議員数が非常に多い府県や大都市レベルの議会はやむを得ないとしても、普通の市レベルでは、こういう観点から、常任委員会制度を見直してみる必要があるというべきである。

2　常任委員会の限界？

　どこの地方議会でも、常任委員会は、行政機関の部や課と並列す

る形で、設置されている。財政・企画などを管轄する総務委員会は必ずといってよいほど設置されているし、社会文教委員会とか教育民生委員会という名称の委員会もポピュラーな委員会である。これらの委員会は、通常、他の委員会に協議することなく、それぞれ独自に、関連する行政機関の部・課あるいは教育委員会などから提案された議案をチェックしている。しかも、その審議に際して、議員が耳を傾けるのは、議案を提案した行政職員の説明（あるいは抗弁）だけである。利害関係者の話を聞くことは、通常、していない。専門家の話を聞くことも滅多にない。その議案が通過した場合、最終的に影響を受けるのは住民であると考えられるが、そうした住民の話を聞くこともない。

　これで、"住民の代表"としての審議ができているのであろうか。行政職員の説明に影響されるところが大きすぎるのではないだろうか。事実、常任委員会の議事録を見ると、その審議は、行政職員に対する質問だけで終始している。議員だけで議論するなどということは皆無に近い。

　最近は、議員間論議をしなければならないという風潮が強まり、制度的には、議員間論議をすることになっている議会が増えている。が、これらの議会でも、実際には、議員間論議はほとんど行われていない。まれに論議することがあるとしても、議員が感想を述べるくらいである。議員間の論議といえる代物ではない。

　論議が行われていないのは、議員が怠けているからではない。論議ができないのである。議員に論議する能力がどれだけあったとしても、現在の常任委員会の審議では、議員間で論議することは難しく、そのために、論議が行われていないというべきである。

　これは、常任委員会の審議が、行政職員の説明を聞くだけで行われていることによる。論議は、いろいろな意見がぶつかり合ってするものである。それをするためには、議員がそれぞれ異なる意見をもっていることが必要となる。ところが、常任委員会では、行政職

員の説明を聞くことからスタートする。議員は、当初は、その議案に対して、感覚的な反撥や異論があったとしても、それを行政職員に問い質す段階で、行政職員の説明をうけて、ほとんどの場合、納得してしまう。こういう行政職員とのやりとりを、すべての議員が順番にするというのが、現在の常任委員会のシステムである。そして、最終的には、委員会に所属する議員全員が納得してしまう。納得しない議員がいたとしても、他の多数の議員が納得しているため、同僚議員に議論をふっかけても、誰も相手にしてくれない。ある議員が異なる意見をもっていたとしても、その異論に立ち向かい、説得を試みるのは、他の議員ではなく、行政職員である。その結果、常任委員会での発言は、議員と行政職員の説明（抗弁）に終始することになる。行政職員の説明の後に、議員の間で議論をしようと思っても、全員（もしくは多数）が行政職員の説明に納得しているため、同じ意見をもつこととなり、結果的に議論ができなくなる……。これが、現在の常任委員会である。こういう常任委員会では議員間論議は無理だといわざるを得ない。

　常任委員会は、前述したように、議会の内部機関だというのが一般的な地方議会の位置づけである。なぜ、議会の内部機関なのか。常任委員会を設置する以上は、そこに、議会の権能を全面的に移しても良いのではないかと考えられるが、現在の、日本の地方議会では、内部機関だという位置づけが慣習的に成立しているようである。もちろん、法的な根拠は何もないが……。

　これは、常任委員会の結論がそのまま議会の意思にならないということを意味する。議会の意思は、改めて、本会議の審議で決定されるわけである。この本会議の審議は、常任委員会の報告をもとにして、言い換えれば、それを参考にして行われることになっているが、現実は、参考などではない。ほとんどの場合、本会議は、委員会の報告を鵜呑みにして、それを追認しているだけである。

　このように、実質的にみて、常任委員会が議案審議の中核になっ

ていることは否定しようがないが、そうなると、常任委員会の構成の仕方がますます大きな問題になるといわなければならない。現在の行政部門別の常任委員会のもとでは、議員は、行政職員の説明から離れることができず、結果的に、行政職員の影響を受けざるを得ない。行政の一連の流れのなかに、行政委員会の審議、ひいては議会の審議が織り込まれてしまっているということすらできる。これでは、議会の存在価値を誇示することができず、住民が議会を軽視するようになるのは必然でもある。議会が会議としての影響力を発揮するためには、行政職員の説明から離れた議員の判断で、言い換えれば、"住民の代表"という立場で、議案のチェックをすることが重要といわなければならない。それをしようとすれば、何はともあれ、議員に相応しい議論ができるようにしなければならないと言ってよいが、そのためには、現在の常任委員会を抜本的に見直すことが必要である。

3　地区別の委員会は？

　どこの地方議会でも常任委員会は、ごく当たり前のこととして、行政部門別に設置されているが、これは、1947年の地方自治法で、常任委員会は自治体の行政部門ごとに設けると定められていたためだと思われる。しかし、その後の地方自治法改正により、この規定は削除された。したがって、現在では、別の形態の常任委員会を設置しても、別に、問題はないはずである。
　現在のような行政部門別の常任委員会では、議員は、行政職員の説明を聞きながら、しかも、議会では、その部門の専門家（あるいは担当議員）として、議案の検討をしていくことになる。そのため、行政機関の部や課と同じ視点に立って、議案をチェックすることになりがちである。たとえば、福祉関係の委員会に所属する議員は、福祉の充実という視点からの解説を行政職員から何度も何度も

聞かされ、教えられているため、職員と同じ視点に立って、議案を
チェックするようになってしまうといってよい。議員になる前に、
あるいは議員と兼務で、福祉を受ける人々と密接に接触するという
経験を有し、それらの人々がどういう点で困っているか等々を、実
感的に理解している議員は、職員と全く別の視点から、議案をチェ
ックするという可能性はあるが……。こういう議員は、存在したと
しても、ごく少数である。大多数の議員は、福祉の知識・情報は、
すべてといってよいほど、職員から教えられているに違いない。現
場の視察に行っても、大部分の説明は、職員から受けるというのが
一般的であろう。そして、行政機関が実施している福祉の施策は、
ほぼ例外なく妥当な施策である。少なくとも、法的には妥当であ
り、また、行政という視点からいえば、理論的にも妥当であろう。
その結果、常任委員会の審議では、行政職員の説明にほぼそのまま
したがって、議案を認めてしまうことになる。
　しかし、議員のチェックは、そういうチェックではないはずであ
る。実際の現場に、福祉の施策が適切にマッチしているかどうかを
チェックする。これが、議員のチェックだというべきであろう。そ
うであるとすれば、現在の部門別の常任委員会では適切なチェック
ができないといわなければなるまい。常任委員会の設置の仕方を、
もっと別の形にすることが必要である。
　たとえば、"地区"別に常任委員会を設置すればどうであろうか。
非常に面白い審議になるのではなかろうか。地区別の委員会であれ
ば、審議が特定の議案に限られるということはない。すべての議案
について検討することが必要となる。しかも、その審議の仕方は、
行政サービスを提供する側の行政機関の視点ではなく、行政サービ
スの受け手である住民の視点からの審議となる。また、提案されて
いる施策によって、当該"地区"の住民がどれだけの便益を受ける
のかという視点から、審議をすることになる。
　こういう委員会では、職員の説明を聞くだけで結論を出すことは

とてもできない。議案の意味を理解した後に、それでは、当該"地区"にとって、その議案が適切であるか否か、必要であるか否かを、議員同士で議論せざるを得ないということになろう。施策の提供者である行政機関の説明だけではなく、その受け手である当該"地区"の住民の意見も聞こうということになるに違いない。そして、当然ことであるが、それぞれの"地区"委員会によって、結論が異なるということにもなろう。その決着をつけるのが本会議の審議である。議案に賛成した"地区"委員会のメンバーと、それに反対した"地区"委員会のメンバーが対立せざるを得ず、その結果、それこそ、相手を説得するための"討論"を展開するという議会風景が見られることになる。

　こういう議会に、住民も興味を示すようになるのは必然だといってよい。本会議にはもちろんのこと、常任委員会（"地区"別常任委員会）にも多数の住民が押しかけることになろう。そして、何よりも重要なのは、議員が本来の責務、すなわち"住民の代表"としての責務を果たせるようになるという点である。いまの行政部門別の常任委員会では、議会の審議は、行政機関と同じ視点に立っての審議であるため、議会の審議は行政の一環の流れのなかに組み込まれてしまっているともいえるが、行政とは離れた議会独自の審議ができるようになるともいえる。「地方行政」の審議ではなく、「地方政治」の審議になるわけである。議会の存在意義、存在価値は「地方政治」の審議にこそあると言わなければなるまい。

　もっとも、"地区"別の委員会も現実につくろうとすれば、市町村議会の場合は、かなりやっかいである。都道府県議会の場合は、選挙区が分かれているため、"地区"別委員会の設置は容易であるが、市町村議会の場合は、大選挙区であるのが普通であるため、地区別に議員を配分するのが難しいという問題がある。しかし、地区別に割り振りできる議員は、"地区"別委員会のメンバーになり、それ以外の議員は、いまのような行政部門別の委員会のメンバーと

なって、"地区"別委員会と行政部門別委員会が並立する形にするというのもひとつの方法であろう。それぞれの議会で、工夫すれば何とかなるのではなかろうか。

4 すべての審議を本会議で ―読会制の復活は？―

　常任委員会の設置は、前述したように、法律で義務づけられているわけではない。それどころか、地方自治法は本会議で審議することを原則とし、例外的に、常任委員会を設置することができるとしているだけなのである。したがって、常任委員会の廃止ということも検討すべきである。議員が住民の"代表"であるということからいえば、すべての議案に関与するべきであり、そのためには、本会議ですべての審議をするべきであるということすらできる。

　それでは、常任委員会を採用しないときには、議案はどのように審議されることになるのだろうか。本会議ですべての議案を審議することになるのであるが、そんな審議の仕方は見当もつかないというのが、現在の大部分の議会関係者の感想であろう。しかし、地方議会は、そもそもは、本会議を中心にして審議されていたのである。その時の審議方法は"読会制"であった。このことからいえば、常任委員会を採用しない場合には、読会制の審議に復帰するというのが自然であろう。

　地方自治法は「常任委員会を置くことができる」と定めているだけである。常任委員会を置かない場合はどうするかは明示していない。これは、本会議中心の運営、すなわち読会制による運営を当然のこととしていたためと考えられる。事実、地方自治法が制定された当時の解説書をみると、その旨の解説がなされている。現在では、解説書はもちろん、議会関係の用語の辞書をみても、『読会制』という用語そのものが見つからないということが多いが……。

　読会制の審議は、第一読会、第二読会、第三読会の三つの段階に

分かれていたという。第一読会は、提案理由が説明され、総括審議が行われる過程であるが、いまでは、その具体的な形は不明である。したがって、昔の「読会制」時代の議事録を参考にしてその中身を考えてみることにしたい。また、読会制は、イギリスの議会審議をモデルにし、ほぼそのまま導入したとのことである。そこで、イギリスの審議の仕方も参考にしながら、「読会制」の審議の段取りをみてみたい。

　第一読会では、総括審議ということで、提案理由の説明を受けた後、議案の目的や理念について検討していたようである。たとえば、条例案の場合には、その目的や理念が、自分たちの自治体のものとして、相応しいか否か、適切であるか否かの検討である。予算案の場合には、その予算で何を実現しようとしているのか、それが妥当か否かという検討になる。現在の自治体では、いわゆる積み上げ式の予算を編成しているところが大部分である。このような予算は、何を実現しようとしているのかという目的が、あまり明確ではない。少なくとも、住民の立場でいえば、予算を見ても、何をどうしようとしているのか、自分たちの生活がどう変わるのか、皆目、見当がつかないというのが普通である。そのため、自治体の予算は、全くといってよいほど、住民の話題になっていない。その結果、住民が、自治体の借金の多さに関心を寄せることはほとんどない。関心を持つのは、せいぜいのところ、首長をはじめとする職員の給与はどれだけか、議員はいくらもらっているのか……という次元の話である。

　しかし、「読会制」を採用し、その第一読会で目的や理念を検討するということになれば、このような積み上げ式の予算編成そのものが変わらざるを得なくなるという可能性がある。積み上げ方式では、今回の予算で何をしようとしているか、目玉は何か……というような目的や理念が明確ではなく、議会が紛糾する可能性があるからである。それはともかくとして、議案の目的や理念が妥当である

と多くの議員が判断すれば、第一読会が終了する。

　第二読会は、その後、数日経ってからはじめられるが、この間に、議員は、議案に関心をもつ有権者と話し合うこともできるし、昔は、そういうことをしていた議員もいたようである。第二読会は、議案を詳細に検討する過程である。条例案の場合には、各条文が第一読会で承認された目的に合致しているかどうかを逐条的に検討することになる。

　予算案の場合には、具体的な財源の配分が予算のねらいに合致しているかどうかという観点からの検討ということになろう。これらの審議には、かなりの時間がかかるはずであるが、現在の本会議のように、首長以下、行政機関の幹部職員がひな壇に整列する必要はない。首長が出席することがあるとしても、第二読会では、座り続けることはなかったようである。審議に必要な能力は住民の常識的な発想であり、最初に行政側の説明を聞けば、後は、議員の常識的な判断で、議員間の議論だけで、十分に審議することができる。職員の説明が必要なことがあるとしても、ごく少数の担当職員がいればよい。そのため、首長や幹部職員の業務時間をつぶすという心配もなく、時間をかけて、ゆっくりと審議できるということにもなろう。何よりも良いのは、こういう審議は、住民に分かりやすいということである。

　第三読会は、第二読会の後、しばらく時間が経ってから始められるが、ここでは、議案全体を鳥瞰図的に見るという審議が行われる。第二読会までの審議経緯をふりかえり、もう一度検討し直すということもあり得るが、一般的には、全体的に、住民の生活にどういう影響を及ぼすか、どうしても必要な施策かというような総括的な審議となる。通常は、この第三読会は1日だけの審議で終了し、すぐに採決となっていたようである。

　普通の市レベルの議会の場合は、議員の数はそれほど多くはない。したがって、このような読会制を採用することは十分に可能で

ある。それどころか、"住民の代表"である議員全員がすべての審議に参加できる読会制こそ、民主主義の名に値する議会審議のあり方と言えるのではなかろうか。

2 地方議会は立法機関か？

1 立法機能は重要か？―より重要な議案のチェック―

　最近の地方議会のホームページをみていると、議員の提案で政策的な内容の条例をどれだけ制定したかを、大きく取り上げている議会が多い。恐らく、立法機関として機能していることを誇示しているのであろう。そして、こうした地方議会の動きにマスコミも注目し、評価しているようである。

　政策的な内容の条例である以上、行政機関が施策として実施する必要があることはいうまでもない。こういう条例でマスコミの評価を受けたものとしては、ちょっと古い事例であるが、たとえば北海道議会が2003年に制定した「空き缶等の散乱の防止に関する条例」がある。この条例は、空き缶やペットボトル、たばこの吸い殻やチューインガムなどのポイ捨てを禁止するものであり、それ以後、道庁の行政機関がこの条例に基づき空き缶等の散乱防止に努めている。しかし、これは、評価するべき条例なのであろうか。私は大いに疑問だと思っている。確かに、北海道の市町村の議会が定めたということであれば、評価すべき条例だといってよい。が、これは、北海道議会の条例なのである。広大な区域を管轄する北海道庁の職員が空き缶やペットボトルを取り締まるということは物理的に無理というものであろう。単なる注意的な条例というのであれば、少なくとも誇示すべき条例でない。議員には、予算のチェックをし、

実施された施策が本当に住民にとって有益であったかどうかなどをチェックするという、もっと重要な仕事があるのではなかろうか。議員の職務を遂行していく上で、どうしても条例を制定する必要があるという場合は別であるが、競争的に政策条例をつくる必要が本当にあるのかどうか、大いに疑問と言わなければならない。

　議会は立法機関であるというのが一般的な理解である。このことからいえば、政策条例を議会が制定するのは当たり前のことでもある。今更それを強調するのは、住民の目線からいえば、不思議な現象とも言えよう。それにもかかわらず、地方議会が政策条例の制定を誇示しているのは何故なのであろうか。

　結論的には、議員が条例案を立案し、議会に提案して、条例を制定しているからだといってよい。昔から、地方議会が多くの政策条例を制定してきたことは確かであるが、その大部分は、行政機関によって提案されたものであり、議会はそれを承認してきただけであった。ところが、最近は、議員自身の発案で条例を制定する議会が現れはじめ、それらの議会が「これこそ、本物の議会活動だ」として、誇示しているわけである。

　地方議会が政策条例を制定しはじめたということは、評価するべきことであるかも知れない。事実、ここ数年の間に、いろいろな議会で制定された条例のなかには"なるほど"と感じられるものも少なからずある。しかし、新聞報道などで、それを賞賛しすぎるのは問題だというべきであろう。とくに、政策条例を制定していないということだけで議会を批判しているのは、大いに問題ありというべきである。

　このような報道は、政策条例を提案しない議員は"芳しくない議員"というイメージを創り上げる働きをする。その結果として、議員は政策条例づくりに邁進するようになりかねない。必要に迫られて、条例をつくるというのではなく、議員としての「仕事をしているぞ」ということを誇示するために……。

そして、既に、こういう風潮が生まれているとすらいえる。議員提案でつくられた条例をみると、それによって、如何なる効果を期待しているのか、さっぱり分からないというものが多いからである。なぜ、そういう条例をつくる必要があるのかという点についても、不明なものが少なくない。おそらく、これは、どうしても条例をつくらなければならないという状況があったからではなく、ただ、条例をつくったという業績を誇示するために、何か条例をつくれそうなものを探して、条例をつくったということを意味するのであろう。こういう、いわば"どうでも良い"条例が数多く制定されることになれば、それでなくても大変な地方自治体の財政がますます窮地に追い込まれることになる。住民の議会に対する不信感が強くなるということも十分に考えられる。

　議員の提案で制定された政策条例は、地方自治体の運営という面から見れば、例外なく、部分的な政策である。補足的な政策である。言い換えれば、住民にとって必要不可欠な政策というものではない。住民の生活に基本的に必要な政策は、行政機関によって提案されている。それが現状であるが、これは決して議会の怠慢ではない。そういう政策を体系立ててつくるのは、議員の能力をこえるものだというべきである。もちろん、個々の議員には、職員を上回る能力を持っている議員も少なくない。しかし、職員には組織がある。情報網も整っており、自治体間の連絡も、また、中央政府との連絡も密に行われている。何よりも、大きいのは、それぞれの業務を分業し、しかも、24時間その業務に関心を寄せることのできる環境にある。これに対して、議員は、一人で活動しなければならない。情報網も議員1人の情報網である。会派や政党の仲間からの情報があったとしても、職員組織にかなうものではない。その上、支持者から、何か相談があれば、それに多くの時間を割かなければならない。議会の審議に出席しているときには、そのほかの活動はストップする。一方の、職員は、組織で動いているため、議会の審議

中もフルに動いている……。こういうことを考えれば、議員は、政策条例案をつくるという面で、職員に劣ることは明らかであろう。
　となると、"住民の代表"という立場にある議員（ひいては議会）が、住民のために第一にしなければならないのは、政策条例をつくることではなく、行政機関から提案された政策案を住民の立場からチェックすることだといわなければなるまい。ところが、このもっとも重要な任務であるべき政策案のチェックが、実際には、あまり適切に行われていないのである。議員も、一般に、このチェックにはあまり関心をもっていないようにみえる。それよりは、一般質問に関心をもち、それに、エネルギーを注いでいるようである。そうした状況の加えて、政策条例の制定に議員が夢中になるというようなことになれば、一体、どういうことになるのだろうか。住民の立場に立って、議員が果たすことのできる役割を、また、如何なる役割が実際に重要かを、議員自ら緊急に考え直す必要があるといわなければならない。

❷　議会のあるべき機能！―課税権が不可欠―

　住民からどれだけの地方税を徴収するか。これは、条例で定めることができる。しかし、税額を地方議会が自由に決められるわけではない。地方税法によって定められた税率の枠のなかで、実際の税率を定めることができるだけである。その上、その枠内で税額を抑えようとしても、すなわち、可能な限り税金を少なくしようとしても、地方交付税などに影響を及ぼすため、実質的には、ほとんどできない仕組みになっている。
　このように、自治体の行政機関、そして地方議会には、課税の裁量権がほとんどないといってよいが、これは、なぜだか分からないけれども、一般に、問題視されていない。それどころか、逆に、地方自治体によって税額が少し違うことが、マスコミなどによって問

題とされているところである。

　地方税額はどの自治体でも同じにすべきだというのであろうか。もしそうだとすれば、税金の使い方も同じにすべきだということになろう。これは、地方自治は要らないということを意味する。自治体はどこでも同じサービスをするというのであれば、すべてのサービスの内容を国で決めることになるからである。地方議会も当然に不要ということになる。地方に必要なのは、中央政府の指示に従って国民にサービスを提供する行政機関だけということになるわけである。最近、議員の数が多すぎるという住民の声が強い。この声の基盤にも、国民のこういう意識があるように思える。事実、引っ越しをして、地方税の額が変わると、そのことに文句をいい、また、サービスの水準が違うと不平をいう住民が多い。そして、こういう住民のほとんどは、地方議員の存在自体を疑っているようである。

　確かに、現実の議会をみていると、議員が住民のためにどういう役割を果たしているのか曖昧なことが多く、その上、新聞などでは、議員の不祥事が目につきやすいために、議会は不要というような発想をする住民がいても不思議ではないと思う。しかし、議会がなくなるというのは、住民の立場に立って意思決定をするという場がなくなると言うことである。すべてのことが、国すなわち中央政府によって決められるということを意味する。それで良いのだろうか。世界の国々で地方議会を設置されているのはなぜなのか、という点を考え直す必要があろう。

　私は、イギリスの地方政治を専門としている。イギリスの地方の政治を追いかけ始めてから、すでに40年ほどの月日が経つ。その間に、イギリスの地方制度も、地方政治も行政も変わってきたが、地方税に対する議会の関与の仕方は変わっていない。地方税の内容は、20年ほど前までは、日本の固定資産税に近いものであったが、それが人頭税に変わり、次に、固定資産税と人頭税のチャンポンの形態になったというように移り変わりがあった。が、税目はひとつ

であり、住民すべてに、自分たちの町や市がどれだけの税金を集めているか一目瞭然という点では昔と変わりがない。そういうイギリスの状況をみると、地方税の標準税率は、日本と同じように、中央政府が定めている。しかし、自治体には、あるいは地方議会には、大きな裁量権がある。そのため、高額の地方税を定めているところもあるが、一方では、非常に低いところもある。この地方税の額を決めているのは地方議会である。地方議会がこの地方税の額を決めるときには、大勢の住民が議会に押しかけ、その審議を見守るという。そのため、議会の審議は非常に活発になるとのことである。一般的には、税額が高ければ、それだけサービスが充実し、税金が安いところは、それだけサービスが劣ることになるといわれている。税額を議会が決めるというのは、サービスの質を議会が決めるということでもある。議会がこうした機能を果たしているため、住民の議会に対する監視も必然的に強まる。議員も"住民の代表"として住民のことを真摯に考えなければならない。議会の意思決定も、議員だけで行うのではなく、住民とともに意思決定をするようになっている。イギリスで議会が生まれてきたのは、住民の負担額を定めるためであった。地方議会も同じであり、住民がどれだけ負担するかは、すべて、地方議会で定められてきた。30年ほど前から、地方議会の課税権に、中央政府が干渉するようになってきたが、それでも、地方税の課税権は地方議会の最重要な機能として位置づけられている。地方自治体の仕組みを改変する場合にも、議会の課税権が真っ先に論じられてきた。イギリスの地方議会が住民自治を基盤とした議会制民主主義を築き上げてきたのは、こうした課税権があるためだということができる[1]。

　翻って、日本の地方議会の状況を見ると、審議風景はあまり活発ではなく、議員が"住民の代表"として適切に機能しているともいいにくい。何よりも、議会の審議は、行政機関に実質的に牛耳られている。住民も議会にほとんど期待していないのではないかと思え

るほどである。

　日本の地方議会がこのように"住民の代表"機関としての機能をあまり果たしていないのは、課税権を持っていないためではないだろうか。もし、課税権が地方議会にあれば、住民は議会に大きな関心を寄せるはずである。議員としても、うかつに税額を決めれば、住民から非難されることは必至であり、そのため、審議をする前に、支持者である住民と意思の統一をはかることになる。どれだけの地方税を課税するかによって、自治体の収入が異なり、その結果として、サービスの水準も変わる。したがって、議員は、行政機関の説明にそのまま納得することはできず、住民の意向をくみ取りながら、議員全員で侃々諤々の議論をするということになろう。これこそが合議制の機関としての議会の神髄である。また、税額の決定に関して、個々の議員の責任を明らかにすることも当然に必要となる。税金の使い方にも、住民の意向を考慮しながら、議会が責任をもってチェックするということになろう。決算では、実施したサービスの効果があったか否か、議員の間で真剣に検討され、あまり効果がなかったものは、取りやめということになるに違いない。決算の段階で、継続するサービスと廃止するサービスの"事業仕分け"が常に行われることになるわけである。

　要するに、議会が"住民の代表"として機能するためのもっとも効果的な方策は、地方税の課税権を、いまのような形式的なものではなく、実質的に勝ち取ることだといえる。そのためには、地方税法を廃止しなければならないことになるが、こういう権限を何らか

1）2010年初めに、名古屋市では、河村市長の号令のもとに、地域委員会を発足させ、これを議会に匹敵するものとしての位置づけをしている。そのモデルにしたのは、イギリスのパリッシュだというが、パリッシュ議会と名古屋市の地域委員会の根本的な違いは、パリッシュ議会には課税権があり、しかも全額を議会自身で決められるのに対し、地域委員会は名古屋市から与えられるお金の使い方を決めるだけだという点である。これで、地域委員会が自治体としての自覚をもつことができるようになるのかどうか、興味あるところである。

の手段で獲得していくのが、本来の地方自治である。地方自治は、中央政府から与えられるものではない。自ら勝ち取るものである。これが「議会改革」でもあるといわなければならない。

3 法律制定権の獲得？

　地方議会はどのような仕組みにしなければならないのか。行政機関から提案された議案を修正しようとすれば、何をする必要があるのか。これらの基本形を定めているのは地方自治法である。この地方自治法は、現在でも、毎年のように、改正されている。こうした改正に、自治体の議会は全くといってよいほど関与していない。最近の地方自治法の改正は、地方制度調査会の答申に沿って行われることが多く、この調査会に地方議会の代表も委員として参加している。とはいうものの、自治体代表の委員の数は相対的に非常に少なく、影響力はあまり強くないといってよい。地方制度調査会の答申案をつくるのは、中央省庁の職員である。

　地方制度調査会の答申案と同じように、地方自治法の改正法案も、内容が地方議会の関連事項であっても、同じく、中央省庁の職員だけで作成する。国会では、これらの中央省庁の職員の説明にもとづいて、国会議員が審議している。自治体の議員が国会で参考人として意見を述べることがある。が、これも参考意見に過ぎない。

　地方議会の仕組みなどを定める法律だということからいえば、地方自治法の改正に、地方議会はもっと関与する必要があるのではないのだろうか。

　日本と同じ議員内閣制を採用しているイギリスをみてみると、法案を作成するのは、大抵の場合、中央省庁の職員である。これは、日本と同じである。しかし、地方自治体は、これらの法案が国会で審議されるのを黙ってみているということはない。国会の審議で、法案に対する意見を積極的に表明している。法案に断固として反対

し、それを修正するために、修正案を国会に提出することも多い。乱発といえるほどの修正案を提出することもある。もちろん、自治体の職員や地方議員が国会に出席して、修正案を表明するというわけではない。国会議員を味方に引き込み、その国会議員の口を経由して、自治体の意見を表明し、修正案を出すのである。

　自治体のこうした抵抗で、法律の内容が変わることも少なくない。中央集権的な体制にしようとした法案が自治体に抵抗され、逆に、地方自治を充実させる法律になってしまったこともあるくらいである。たとえば、1972年に市町村を大々的に統合する地方自治法が国会で審議されたことがあるが、このときの政府案では、もっとも基礎的な自治体であるパリッシュ議会(「タウン」や「ビレッジ」と呼ばれることが多い自治体)の廃止が予定されていた。このため、イギリスのパリッシュ議会の連合組織である全国パリッシュ協会が強硬に反対し、全部で300の修正動議、そして修正案の提出をした。そして、そのうち、170の修正案が国会で受け入れられ、結果的に、消滅するどころか、権限が大幅に拡大したのであった[2]。

　イギリスでは、なぜ、こういうことができるのか。国会議員の一人ひとりに立法権があり、修正案を出せるためといってよいであろう。地元選出の国会議員をたった一人巻き込むだけで、自治体は修正案を国会に提出することができ、審議してもらうことができるのである。

　一方、日本の国会議員にこういう立法権をもっていない。衆議院議員の場合であれば、修正案を提出するには、最低20人の賛成者を集めることが必要である。自治体がこれだけの国会議員を集めて、国会で意見を表明するのは不可能に近い。

---

2) K P Poole & Bryan Keith-Lucas, *Parish Government 1894-1994*, National Association of Local Councils, 1994, p. 204. 竹下譲、丸山康人訳、『パリッシュ政府百年史 1894-1994』、(財) 自治体国際化協会、1996年、133頁。

日本でも、国会議員にイギリスと同じように立法権を持っていたことがある。昭和20年代のことである。このときは、国会議員は一人で法案を提出し、修正案を提出することができた。そのため、自治体が法案を作成し、それを、地元の国会議員を経由して国会に提出するということもあった。法律になったものすらあった。それらの法律は、いつの間にか、中央省庁が立案した新しい法律に変えられてしまったが……。

　そして、1955年には、国会議員が一人で法案を提出するという権限はなくなってしまい、以後、自治体は国会の審議に参加できなくなった。しかし、地方議会を適切に改革していこうとすれば、最終的には、法律の改正も必要となることが多い。こうした法律の改正には、地方議会そのものの意見も国会で積極的に表明することが必要である。参考意見を陳述するのではなく、地方議会が提出する修正案を国会で審議してもらわなければならない。そのためには、個々の国会議員に立法権をもってもらうことが必要である。地方議会の改革には、先ず、国会を改革し、昭和20年代のように、一人ひとりの国会議員が立法権をもつようにしてもらわなければならない。こうした要請を国会に対して効果的にできるのは、地方議員だけではないだろうか。

4　監査委員の責任は重い！

　自治体では、規模に関係なく、すべての議会が、議員の中から少なくとも1人、監査委員を選出している。なぜ、議会が監査委員を送り込んでいるのだろうか。これを議員・議会は真面目に考えているのだろうか。そういう議員・議会は皆無だといっても言い過ぎではあるまい。

　監査委員の制度は昭和21年（1946年）に創設されたものである。当時、日本は占領下に置かれていたため、占領軍本部（GHQ）

の意向は、いわば"神の声"であった。そして、その占領軍は、民主化あるいは地方自治の観点から、自治体の事務の監査は議会がするべきであると考えていた。しかし、当時の内務省には、地方議会が監査権をもつことに強い不信感があった。そのため、地方議会の監査権について配慮をするという姿勢をGHQに示したものの、議会の監査権をストレートに認めるということはしなかった。結局、妥協の産物のような形で、監査委員の制度を設立したのであった。そして、GHQに対しては、内務省の次のような説明にみるように、監査委員の半数を議員から選ぶという点を強調し、実質的に議会が監査するのと同じだと釈明した。

「監査事務は、本来は会計や経理方面に関する専門知識経験のみによって行いうるものであるが、監査が多くの場合、行政の批判や非違の剔抉となるから、議員のように覊束されない独立の地位にある者を同時に伴っていなければ、目的に適合する徹底した監査を行ひ得ない虞がある」。

つまり、自治体の監査委員には、経理を中心とする一般的な監査だけではなく、行政の欠点を取り除くという役割もあり、それを、議会に代って、議員選出の監査委員が担うという点を、監査委員制度の創設者であった当時の内務省は強調していたわけである。

こういう役割を担う監査委員を、地方議会はどのように選出しているのであろうか。監査委員の重要な任務を、配慮して選んでいるのであろうか。会派のバランスや議員の経験年数などから、選んでいるのが大部分であろう。言い換えれば、議員選出の監査委員の重大な役割にはほとんど配慮せず、ただの年功序列で、選んでいるのではないだろうか。現在、多くの自治体が、財政破綻とまではいかなくても、財政危機に直面しているといわれているが、議員選出の監査委員がその任務を適切に果たしていれば、こうした事態には陥らなかったということすらできる。現実には、そういう能力を持っ

た議員がどこの議会にも常にいるというのは無理な話かも知れないが……。しかし、監査委員を選ぶ議会が、監査委員を選出する際に、議員のなかで監査委員にもっとも相応しい人を選ぶというような配慮をすべきであったことは確かであろう。

　いまからでも遅くはない。今後、監査委員にはもっとも適切な人を選ぶべきである。何しろ、GHQが議会に期待した監査の機能をたった1人あるいは2人で遂行するべき役割を担っているのだから……。

　議員選出の監査委員は経理の専門家である必要はない。とはいうものの、予算書や決算書を読む能力はそれなりに必要である。それでなければ、自治体が何をしているのか理解できず、監査などできるはずがない。

　また、議員選出の監査委員は、内務省の説明によれば、「行政の批判や非違の剔抉(てっけつ)」をするという責任も負っている。この責任を果たそうとすれば、支出が予算にもとづいているか否かという監査よりも、むしろ、住民にどれだけ役立ったかという、行政の効果をみることが重要である。そうした効果をみるには、住民の目線で、住民の常識的な感覚で、行政をチェックしなければならない。あるサービスの効果があったかどうかは、住民にどれだけ役立ったか否かが判定基準となるからである。監査によって効果がないと判断した場合は、そのサービスや業務の"見直し"を行政機関に勧告することとなる。今風の表現でいえば、必要でないサービスや業務の"事業仕分け"をし、それを行政機関に勧告するわけである。行政機関がその"仕分け"にしたがわない場合には、当然、議会に持ち込むということになろう。これを実効あるものとするには、監査委員は、議会との連携を密にし、定期的に議会に報告し、議会の対応を要請することが必要だといえる。

　このように、議員選出の監査委員は非常に重要な役割を担っているわけであり、議会は監査委員がそれこそ"議会の代表"だという

ことを強く認識すべきである。各地方議会は、行政のチェックという面で、最も優れている議員を監査委員に選出しなければならない。それが、住民の代表機関・議会の責任でもある。

3 地方議会の運営は？

1 地方議会は常設機関か？　それとも……

　議会は、いうまでもなく、合議制の機関である。したがって、議会が議会として機能するには、議員が一堂に集まる必要がある。そのためには、何はともあれ、議員を議会に招集しなければならない。議員の招集は、議会がその機能を発揮するための最初の行為ということになる。議員の招集は、このように、議会にとって非常に重要な行為であるが、この招集をしているのは、不思議なことに、議会の代表である議長ではない。首長が招集しているのである。何故だろうか。

　いまの市議会と町村議会の制度が定められたのは明治21年のことである。当時は市会・町村会と呼ばれていたが、この議会は議長が招集することになっていた。議員が自分たちで、何時でも好きなときに市町村会を開くことができたのである。ところが、明治44年の法改正により、議長ではなく、首長が招集することとなった。この法改正は、首長が提案する議案に対して、議会に速やかに対応させるためであった。そして、議案を発案するのは首長であるということから、招集権は当然に首長にあるとされた。自主的に会議を開くことになっていた議会が、首長の求めに応じて審議する議会、いわば"受け身の議会"に成り下がってしまったわけである。以後、今日まで、一貫して首長が招集する形態が保持されてきた。府

県レベルの議会は、明治23年に設立された当初から、首長が招集していたが……。
　地方議会は、首長と共に、自治体運営の"車の両輪"になることが期待されてきたが、とくに、最近、この期待は大きくなっているといってよい。しかし、行政機関から提案された議案を受け身的に審議するだけでは、この期待に応えることは難しかろう。もっと"能動的な議会"に、たとえば、実施中の施策が、住民生活に本当に役立っているかどうかを自主的にチェックするような積極的な議会になる必要があるといえる。こうした議会になろうとすれば、議会の招集権が首長にあるのは、いかにも不都合である。その意味で、最近、招集権の議長への移管を要請する地方議会が増えてきたのは当然の現象といえる。
　こうした状況のなかで、第28次地方制度調査会は招集権の再検討をしたが、結局は、臨時会招集の権限を、議長に与えるべきだと答申しただけであった。この答申は、ほぼそのまま法律に採用され、それにより、実質的に、議会の発意で議会を招集できるようになったことは確かであるが……。
　しかし、首長が議会を招集している限り、首長と議会は上下関係にあると住民は見るに違いない。その結果、議会を軽視するのは必然ということもできる。
　地方議会を能動的な議会に変革していくには、何よりも、議員の意識改革が必要である。が、住民が議会を軽視している場合には、議員の意識改革は進みにくい。したがって、住民が議会を重視するように"議会の重み"をつける必要があり、そのためにも、議長が招集権を自ら行使できるようにする必要がある。
　もちろん、首長が提案する議案については、審議を議会に義務づけなければならない。しかし、だからといって、首長が招集権をもつ必要はない。むしろ、いまとは逆に、議長の招集権を原則とし、首長には、議長に対する、議会招集の請求権を与えるようにすると

いうのが自然であろう。

　とはいうものの、法律で議長の招集権が与えられないことを、地方議会がぼやき続けるのも能がない話だといわなければなるまい。法律で権限が付与されなければ、実質的に、その権限を行使できるように工夫すればよいのである。たとえば、首長によって招集された議会をいつ閉会にするかは、議会側の裁量になっている。これを活用して、会期を延ばせば、議会はいつでも集まることができることになる。会期を1年間とすれば、実質的に、首長の招集権はなくなってしまったのと同じになるということすらできる。もちろん、会期を延長しただけで、実際の議会活動を何もしなければ、住民から厳しい批判を受けることは目に見えているが……。また、会期の延長で、議員の手当が増額になるなどということも、批判の材料になるはずである。会期を延長する以上は、それだけの仕事をしなければならず、また、手当を増額する場合も、住民が納得のいくような形で、言い換えればそれに値するような仕事をしなければならない。

❷ 議会の開催日数―市議会で年平均81日―

　主権者である住民の多くは、地方議員は、市長や町村長と同じように、議会に毎日出勤し、仕事をしていると思っているのではないだろうか。ところが、こうした想像とは異なり、議員が議会に出勤しているのは、議会が開かれているときだけである。そして、議会が開かれている日数は、それほど多くはない。それどころか、あまりの開催日数の少なさに、驚く住民が多いに違いないと思えるほどである。

　議会が公式に開かれている機関は「会期」といわれている。この会期の日数は、「地方『議会改革』フォーラム」の調査によると、市議会の場合、2005年時点で、1年間に81日であった。町村議会

となると、もっと少なく、2004年時点で、1年間の平均でわずか39.8日しか開かれていなかった。都道府県議会の場合はもう少し多かったが、それでも、議会が開かれたのは87.2日であった（2003年時点）[3]。

　もちろん、会期外にも、常任委員会や特別委員会、あるいは全員協議会が開かれており、この時も、議員は出勤するが、これを合わせても、市議会の場合は、年間せいぜい100日ほどだという。しかも、会期日数には、土曜日や日曜日も含まれている。土・日はもちろん議会が休会になる。このため、実際に開かれた議会の日数はもっと少なくなるといわなければならない。

　この程度の日数で、行政機関側から出される膨大な議案を本当にチェックできるのだろうか。疑問に思うのが自然であろう。決算委員会で、実際に効果のなかった施策をチェックし、その廃止を決めたなどということを聞いたことがない。が、この開催日数からいえば、これは当然のことかも知れない。効果があったか否かというチェックをしようとすれば、事実の確認とその分析、さらには、その廃止もしくは継続をめぐって激しい論争が必要であり、それには膨大な時間がかかると考えられるからである。予算案についても、これだけの開催日数で審議できるとはとても思えない。内容を理解することすら、難しいのではないだろうか。

　こういう状況の中で、会期日数をもっと増やすべきだという声が、最近、研究者の間で増え始めている。地方議会の中にも、実際に、開催日数を増やしたところもある。三重県議会がそうである。こうした動きはもちろん高く評価すべきである。ようやく、議会も本格的にその機能を果たしはじめたとすらいえる。しかし、その一方では、開催日数を増やすためには、議会のあり方を考えることも

3）地方「議会改革」フォーラム「議員・議会に関する基礎データ」http://www.gikai-kaikaku.net/issue3.html

必要である。言い換えれば、一般に見られる地方議会の状況をそのまま続け、開催日数だけを増やすというのであれば、逆に、支障をもたらすことになるといわなければならない。三重県議会は、会期日数を延長するにあたって、この点の配慮はかなりしたようであるが……。

現在の地方議会は、一般質問のときも、議案審議のときも、首長や幹部職員がずらりとひな壇に勢揃いしている。幹部職員は、どれだけ重要な仕事があっても、議場に座っていなければならない。教育委員長や公安委員長などの行政委員会の委員長も、常勤の職員ではないものの、議場に拘束されるのが普通である。私も教育委員長のときは、本会議に限ってのことであるが、一回も休むことなく、ひな壇の片隅に座っていた。その結果、一般質問のすべてを聞くことができ、議案審議の質疑などで、議員がどういう点に疑問を持つのか、傍聴者はどういう風に議員の発言を聞いているのか、等々を見ることができ、大いに参考になった。こういう体験は、普通ではできない体験であり、有り難かったことは確かであるが、しかし、ほかに仕事を持っている身としては、その仕事をすべて投げ打って、議場に座り続けなければならなかったため、かなりの犠牲を払ったことも確かであった。ただ、私のような行政委員会の委員長の出席が義務づけられているのは、少なくとも三重県議会では、本会議だけであったため、その拘束時間はそれほどではなかった。しかし、常勤の幹部職員となると、本会議に出席しなければならないのはもちろんのこと、常任委員会や特別委員会にも出席しなければならない。中堅クラスの職員も、議員の疑問に応える資料の準備をしなければならないため、委員会や本会議に拘束されるのは、同じである。

委員会では、議員が職員に質問をし、問い質すという形で審議が行われている。こういう質疑だけで、委員会の結論が出されるという地方議会も多いのではないだろうか。議員間の討議はないわけで

ある。これは、議員が怠惰だからというわけではなく、いまの常任委員会が行政部門別に設置されているためであるということは前述したが、会期日数を増やすというのであれば、こういう委員会の設置形態も抜本的に変える必要があろう。本会議中心の議会審議にし、しかも、読会制に復帰するということも真剣に考える必要があろう。

③ 議会運営委員会は何をしているのか？

　常任委員会とは別に、「議会運営委員会」を設置している議会が多い。議会の審議の仕方や採決方法などを決めるのが、この委員会の任務である。代表質問や一般質問をどのようにするか、時間配分をどうするかも、この委員会で決められる。もちろん、審議の中身をこの委員会で決定するわけではなく、いわば手続き的なことを決めるだけであるが……。

　しかし、そうはいっても、この委員会の重要度は非常に高い。質疑にどれだけの時間をかけ、討論にどれだけの時間をかけるかによって、採決結果が変わることも十分にあり得る。その意味では、議会運営委員会は、議会の中枢的な存在というべきであり、企業の"重役会議"に匹敵するものともいえる。事実、この委員会の委員に就任した議員は、それを誇りにしている者が多い。

　しかし、議会運営委員会が実際に"重役会議"に相応しい役割を果たしているかどうかは疑問である。企業の重役会議の場合、メンバーである取締役が替われば、企業の経営の仕方も当然に変わるといってよいであろう。伝統や社風を重んじることはあるとしても、具体的な経営の仕方をそのまま踏襲することはないはずである。もし仮に先例をそのまま踏襲し、それを忠実になぞっているという重役会議があるとすれば、そうした重役をもつ企業は倒産することが確実ということになりかねまい。

第3部　議会の仕組み

　ところが、議会運営委員会の場合は、メンバーががらりと替わっても、議会運営の仕方は、全く変わらないのが普通である。新しい議会運営委員会で、「さて、われわれは、議会をどのように運営するか」という検討から活動を始めたなどという話は聞いたことがない。それどころか、事務局の職員からそれまでの議会運営の解説を受け、それにしたがって具体的な議会運営の段取りを検討していくというのが普通であろう。ごく稀に、スタートの段階で、改善策を検討する議会運営委員会もあるが、この場合も、一般質問の時間配分をどうするかを検討する程度である。抜本的な議会運営改善の検討ではない。

　もちろん、それまでの議会運営が理想的というのであれば、その踏襲は当然である。が、そういうことはあり得まい。たとえば本会議での審議を活発にしている議会はほとんど見あたらない。実質的な討論も皆無である。これでは、住民がどれだけ熱心に傍聴しても、議案の内容を理解するのは難しいといわざるを得ない。その意味では、理想的な議会運営どころか、非常に拙い議会運営だということができる。運営委員会はそれを改善するという重役会議に相応しい役割を果たしてこなかったわけである。

　議会は"住民の代表"機関である。そうである以上、議会の運営は、何はさておき、住民が理解できるようなものにする必要があるといえる。しかし、現実の議会の審議は、本会議であれ、委員会審議であれ、住民にとっては、意味不明という審議がほとんどである。とくに本会議での議案の審議は、分かりにくい。（一般質問は別であるが……）。

　こういう地方議会にとって、現在の最も重要な課題は、住民が理解できるような形に議会の審議を変えることである。そして、現在の議会運営を拙いものにしている最大の元兇は「会議規則」にあるといってよい。となると、議会運営委員会の最大の使命は、「会議規則」を定期的に見直すことにあるというべきであろう。

議会は、選挙の度に、メンバーが入れ替わる。これは、議会が変わり、別の議会になったことを意味する。その議会をどのように運営するかは、新しいメンバーによって、新しい感覚で、決められなければなるまい。従来の「会議規則」を引き継ぎ、それに従って、無味乾燥な審議をする必要は全くないのである。

❹ 議会事務局に議会独自の職員を！

　常任委員会では、時には、審議が予定どおり進まないこともある。議員の質疑が長引くこともあり、紛糾することもあるからである。しかし、本会議では、議員の質疑も討論も予定どおりに進められ、何のトラブルもなく採決に至るというのが、ほとんどの地方議会の実情であろう。

　こうした議会運営が行われているのは、議長をはじめ、議員の面々が、議会運営を適切しようと努力しているためであるといってよい。しかし、それ以上に忘れてはならないのは、議会事務局の職員の舞台裏での活動である。議会事務局の陰の努力があるからこそ、言い換えれば、事務局主導で運営されているからこそ、議会が無難に運営されているといっても言い過ぎではない。

　現在、議長が自分自身の裁量で議事運営をしているなどという地方議会は、全国どこにもないのではなかろうか。どこの地方議会でも、議長は、事務局が作成した「議事次第書」にしたがって議事運営をしているといっても、恐らく間違いではあるまい。極論ではあるが、議長はこの「議事次第書」を朗読しているだけで、議会の審議が自然に終了するようになっているといってよいほどである。これをみても、議会事務局が如何に大きな働きをしているか、理解できるであろう。

　ことほど左様に議会事務局の影響力は大きいといってよいが、これは、議会事務局がその気にならない限り、「議会改革」はできな

いということでもある。「議会改革」をするには、先ずは、事務局職員に意識改革をしてもらわなければならないということになる。が、これは容易なことではない。事務局の職員は、一般に、現行体制を守る体質が強いからである。その結果、議会事務局が「議会改革」の"抵抗勢力"になる傾向すらある。

　また、議会事務局の職員で、"住民の代表"機関として機能させるための「議会改革」を真剣に考えている者は非常に少ないのではないかということも考えられる。これは二つの理由による。

　ひとつは、職員の立場である。職員の任務は、法律の規定では、議会の庶務に従事することにある。庶務の意味はあまり定かでないが、議会の日常的な運営に焦点を当てて仕事をしていることは確かといえる。そのためであろう。事務局職員は、一般に、議事運営をトラブルなく行うことに最大の関心をもっている。さらに、議事運営が法令や条例に反しないように、また、議事手続きを定めた会議規則に則って議事運営を行うように、細心の注意を払っている。「議会改革」には無関心というよりも、改革しなければならない事柄を守ることに全勢力を注いでいるわけである。

　もうひとつの理由は、職員の採用人事にある。議会事務局の職員は、議長が任命することになっている。が、実際に、議会が独自に任用しているという話は聞いたことがない。おそらく、皆無なのではなかろうか。すべて職員は、恐らく、首長部局から派遣されている。もちろん、首長部局からの派遣には、それなりのメリットもある。有為な人材を確保することができ、首長部局と議会の情報交換もスムーズになる。しかし、首長部局に戻る予定の職員が、議会の立場に立って「議会改革」を真剣に考えるのは、恐らく、無理というものであろう。議会の改革をはかれば、それだけ行政機関としては、仕事がやりにくくなるといえるからである。そういう改革をすれば、首長部局に帰るポストなくなるということにもなりかねまい。

とはいうものの、事務局職員の貢献を抜きにして、「議会改革」をするのは現実には不可能に近い。となると、議会の立場に立って、「議会改革」を職員に考えてもらえるような状況をつくることが必要となる。結論的には、議会事務局の少なくとも幹部職員は議会独自の任用にしなければならない。議会事務局から移ることはないということになれば、法律に定められた業務範囲を超えて、また、議会の立場に立って、議会の将来を考えるようになり、改革を真剣に考えるようになると期待できるからである。

5　議会事務局に政策専門の職員を！

首長と議会はよく"車の両輪"にたとえられる。"両輪"ということからいえば、自治体という車をまっすぐ前に走らせるためには、同じ大きさでなければならない。互いに同等の力を持つ必要があるわけである。事実、現在の首長と議会の制度が制定された昭和20年代当初から、当時の自治庁（現在の総務省）の幹部は次のように説明していた。

「両者は全く対等の地位にあり……相互に牽制しあい、それによって運営の公平を期して行くのがこの制度である」[4]。

しかし、現実に、首長と議会は対等なのか、同じ大きさの"車輪"になっているのかということになると、誰もが疑問だというであろう。

首長は行政機関としての職務を一人でこなしているのではない。首長には「補助機関」として多数の職員が配置されている。基本的な方針は首長が示すとしても、それを具体化していのは職員たちである。いわば、首長と職員は一体のものであり、その意味で、首長

4）長野士郎（自治庁行政課長）「地方自治法」、全国町村会編『最新自治講座』（昭和27年11月）51頁。

という"車輪"は非常に大きな車輪だといわなければならない。

　それに対して、議会は、議員の数は多いとしても、事務局の職員はわずかである。議員にしても、ほとんどの自治体では、せいぜいのところ、数十人である。しかも、それらの議員は選挙で選出されている。「試験」で採用された職員とは異なり、行財政の専門家ではない。技術も持っていない。議員になってから、行政の内容や予算・決算の分析の仕方に、ある程度、精通するようになるとしても、首長部局の職員と対等の知識・技術をもつようになるのは無理である。また、議員を補佐するべき立場にある議会の事務局も、職員がわずかなだけではなく、現実に、これらの職員が処理しているのは「議会の庶務」である。政策のメリット、デメリットなどを分析するためのスタッフではない。

　要するに、議会という"車輪"は、数量的に見ても、小さいのは確かであるが、行政や施策の分析力という点から見れば、もっと小さな"車輪"、それこそ、首長の"車輪"の100分の1、1,000分の1の"車輪"だといわなければならない。これでは、議会がどれほど頑張っても、前に進むのは無理だといえる。

　言い換えれば、首長部局（行政職員）から提案された議案を議員だけで論議するのは難しいといわなければならない。現在の議会の審議は、少なくとも実質的には、行政職員の説明を聞き、それに質問するだけで、終了している。最近は、議員間の討論をしているという議会も増えているが、これらの議会にしても、多分、職員の説明にもとづいて議論しているだけである。行政職員が設定している枠から飛び出すような議論はしていない。これでは、職員の想定にもとづいた議論であり、議論してもあまり意味がないというべきである。議会の議論は、"住民の代表"としての議論、行政職員とは異なった視点からの議論をする必要があるからである。そうでなければ、健全な自治体として、前に進むことができないといってもよい。こういう議論を議会がするためには、議員の努力だけでは無理

であり、議員を補佐する専門的な職員を配置することが必要である。議会の"車輪"を大きくし、せめて、首長の"車輪"の10分の1くらいにしなくてはなるまい。

　このところ、民主党中央政権のもとで、自治体の機構を変えようという動きが出ていると聞く。副市長や自治体の幹部職員に議員を配置しようという構想だそうであるが、これは、イギリスの大ロンドン市などを参考にしているという風聞もある。日本の自治体で、議員を幹部職員に起用してどれだけの効果が上がるか疑問というべきであるが、このモデルにしているといわれている大ロンドンを見ても、議員を補佐するスタッフは非常に多い。政策形成の職務でいえば、市長部局と匹敵する専門職員が議会に配置されているといえるほどである[5]。議員のなかから数人を幹部職員に吸い上げるというような機構改革を、民主党政権がするのであれば、こういう点にも配慮することが必要である。それをせずに、議員を吸い上げることだけを真似する場合には、議会の"車輪"はますます小さくなることは明らかといわなければならない。

　それはともかく、議員を補佐する職員が必要なことは確かであるが、これは、具体的には、議会事務局の力を高めるということになろう。しかし、事務局に多数の職員を配置するのは無理である。そんなことをすれば、住民の反発を買うに違いない。

　その点で、参考になるのは、韓国の水原市など、韓国のいくつかの自治体に見られる手法である。水原市の議会は行政の施策を専門的に分析できるスタッフを5人採用し、議会の審議はこの5人の補佐を受けながら行っている。首長部局の議案説明を議員とこの5人のスタッフで聞き、その後は、議員だけで審議をし、議案の内容が分からなくなったときには、この5人のスタッフの説明を聞くとい

---

[5] 大ロンドン市の市長と議会の関係については、竹下譲「ロンドンは如何に治められてきたか」、(財) 自治体国際化協会・比較地方自治研究会『平成20年度比較地方自治研究会調査研究報告書』平成21年3月、213-245頁参照。

うわけである。

　これらのスタッフは非常に高給で、副市長クラスの給与をもらっているというが、人材を集めるためには当然の処遇ともいえる。また、こういう処遇をすれば、大学や研究所などと人事交流も可能となり、ひいては、それが議会審議の質の向上につながるというべきである[6]。日本の地方議会も、こういう事務局の充実の仕方を考えたらどうであろうか。

6　議員定数の削減

　全国的に議員定数を減らす動きは昔から強かったが、最近は、ますます、その勢いが強まっている。数年おきに定数を減らしている自治体も多いのではないだろうか。この動きがどこまで続くのか予測できないけれども、こうした趨勢からいえば、削減がまだまだ続くのは確実といってよい。

　議員定数の削減は自治体の財政難との関連で議論されることが多い。議員の数を削減し、議会運営を合理化すれば、それだけ財政が助かるというのである。その一方では、議員が少なくなれば民意の反映ができなくなるということで、削減に反対する声もあるが、この声はあまり強くない。腹の中では、議員の数を減らすべきではないと考えている議員も少なくないのであろうが、そう思っている議員も、大っぴらにそれを主張することはできないムードが社会一般に蔓延している。その結果、どこの議会も、少しずつ議員の定数を減らさざるを得ないというのが現状である。

　この定数削減を決定しているのは議員である。実際には、議員が自発的に削減を決めているわけではなく、住民の要請にもとづい

---

[6]　林敬鎬（韓国地方議会発展研究院長）「地方議会の変貌」、竹下譲監修・著『よくわかる世界の地方自治制度』イマジン出版、2008年、347-353頁。

て、やむを得ず、議員の定数を減らしているのであろうが、時には、議員自身が削減を提案し、その結果として、定数を削減するということもある。というよりも、そういう事例のほうが多いと思われる。この場合も、恐らくは、住民の意向を忖度したためだと考えられる。それでも、"住民の代表"として送り込まれた議員が、その"代表"の頭数を減らそうなどという提案をして、また、それを議決して良いのだろうかという疑問が残る。が、こういうことを疑問視している議員はほとんどいない。住民の中にも疑問視しているものはいないであろう。研究者にもいまい。それでも、議員が議員の定数を減らして本当に良いのだろうか……というのが私の疑問である。

　議員の定数は条例で定めるというのが地方自治法の規定である。このため、他の条例と同じ手続きで、議員定数の削減も決められている。そして、それが当然のことだと考えられている。しかし、議員は、いうまでもなく、住民の代表である。この代表という意味を、多くの議員は、住民全体の代表であると理解しているように思える。議員は、住民全体の利益を考えなければならず、そのためには、個々の住民の意向を聞くとしても、最終的には、議員自身の理性で判断しなければならないと考えているわけである。そして、これが議会制民主主義であると位置づけている議員が多い。しかし、これは日本流の議会制民主主義であり、たとえば議会制民主主義の国といわれるイギリスでは全く別の考え方が浸透している。これについては、前述したが……。

　それはともかく、日本流の議会制民主主義にもとづく場合でも、議員は自分勝手にひとりで結論を出すべきではない。そのように考えられているはずである。住民の意向を反映するという目標のもとに、議員全員で検討を重ね、全住民にとって良かれと思う結論を導き出す。これが議員の責務だと理解されているのではなかろうか。これは主権者である住民の側からいえば、自分たちの様々な意向を

議員全員で調整してもらうために、一定数の議員を代表として議会に送り込んでいるということになる。そして、議員の数が多いか少ないかによって、住民の意向の調整の仕方が変わるのは必然である。となると、何人の議員を議会に送り込むかは、住民にとって、非常に重要な事柄だといわなければならない。

　こうしたことからいえば、議員が、議員だけで議員定数の削減を決議するのは、主権者（住民）から委ねられた権限を逸脱するものというべきであろう。議員の数を削減できるのは議員ではなく、主権者（住民）だといわなければならない。しかし、現実に、住民が議員定数を決めるのは不可能に近い。そのため、実際には、公募などで多数の住民を議会の審議に巻き込んで、定数を決めるということになろうが……。

　さらに、日本流の民主主義ではなく、イギリスのような住民自治を前提とした議会制民主主義の場合には、実際に、住民の声を議員が聞き取り、それをもとにして、議会の審議をしている。住民の声を聞くためには、議員が住民の身近にいなければならない。したがって、議員の数を少なくすれば、住民に大きな影響を及ぼすこととなる。それを議員の提案で、そして、議員の議決で決めるのは、議員のとんでもない越権行為だということになるはずである。議員の定数を減らすことができるのは、住民だけだといわなければならない。

　現在の日本の状況を考えれば、住民を議会審議に巻き込めば、大幅な議員定数の削減を要請することになりかねない。これは確かであるが、それは、これまで議会が住民の意向を反映してこなかったためである。それが大きな原因になっている以上、仕方がないことともいえる。しかし、議員の数をどんどん減らしていけば、それだけ、住民の意向が市政や県政に反映されなくなる。これは必然である。別の言い方をすれば、地方自治がそれだけなくなることを意味する。それで良いのかということを、議員・議会は、住民に訴える

ことが必要であろう。その上で、議員の定数を住民に考えてもらうわけである。もっとも、その前に、地方自治が如何に重要なものであるかを、議会が実際に住民に示す必要があるといえが……。そのためにも、議会は、定数削減などではなく、住民の意向を如何に反映すべきかというような「議会改革」を考えるべきである。

4 会派と議員

1 会派による議会支配？

　議員になろうとするものは、政党から立候補するか、それとも無所属で立候補するかを決めることから始まる。投票する側からいえば、政党から立候補するものについては、支持するか否かの判断がしやすい。政党を前提にして考えれば、その新人候補がどういう考えを持っているか、議会活動にどのような姿勢で取り組むかを、ある程度の推測できるからである。

　しかし、無所属の新人候補については、候補者の政治信条や能力を推測するのは容易ではない。それでも、有権者が一票を投じることになるが、どういう経緯で、投票しているのだろうか。親戚だから、近所だからということで投票しているのかも知れない。知り合いから頼まれてという住民も多いであろう。なかには、あの人に投票すれば、仕事の面で有利になる可能性があるということで投票する住民もいるかも知れない。しかし、これらの住民でも、候補者の発言内容にある程度は共鳴し、この候補者ならば、自分たちの意向に沿った活動をしてくれるに違いないと期待して、投票しているのではなかろうか。

　ところが、こうした新人議員に対する有権者の期待は裏切られる

ことが多い。どうして、新人議員は有権者の期待に応えないのであろうか。もちろん、新人議員は、立候補の段階で出鱈目な発言をしていたわけではなかろう。それどころか、立候補の段階では、「議員になれば、こうしたい」と考えていたことを真剣に訴えていたはずである。にもかかわらず、議員になると、それを忘れてしまったような発言をし、有権者の期待に反するような姿勢を示すことが多いのは何故であろうか。最大の理由としては、「会派」の存在を挙げることができそうである。

「会派」というのは、当選後の議員が集まってつくる議会内の集団（グループ）のことである。政党に所属する議員は、通常、政党をそのまま一つの会派にする。所属議員が多い政党の場合には、いくつかのグループに分裂することもある。それぞれが「会派」になるわけである。逆に、所属議員が少ない政党は、他の政党や無所属議員と一緒になって、会派をつくることもある。

一方、無所属で当選した議員は、どこかの会派に入ることが多い。なかには、無所属議員だけで会派をつくることもある。が、いずれにしても、こういう会派のなかで、新人議員が影響力を発揮するのは容易ではない。経験の豊富な古参の議員が会派を仕切るのが通常である。

この会派間の交渉で重要事項が決められることが多い。たとえば、議長や副議長はこれらの会派の話し合いで決められるのが多くの議会の実態であろう。常任委員会の委員長人事も会派間で調整されるのが普通である。行政や議会運営の重要事項についても、会派の代表者会議で、実質的には、ほとんど決められてしまっているのではなかろうか。

こうした状況のもとで、無所属の新人議員が自分の政治信条を貫徹するのは不可能に近い。その結果として、新人議員は、有権者の期待を裏切ることになる。そのためであろうか。無所属で当選した新人議員で強い信念を持っている者は、往々にして、会派に入らな

いということもある。グループをつくらず、一人で活動するわけである。こういう議員は「一人会派」とも呼ばれているが、こうした議員も、実際には、議会では思ったような活動はできないに違いない。議会活動に必要な諸々の情報は会派を経由して伝えられることが多く、また、政治上の駆け引きも会派の間で行われることが多いからである。

　こういうことから、会派を否定する研究者や批評家もいるが、しかし、会派は地方議会の長い歴史のなかで生まれ、根付いてしまったものである。その意味では、日本の地方政治の風土にとけ込んだものということもできる。それを無下に否定するのはあまり現実的とはいえない。新人議員としても、「一人会派」で活動するのではなく、むしろ、会派に加わり、会派の利用の仕方を考えるべきではなかろうか。

2　議員はプロか？ー「駆け引き」は議会不信の要因ー

　議員が新人であったときには、誰しも、「住民が期待するまちづくりをしよう」というような意気込みを持っていたに違いない。しかし、すぐに、アイデアを提案し、それを政策として立案するのは非常に難しいということに気づく。それどころか、発言すらままならないことが分かる。議員の間で議論できないことにも気づくようになる。会派に入らない限り、議員には情報が入ってこないこともわかる。一人では、ほとんど活動できないことも分かってくる。会派に入れば入ったで、先輩議員から様々な慣習的な制約にしたがうように強いられる。

　その一方では、職員が非常に気分よくつきあってくれるということも分かってくる。何か問い合わせると、迅速で、丁寧な対応をしてくれる。会合に出向いていくと"貴賓席"が待っている。

　こうして、議員は、議会の慣習にしたがい、また、職員にかしず

かれながら、そして、"貴賓席"に座りながら、無難に業務を遂行するようになっていく。当選直後に抱いた「議会の活動はどこかおかしい」というような最初の印象は薄れていく。「住民のためにつくそう」というような決意も、いつの間にか消えていく。これが、議員の道程ではなかろうか。

　古参の議員には、「自分はプロの議員だ」と豪語するものが多い。その意味するところは何なのか、あまり定かでないが……。なかには、「議員は片手間の仕事ではない。私は本気でやっているのだ」ということを表現するために、"プロだ"と表現している者もいるに違いない。こういう議員の場合は、大いに評価するべきである。

　しかし、そういう議員は少ないような気がする。それよりは、経験によって行政知識や議会慣習に習熟していること、そして、何よりも、政治家としての「駆け引き」に熟達していることを自負して、"プロだ"と表現している古参議員が多いようにみえる。もしそうなら、これは評価すべきどころか、大きな問題だといわなければならない。

　現在の地方議会の最大の欠陥は、住民の信頼を失っているところにある。住民投票を求める声が間歇的におこるのも、議員定数を削減すべきという雰囲気が強いのも、議会不信が基底にあるためといってよい。議員の「駆け引き」は、このような議会不信のひとつの大きな原因になっていると考えられる。議員が議会慣習に馴染みすぎ、住民が理解できるような審議をしないことも、議会不信の一因であることは確かだといわなければならない。首長に対して"物分かりの良さ"を示すのも、不信の一因である。「プロ意識」を誇示する議員は、そういう議員の姿勢が住民の議会不信をもたらしているということを自覚する必要があろう。

　主権者である住民の支持を得られるように、議会を変えていく。これが現在の「議会改革」の目標である。この目標を実現しようとすれば、まずは、本会議や委員会の審議を住民に理解できるような

形に変えていくことが必要である。それぞれの議案に、誰が賛成し、誰が反対したか。賛成の理由や反対の理由はどういうものだったのか。それがどのように議論され、どのように収斂していったのか、等々、住民に理解できるような形にしなければならない。このためには、いまの議会の審議の仕方そのものを変える必要があるが、とりわけ重要なのは、一般住民と同じような感覚で、同じ視点で、審議することである。そうした審議に必要なのは、行政に精通していることでもなければ、慣習に馴染んでいることでもない。そういう古参議員の能力あるいは政治手腕はこうした審議を阻害するものでもある。住民に理解できる審議の中心になるべきなのは、議会慣習に染まっていない新人議員の感覚だといわなければならない。古参議員も、新人のときに議会の審議の仕方が何となく"奇妙"だと感じたことを思い出し、そういう"奇妙"な慣習を改善することにこそ、エネルギーを燃やすべきである。政治手腕はそういうことに活用するべきであり、古参議員が慣習にこだわらなくなれば、「議会改革」は飛躍的に進むに違いない。

5 議会基本条例は必要か？

1 議会基本条例のねらい

　2006年5月に北海道栗山町議会が、また、12月には三重県議会がそれぞれ「議会基本条例」を制定した。この二つの「議会基本条例」は、新聞で高く評価された。その影響は大きく、最近の議会関連の研究会などでは、必ずといってよいほど、議題となっている。それだけではない。多くの地方議会が、追随して、議会基本条例の制定をしたし、また、現に、その制定を目指して動いている地方議

会が多い。とはいうものの、これら後発の議会は、議会基本条例を制定したものの、ただ、それを制定しただけというところも少なくないように見える。議会基本条例をつくることが議会改革だと考えている地方議会すらあるのではないかと思う。

　さらにいえば、栗山町議会の基本条例も、三重県議会の基本条例も、絶対的に素晴らしいというものでもない。評価するべき点はもちろんあるが、同時に、それほど評価できない点があることも確かである。したがって、議会基本条例をつくるだけで満足している地方議会に対して警鐘をならすためにも、栗山町議会と三重県議会の基本条例について少し検討して見ることにしたい。

　この二つの議会基本条例は、議会は住民の信託を受けて活動する機関であるという自覚のもとに、その責務を全うすることを目的として制定されたものである。その点では高く評価しなければならない。しかし、地方議会がいま直面している最大の問題は、地方議会が合議制の機関として、また"住民の代表"機関として位置づけられているにもかかわらず、実際はそうなっていないという点である。これを早急に改めない限り、地方議会は住民から見放され、民主主義そのものが危うくなってしまうといっても過言ではない。こうした観点から、二つの基本条例をみてみると……

　栗山町の議会基本条例は、議員間の討議によって自治体の政策の論点や争点を住民に明らかにすることを重視している。しかも、議会への住民参加を具体的に定め、現実に実行しつつある。いわば、議会運営の仕方を、基本条例を定めることによって、変えたわけであるが、しかし、こういう議会改革をするのに、何故、「基本条例」という名称の条例を作ったのか、私には理解できないところである。議員間の討議を進めたり、住民参加を進めるというのであれば、「会議規則」を変えれば済むことでなかったのだろうか。

　しかも、こういう議会運営の改革は一回きりで終わるものではない。定期的に見直すことが必要である。極論する場合には、選挙が

行われ、議会の構成メンバーが変わるごとに、議会運営の仕方を変える必要があるともいえる。少なくとも、新しい議会のもとで新議長を選ぶのと同じように、「どういう議会運営をするか」、「どのように審議をするか」を検討する必要があると言わなければならない。こういう見直しは、「会議規則」の改正ということであれば簡単にできる。しかし、「基本条例」となると、そう簡単に変更することはできまい。その意味でも、「会議規則」の改正のほうが適切だったのではないかと思う。ショック療法という点では、「基本条例」をつくるというほうが効果的であったろうが……。

2 政策立案機能の充実へ

　一方、三重県議会の基本条例は、条文から判断する限り、議会・議員の政策立案機能の充実に最大のねらいが置かれている。三重県議会は、議会が独自の政策立案や政策提言をするようになってこそ、住民の付託にこたえられるようになると考えているようである。

　現在の地方議会が"住民の代表"機関として機能することが求められている。これは誰もが認めるところであろうが、三重県議会の特色は、そこから、議会が独自の政策立案や政策提言をするべきであるという結論をストレートに導き出しているところにある。これは、どうであろうか。

　議会の立法機能を重視する研究者は少なくない。三重県議会が基本条例をつくってから以後、その刺激を受けて、議会の立法機能がますます研究者に重視されるようになったという印象すら受ける。しかし、現在の議会の実態からいえば、全分野にわたる総合的な政策立案をするのは無理である。議会がどれほど頑張ったとしても、補足的な政策立案しかできないという限界がある。これは確かなことだといってよいであろう。そういう補足的な政策立案で議会がど

れだけ活躍したとしても、住民はあまり関心を示さないのではなかろうか。現に、三重県議会も県民によってそれほど評価されているようにはみえない。住民にとって重要なのは、こういう補足的な政策ではない。もっと体系的な政策である。こういう体系的な政策は行政機関によって立案される。ということからいえば、いまの議会に必要なのは、行政機関から提出される議案のチェックのほうだということになろう。

　住民にとって、提案された政策が本当に必要なものかどうか、効果が上がりそうかどうか等々のチェックである。さらには、現実に実施された政策が、本当に、効果あるものだったかどうかという検討も重要である。これは、具体的には、決算ということになるが、この決算は、事務事業の評価ではない。住民にとって、本当に効果があったかどうかのチェックである。こういう評価ができるのは、住民とつきあいのある議員だけである。そういう議員の評価のもとに、あまり効果がなかったものについては、実施を取り止める。いわゆる事業の"仕分け"をするということになるが、こういう"仕分け"をできるのは議会だけではないだろうか。いまの議会に必要なのは、政策の立案ではなく、こういうチェックだというべきである。しかも、住民の信頼を勝ち得ようとすれば、これらのチェックを住民に分かりやすい形で行わなければならない。言い換えれば、議会の審議を住民が理解できるようなものにしなければならない。ところが、こういう分りやすいチェックは、どこの議会でも同じであるが、三重県議会もしていないように感じられる。

　それにもかかわらず、議員が政策立案を条令で、しかも基本条例で謳い挙げるということになれば、議員・議会は政策立案に熱を上げ、行政機関が提案する議案のチェックがますます軽視されるようになるのではないか。こういう懸念が生じる。事実、最近は、議員提案の条例を何本つくったかをホームページなどで誇示している地方議会が多い。

とはいうものの、私も、この基本条例を決して否定しているわけではない。それどころか、中央政府にも立ち向かおうという姿勢、議員間の討議や住民参加を強調しているという点では、高く評価している。ただ、議員間の討議とはいっても、現状の議会運営のもとではそう簡単にできるものではない。それをするためには、議会の審議の仕方を抜本的に変える必要がある。それを先にすべきだといっているだけである。また、それに加えて、議会基本条例という名称にこだわっているだけである。

3　議会基本条例は"最高規範"か？

■憲法に相当するもの

　ここ10年ほどのことであるが、イギリスの自治体は「コンスティチューション（Constitution）」を定めるようになった。日本語に訳せば「憲法」ということになるが、その内容はまさに自治体の憲法そのものだといってよい。住民の権利についてはもちろんのこと、市長制にするか、議院内閣制にするか、議会・議員の役割は何か、市長や議員をどのように選ぶか、等々、自治体をどのように運営するかという根本的な内容を定めているのである。また、この「憲法」は、形式的には、国が定める法律よりも上位にあるとされている。実際には、どの自治体も、法律と矛盾する内容は定めていないが……。

　日本では、憲法は、基本法であるとか、根本規範であるとか、あるいは最高規範であるなどという用語で説明されことが多い。このことからいえば、最近の議会基本条例は自治体の憲法に相当する条例、いわば、イギリスの自治体のコンスティチューション（憲法）に相当するものであるということができる。事実、北海道栗山町の議会基本条例は「最高規範」だと宣言しているし、三重県の議会基本条例も、草案の段階では、「最高規範」だとしていた。知事部局

の強い要請のもとに、この条項は削除されたが……。

　しかし、両議会の基本条例は、自治体全体のことを定めているわけではない。議会の運営の仕方を定めているだけである。こうした条例を基本条例という位置づけをしても良いのだろうか。国レベルでいえば、国会法を「国会憲法」だというようなものである。こういう混乱をもたらす用語の使い方は問題ありといわなければなるまい。

　もっとも、栗山町議会も、三重県議会も、議会基本条例は完成品ではなく、これに加えて、「行政基本条例」を定める必要があると考えているようである。この2種類の基本条例を併せれば、自治体憲法になるというわけである。しかし、それだけで憲法ということはできない。自治体の憲法にするためには、住民の権利について定めることが必要である。市長を設置するのか、議会を設けるのか、等々、自治体の運営機構についても定める必要がある。栗山町も、三重県も、そうしたことは国の法律事項であり、自治体で定める必要はないと考えているように思える。しかし、そうであるならば、「基本条例」を定める必要は全くない。普通の「条例」で良いはずである。

　地方自治法は、自治体が「基本条例」を制定することは全く予定していない。日本国憲法にどうかという点については、若干の疑問があるが、当時の占領者であったGHQの憲法草案では自治体がチャーターをつくるということになっていた。それを日本側が「地方自治の本旨」と訳してしまったのであるが、チャーターはまさに自治体の憲法あるいは基本条例といえるものである。そのことから、日本国憲法は自治体が基本法をつくることを予定していると考えることもできる。

　そういう状況のもとで、すなわち地方自治法は自治体が基本条例をつくるということを否定している状況のもとで、それにもかかわらず、「基本条例」をつくるというのであれば、それは、日本国憲

法に根拠を置く規範、あるいは、自治体が固有の自治権に基づいて定める規範だという位置づけをしなければならない。形式的には、当該自治体のなかでは、法律をも超えるものとなるわけである。したがって、イギリスの自治体の憲法（コンスティチューション）あるいはアメリカのチャーターのように、自治体をどのように統治するかの形態まで定めることが必要となる。もっとも、現実的には、法律と敵対することはできず、法律と同じ内容を定めることになるが……。それでも、形式的には、住民の権利はとか、市長を置くとか、議会を設置するというようなことを決めなくてはならない。何しろ、法律より上位の規範なのだから……。

　こうした理論立てのもとに、最初に、自治体の基本条例を構想したのは1990年代半ばに、当時の新潟県清里村の宮沢一也議員が起案した条例ではないかと思う。その条例案では、村民の権利、村長および議会の設置などが定められていたが、これは、当時、行革国民会議の事務局長であった並河信乃氏の構想に基づくものであった。そして、並河氏の構想は「地方主権」論を基盤としていた。清里村という村のなかでは、国の法律よりも上位の「最高規範」であると、この条例は位置づけられていたわけである。この基本条例は、残念ながら、幻の条例に終わってしまったが、2006年末に、同じ趣旨の（？）条例が岐阜県多治見市で制定された。「多治見市市政基本条例」であるが、こういうものこそ「基本条例」だというべきである。

6 議員になるには？

1 代表（議員）への立候補

　議員の選出は立候補から始まる。いまの日本では、この立候補は、国会議員であれ、地方議員であれ、候補者が自分の決断でしているのが一般的である。地域の住民が、自分たちで、「代表」に相応しい人物を候補者に仕立てるなどという事例はあまり聞かない。

　自治会などの住民組織が推薦することはあろう。しかし、この場合も、一般の住民が、自分たちの「代表」を決めるために積極的に集まり、協議して候補者を決めているのではあるまい。また、政党などの団体が候補者を発掘することはある。が、これも、一般の住民とは関係がない。

　こういう状況のもとに、日本では、一般に、候補者自身が応援団を集めて選挙運動をしている。ほかには、政党などの集団が候補者を応援しているだけである。候補者の親類縁者や、政党などの指示で選挙を手伝っている人は、選挙に熱中している可能性はあるが、こういう人々は、全体的にみれば、ごく僅かでしかない。一般の大半の住民は、選挙運動を、興味半分に眺めているだけである。冷ややかに見ている住民も多いのではないだろうか。

　こうした住民が、候補者に1票を投じたとしても、当選者（議員）を自分の「代表」と実感することは、まず、あるまい。議員が住民の真の「代表」となるためには、立候補の段階から住民を巻き込むことが必要というべきである。この点で、イギリス（ここでは、イングランドのことを指しているのであるが）の候補者選びの仕組みが、参考になる。

イギリスでは、国会議員も地方議員も、政党から立候補しない限り、当選するのは難しい。そのため、選挙は、実質的には、各政党の候補者になることから始まる。現在、イギリスには、保守党と労働党、自民党の３大政党があるが、国会議員の場合、３大政党の候補者選定の仕方はほとんど同じである。たとえば、保守党を事例に見てみると……。

　まず、各選挙区で保守党を支持する人々が自主的に集まって候補者の第１次の選考をする。保守党の中央本部はここに数十名の候補者リストを送るだけである。自主参加した住民たちはこのリストの中から数人の候補予定者を選び出す。そこに、住民が自分たちの間から選出した候補予定者を追加することもある。

　こうして、第２次選考に移る。この選考は、数十人の自主参加した住民（保守党支持者）が一堂に集まり、そこに候補予定者を１人ずつ呼び出して行われる。候補予定者に、住民が様々な質問を浴びせ、その対応を見て、自分たちの候補者を決めるのである。このいわゆる口頭試問で最適と判断された人物が、保守党の候補者になり、本当の選挙戦に突入する。労働党も自民党も同じように住民が候補者を選出している。

　こういう経緯で候補者が選ばれるため、選挙戦は住民が率先して行う。候補者を選んだ住民たちが、政党を積極的に支持していない住民を説得して回るわけである。こうして、投票ということになるが、こういう議員の選出をすれば、住民が議員を自分たちの「代表」として意識するのは当然といってよいだろう。

　地方議員の場合は、立候補を希望するものが少ないため、国会議員ほど厳しい選考はしていない。しかし、政党を支持する住民が集まり、社会活動や政治活動をした人々の中から、候補者を選定しているのは、国会議員の場合と同じである。住民が選挙運動をしていることにも違いがない。

　日本でも、そろそろ、住民と候補者のこうした関係を検討する必

要があるのではないだろうか。

2　選挙運動は？

　車の屋根に大きな看板を掲げた車が走る。看板には、候補者の名前が大きく書かれている。政党名を掲げている車もある。「選挙カー」と呼ばれる車であるが、「市議選に立候補した〇〇です」という声をスピーカーで繰り返しながら、ゆっくり走る。助手席には、名前を大書したタスキを肩から掛け、真新しい純白の手袋をした候補者が座っている。歩行者と目があうと、すかさずスピーカーから流れる声。「ご声援ありがとうございます」。これが、ここ数十年の典型的な地方議員の選挙風景だといえよう。

　住民が話を聞こうと立ち止まっても「温かいご支援をお願いします」という声を残して走り去る。車が止まり、候補者が降りてくることもある。が、握手をするだけである。何のために、立候補したのか、当選すれば、何をやるつもりなのかというような説明は全くない。最近は、自転車や徒歩で運動している候補者も目立つが、このような候補者も、「××です」と名前を連呼し、握手をするだけである。こうした選挙で投票する住民は、自分の「代表」を選出するという意識をもっているのであろうか。答えは"否"であろう。

　親類や地縁などの関係で積極的に選挙運動にかかわった住民は別として、一般の住民は、自分の「代表」を選ぶなどということは考えず、ただ「議員」を選ぶという意識だけで投票しているのが実態であろう。その結果、誰が当選するかには大きな関心を示すものの、その後の議員の活動には関心を示さないのが普通である。議員活動を支援するなどということは全くない。議員の不祥事があれば、非難ごうごうであるが……。

　議員が適正に活動するためには、ひいては、議会が適正に機能するためには、議員が"住民の代表"として、住民のバックアップを

受けることが不可欠である。これを実現するには、選挙運動の形態を変える必要があるのではなかろうか。
　議員は、選挙戦を勝ち抜いたことで、"住民の代表"になったと考えているに違いない。そして、そういう議員で構成された議会は、当然、"住民の代表"機関であると思っているはずである。
　確かに、制度上は、そういうことになっている。しかし、それはあくまでも建て前に過ぎず、実態はそうなっていない。議会が実際に"住民の代表"機関として機能するには、それぞれの議員が、住民に"代表"であると認知してもらうことが必要である。現在は、この認知がないために、議会が批判され、攻撃されることが多い。議員が多すぎるといわれるのは、その端的な例であるし、政務調査費が不要だといわれるのも、そうであろう。重要なことは住民投票で決めるべきだという要請も間歇的に出てくるが、これも、"代表"機関として認知されていないためといえる。
　議員が住民の「代表」として認知してもらうためには、議会活動のなかで、各議員がそれぞれ努力し工夫しなければならないことはいうまでもない。が、その前に、選挙の段階での改善が必要であろう。名前の連呼という"騒音選挙"からの脱却である。具体的には、「議員になって何を、どのようにするか」、「住民との連絡をどのようにするのか」等々を説明し、住民に共鳴してもらえるような運動にすることが必要である。
　最近の知事選挙や市長選挙では、マニフェストを示し、その中で、どういう政策を実施しようと考えているかを示す候補者が増えている。が、議員の選挙ではマニフェストを示している候補者は稀である。また、どういう政策を実施するかを示しても、1人の議員の力でそれを実現できるはずはなく、その意味では、議員候補のマニフェストは無意味だともいえる。ただし、会派を選挙前に結成し、その会派として、多数の会派のメンバーが当選し、議会で過半数を獲得できれば、かくかくしかじかの政策の実現をはかるという

ことをマニフェストで示すのは意味があるかも知れない。しかし、こういう会派はそれこそ稀であろう。議員候補として選挙で示すことができるのは、「議案を審議する際に、住民にどのように議案を示すか」、「住民の意見をどのように聞くか」等々であるが、これこそ、議会の審議を住民にわかりやすくする第一歩である。議会の信頼を回復する第一歩だともいえる。住民は、当初は、その効果に気付かない可能性は十分にあるが……。これを、多数の議員が実行していけば、住民の議会に対する意識が変わるに違いないと確信している。

3 選挙区は？―何故、大選挙区か？―

　市町村議員の選挙は、大都市（いわゆる政令市）を除き、選挙区を設けずに行われている。合併直後には旧市町村を単位にして選挙区を設定することもあるが、これは一時的で例外的な現象だといってよい。市町村の全域が一つの選挙区、すなわち"大選挙区"になっているというのが市町村議員の選挙の特色である。

　都道府県や大都市は、選挙区を分けることが、法律で規定されている。にもかかわらず、市町村議員が大選挙区で選出されているのは何故であろうか。根拠は定かでない。が、市町村の区域が都道府県や大都市に比べて狭いことが、その根拠になっているのではないか、と思われる。現在の普通選挙が実施されるようになったのは昭和20年代初めである。この頃は、市町村の区域も一般にさほど広くはなく、有権者は、ほとんどすべての候補者の「人となり」を知ることが可能であった。このことからいえば、選挙区を分けるよりも、大選挙区のほうが、住民はより適切な自分の「代表」を選ぶことができたであろう。

　しかし、昭和30年代の市町村合併で、また、平成の大合併で、各市町村の区域は飛躍的に拡大した。この結果、現在では、有権者

は候補者の「人となり」をほとんど知ることができなくなってしまっている。投票した候補者が当選したとしても、有権者の多くは、その議員を自分の「代表」だと意識していないのではなかろうか。昭和20年代の頃に比べて、議員と住民の結びつきは、一般に、非常に希薄になったといえそうである。言い換えれば、現在の大選挙区は、議員と住民との結びつきという面で問題があり、自治体の議会は、選挙区の見直しを喫緊の課題としているといわなければならない。

　「議員は市民（町村民）全体のことを考えなくてはならない」という議員が多い。少なくともこれを否定する議員は皆無だとすらいえる。もちろん、これに賛同する住民も多い。この発想を前提とする場合には、市全域を大選挙区とするのは当然だということもできる。選挙区を区分し、各選挙区で議員を選出する場合には、議員は自分の選挙区の住民のことを優先するのが当然であり、市民全体のことを考えなくなる危険性があるからである。しかし、この論法には問題がある。そもそも、議員は全市民のことを考えるべきだという前提が妥当なのかという問題である。先ず、この点を検討しなければなるまい。

　市民全体のことを考えるということからいえば、議員は住民の要求や意見を直接的に聞き入れてはいけないということになろう。住民の意見は、どれだけ多くの住民の声だとしても、全住民の意見ではないからである。したがって、議員は、住民の意見を聞くことがあるとしても、それは参考意見として「聞く」だけであり、発言は議員自身の理性でしなければならないということになる。こうした発想が、通用するのだろうか。

　確かに、昭和30年代前半の頃までは、こういう「代表」理論がまかり通っていたようである。が、現在では、住民の声を聞いていないということで、議会及び議員が厳しく批判されている。議員は議員自身の理性ではなく、住民の意向を反映して発言するべきだと

いうのが、時代の要請だといってもよいであろう。ということからいえば、現在の大選挙区はやはり問題ありといわなければなるまい。そろそろ、市町村議会でも、小選挙区を採用したほうが良いのではないだろうか。とくに、議員が"住民の代表"として、住民の意向をくみ取るためには、住民と顔を突き合わせて話し合うことが必要である。住民と気楽に集まりを開き、これまでの行政施策の効果を話し合えば、議員は決算審議に際して、的確に施策の効果を指摘して、いわゆる"事業仕分け"をすることができる。また、予算の審議に際して、必要な施策を明示することもできる。小選挙区になれば、各議員がそれぞれの選挙区の"代表"ということになるため、住民もいろいろな苦情や意見を議員に直接的に話すようにもなろう。都道府県議会も、いまの選挙区をもっと小さくし、できれば1選挙区1議員という小選挙区にすれば、住民が議員を"代表"と考え、期待する度合いも変わって来るのではなかろうか。議会に対する住民の信頼も強まってくることと思う。こういうことをいうと、反撥する政党もあるであろうが……。しかし、住民の信頼の回復という観点から考えれば、これは是非とも実現する必要があるといわなければならない。

第4部
地方自治の代表は議会

1 自治体の2つの機能

① "地方自治"と"地方行政"

　都道府県や市町村は、現在では、一般に、地方自治体あるいは自治体と呼ばれている。"自治"というのは、「自ら治める」ということである。したがって、都道府県や市町村が"自治体"であるためには、どういう仕事をするか、また、それをどのように遂行するかを、都道府県自身であるいは市町村自身で定めるということが必要となるはずである。こうした観点から、地方自治体の仕事を見てみると、確かに、それらのなかには、都道府県や市町村が自らの裁量で決定したものもある。しかし、すべてがそうだというわけではない。それどころか、法令（法律・政令・省令）によって、定められている仕事のほうが圧倒的に多いのである。

　都道府県や市町村の職員は、自分が担当している仕事を、"自治体の仕事"であると認識していることが多いかも知れない。しかし、たとえ実態がそうであるとしても、福祉関係の仕事であれ、教育関係の仕事であれ、その仕事の内容は、ほとんどのことが法令で定められている。もっとも、これらの法令で定められている仕事の

なかには、法律で「自治事務」として位置づけられているものも多い。とはいえ、これらの法律で「自治事務」として位置づけられているものは、そのほとんどが実施を義務づけられている。実施するか否かの裁量権を、地方自治体はもっていないわけである。その「自治事務」をどのように扱うかも、地方自治体は自由にすることができない。たとえば、市町村が裁量権を行使して、子供の教育を家庭でしても構わないなどとすれば、大変な騒動になることであろう。子供の教育をどのような形でするかは、教育基本法や学校教育法によって、あるいは、それに関連する政令や規則によって、定められているのである。しかも、小学校の1年生では何をどのように教えるか、4年生では、6年生では……ということまで、学習指導要領によって細かく指示されている。先生たちは、自由に子供たちを教えることはできず、学習指導要領の指導にしたがって教育をしなければならないというのが、「自治事務」の現状である。このような「自治事務」を実施している状況を"自治"と位置づけることができるのであろうか。大いに疑問というべきであろう。

　法律や政令あるいは省令は、中央政府が定めた政策あるいは施策である。法律の制定に国会が関与するのはいうまでもない。しかし、そのほとんどは、中央省庁が作成した原案にもとづいて制定されている。また、政令や省令は、国会で承認される必要はなく、まさに省庁レベルで定められるものである。そのような中央省庁の政策（あるいは施策）を地方自治体が受け入れて執行するのが、法令で「自治事務」とされているものであり、そうである以上、それを"自治"というのは無理な話だといわなければならない。"自治"というのは、自分たちで政策あるいは施策を選択し、それを具体的に実行するもの、いわば、もっと積極的な性質を持つものということができる。

　それに対し、中央政府から法律や政令という形で指示された仕事は、自治体は指示された通りに実施するもの、いわば"受け身"の

性質を持つ仕事である。これは、素直に言えば、"自治"の仕事ではない。中央政府が自治体に実施させる仕事、すなわち"地方行政"だということになろう。現在の地方自治体は、この"地方行政"という機能と"地方自治"という機能の二つの機能を担っているわけである。

　もちろん、地方自治体は、法令を執行する際に、独自の工夫を凝らすことはできる。そういう工夫を凝らしたことに対する責任は、すべて、自治体の担当機関が背負わなければならないという制約はあるものの、やってやれないことはない。とくに、2000年の地方分権一括法の施行により、法的に、この独自の工夫を凝らす余地が増えたことは事実である。しかし、そうはいっても、法令の執行であることには変わりがない。独自の工夫といっても、法令の執行という限界がある。その意味で、"地方行政"の機能を担っているという自治体の性質は、地方分権一括法以後も続いているといわなければならない。

❷ "地方行政"の担い手は？

　この"地方行政"の機能は、知事や市町村長以下、地方自治体の職員によってもっぱら担われている。言い換えれば、自治体の行政機関によって担われているわけである。もちろん、地方議会も、"地方行政"に関与できるようになっている。たとえば、法律の執行に際して、その細目を条例で定めなければならないことが間々あるが、こうした条例を制定するのは地方議会の権限である。また、法令の執行に予算が必要なことはいうまでもないが、この予算も、議会の議決がないと成立しない。いずれも、提案するのは、行政機関であるが……。議会も、議決機関として、"地方行政"に関与していることは確かである。しかし、法令の執行という一連の過程からいえば、議会はそのごく一部の過程に関与しているに過ぎない。

その関与の度合いも、執行機関に比べて、非常に小さいといえる。"地方行政"の担い手は、もっぱら自治体の首長と職員である。

　これは、行政機関と議会の性格からみて、当然のことでもある。たとえば、法令を執行するには、法律を読みこなす事ができる知識や能力、また、それを実施するための経験や技術が必要となる。自治体の職員機構は、そうした専門家の機構であると位置づけられている。そのために、知識や技術を試す選考試験によって採用されることになっているのである。資格を必要とする職務も少なからずある。勤務形態もフルタイムの勤務であり、その職務に集中できるようになっている。しかも、その勤務を通して、先輩や同僚から法令の執行に必要な知識や技術を教えられるのが普通である。その上、研修を義務づけられていることが多い。また、職員は、機構として、あるいは、組織として動く集団である。基本的には、個々ばらばらに動くことができない仕組みになっている。そして、これらの職員機構は、中央政府（省庁）の情報を日常的に得られる立場にある。中央政府も、法令を実施するに際して、必要な情報を職員機構に伝達している。知事や市長などの自治体の首長はこうした職員を率いているのである。

3　地方議会と"地方行政"

　一方、議会は、採用試験ではなく、選挙で選ばれた人々（すなわち議員）によって構成されている。議員のなかには、法令の執行に必要な専門知識や技術を有するものがいるかも知れない。しかし、これは、そのような人がたまたま議員に当選したためである。少なくとも、このような専門知識や技術を持っていることが、議員の要件となっていない。議員に必要なのは、選挙で当選するということだけである。最近は、議員研修が盛んに行われている。また、研修に個人的に参加する議員も少なくない。しかし、こうした研修のほ

とんどは、議員としての研修、政治家としての研修である。職員の研修とは根本的に異なる研修といってよい。議員にとって必要な勤務も、政治家としての勤務である。

議員のなかには、法令の内容に精通し、その執行を第一に考えるのが議員の任務であると錯覚している者が少なくない。そのため、法令に通じていることを誇り、それこそが"プロの議員"だと自慢している者すらいる……。しかし、仮に、法令に通じることが議員の職務であるとすれば、フルタイムで仕事に没頭できる職員に比べて、議員がすこぶる不利な立場にあることは明らかである。住民は、そのような議員を選ぶために、投票しているわけではなかろう。

住民が議員を選出しているのは、自分たちの声を議会で表明して欲しいためといわなければなるまい。要するに、議員の特色は、"住民の代表"として活動することにあるといってよいが、そうであるとすれば、住民と同じ視点で地方自治体の仕事を見るべきである。議員にとって重要なのは、専門的な知識や技術を身につけることではなく、住民と同じような常識・感覚でもって、自治体の運営に貢献することだといわなければならない。法律に定められているから実施するというのではなく、住民の常識・感性からみて、どうしても必要な政策を選択し、その政策の実現に挑戦するということが、議員の任務であるというべきである。そのため、議員は原則としては"一匹狼"であり、議員の間に上下関係はない。議会としての意思はトップが決めるというものではなく、"一匹狼"である議員の合議によって、ひとつにまとめられた意思である。そのような議員で構成されている議会は、"地方行政"の担い手として余り相応しい機関でないことは明らかであろう。議会本来の機能は、"地方行政"ではなく、まさに"地方自治"の実現という面にあるといわなければならない。

もちろん、前述したように、地方議会も、法律執行のための条例

を制定し、予算を議決しているという点で、"地方行政"の機能を担っていることは確かである。しかし、その任務遂行の姿勢は、法令を忠実に執行しようという行政職員の姿勢とは根本的に異なる。議会の条例の審議は、たとえ、それが法令の執行のための条例であるとしても、議会は住民の立場に立って、住民の目線で、住民に役立つような形で、条例を制定する必要があるというべきである。したがって、住民にとって、法令そのものが問題だという場合には、それを執行するための条例を否決することも、議会の任務だということになる。それでこそ、"住民の代表"といえるからである。このような判断をした場合には、中央政府がそれを暴挙だとして争いが起こるのは必然といってよい。しかし、住民のための自治体ということからいえば、こういう暴挙、ひいては中央政府と争うことも必要である。それが"地方自治"であるといえるが、こういう"地方自治"の機能を発揮できるのは本来的には地方議会だけだといわなければならない。

　これに対して、行政機関の職員は、地方公務員法によって、法令の規定を忠実に執行することが義務づけられている。言い換えれば、"地方行政"の機能を担うことが義務づけられているわけである。知事や市長などの首長は、議員と同じように、住民によって、選挙で選ばれている。そうである以上、住民の視点で物事を判断するべきであるといってもよいが、専門的な知識や技術を備え、法令の執行を義務づけられている職員集団の指揮官でもある。そういう立場からいえば、首長の本質は、職員の指揮官として、"地方行政"を遂行するところに本来の任務があるというべきであろう。しかも、首長はただ一人の機関である。法令の執行をめぐって、それを管轄する中央省庁と見解を異にする場合には、中央省庁の攻撃をたった一人で受けなければならない。最近は、このような勇ましい首長も時折は見ることができるが、実際には、中央省庁に楯突くことは非常に困難だというべきである。

もっとも、行政機関側も、法令の執行に関して、中央省庁の指示に全面的に従う必要はないということが、2000年の地方分権一括法によって明確にされた。それ以後、とくに、意識の強い首長がいる自治体では、職員も、独自に法令を解釈し、その執行に独自の工夫を凝らすようになってきた。その意味では、"地方行政"の機能を担っているとはいっても、"地方自治"の観点から若干の工夫を凝らしていることは確かだということができる。しかし、そうであるしても、職員の工夫には限界がある。法律や政令・省令には何があっても従わなければならないという限界である。首長も、どれだけ勇ましくても、職員の指揮官という立場からいって、法令に刃向かうことはできないであろう。言い換えれば、首長は"地方行政"の機能を主要な機能としているというべきである。

　もっとも、これは、あくまでも理論的な整理である。現実には、"地方自治"の機能をほとんど果たしていない議会が非常に多いといわなければならない。それどころか、むしろ"地方行政"の機能に深く入り込もうとしているのが、多くの議会の実態であるということすらいえる。

2 "地方自治"の代表は？

2 江戸時代の"住民代表"機能

　地方自治体が"地方自治"の機能を果たそうとすれば、中央省庁が求める目標と異なる目標を追求するという事態も起こり得る。これは、中央省庁や中央政府の政権党にとっては、問題ということになるかもしれない。しかし、このような中央と地方の意思の違い（あるいは、争い）は、問題であるどころか、地方の統治システム

の健全さを、また、その強固さを示すものとみるべきである。

　ただし、そうはいっても、中央政府と異なる意思を示そうとすれば、地方自治体の側に、中央省庁と張り合うための根拠が必要である。言い換えれば、"自治体"としての正当性が必要と言わなければならない。こういう根拠はどこにあるのであろうか。それを考えるために、唐突ではあるが、江戸時代の村の状況を見てみたい。

　江戸時代の村や町には、自治があったのであろうか。封建時代の村や町には自治などなかったと考える人が多いのではなかろうか。恐らく、次のようなイメージを描く人が多いことであろう。

　たとえば、村の場合は、名主（あるいは庄屋）や組頭、百姓代などの村方三役と呼ばれる村役人が村の運営者であったが、これらの村方三役は、領主（藩主あるいは藩主から村を領地として配分された侍など）から、あるいはその代官から、任命された。そして、領主側の指示を受けて村の運営をし、村人から年貢を取り立てて領主に納めていた。村の秩序は、領主が定める"法度"（＝法律）によって維持されていた。村をどのように運営していくかは、領主あるいは村方三役の裁量であり、他の村人には何の権限もなかった。普通の村人はただ支配されていただけで、自治などはなかった……というイメージである。

　しかし、最近の解説書を読んでみると、江戸時代の村の実像はこういうイメージとはかなりかけ離れていたように思える。江戸時代の村々は、領主に支配される村としての性格も持っていたようであるが、それはあくまでも一面的なものであったと説明する解説書が多い。「支配される村」という性格だけではなく、「生活のムラ」としての性格をも併せて持っていたというのである。たとえば、近畿地方の村々には、「十人衆」とか「一五人衆」といわれる寄り合いがあり、村の運営の中心となっていたのは、この寄り合いであった。庄屋や組頭といった村役人ではなかった[1]。また、将軍を頂点とする公儀権力が制定した"法度"（＝法律）が村々にも押しつけ

られていたが、現実には、村々には独自の"掟"があり、それによって村の秩序を保っていたという。「村々は村の掟を前提としながら、その維持に役立つ公儀の法度についてはこれを活用し、矛盾するものについては対抗、あるいはその骨抜きを試みていた」[2]というのである。

 こうした状況を見れば、江戸時代の村々には、現在のように自治を認める憲法も法律も存在しなかったけれども、実際には、まさに"自治"そのものがあった、あるいは"自治"の基本形があったといわなければなるまい。その"自治"の機能を担っていたのは「十人衆」などの寄り合いであるが、その寄り合いが公儀に対抗しながら"自治"を実行できたのは、村の住民によって自分たちの代表機関として認知されていたためといってよいであろう。そして、その住民の認知に、寄り合いが正当な"自治"機関であったという根拠を求めることができる。

 明治以後、こうした寄り合いは、少なくとも村の"自治"運営機関としては、消えてしまったが、それを引き継ぐものとして出現したのが、市町村や都道府県の議会である。この議会は、その構成メンバーである議員が選挙で選ばれるという形態がとられるようになった。その意味では、住民の代表機関として位置づけは形式的に強化されたというべきであるが、"自治"運営機関としての正当性は基本的には江戸時代の寄り合いと変わるところがない。住民によって"自治"の機能を担う機関として認知されていることが、議会の正当性の根拠となっているわけである。また、その正当性があるからこそ、中央政府と対抗することも可能となる。地方自治体が、

 1）福田アジオ「支配の村と生活のムラ」、朝日新聞社『朝日百科・日本の歴史8、近代Ⅱ』1989年、260-263頁。及び、田中優子「村の民主主義」、石川栄輔・田中優子『大江戸ボランティア事情』（講談社文庫）1999年、169-204頁。
 2）水本邦彦「村の掟と村の秩序」、朝日新聞社『日本の歴史8、近世Ⅱ』、1989年、54-5頁。

第4部　地方自治の代表は議会

"地方行政"だけではなく、"地方自治"の機能も担うことができるのは、まさに、このためである。言い換えれば、住民によって定期的に選挙される議員から成る議会が存在するためだといわなければならない。

　念押ししていえば、地方自治体は、憲法あるいは法律で"地方自治"の権限が認められてはじめて"自治"の機能を担えるようになったと考えるべきではない。国家がなくても、多数の住民がいれば、家族をつくって生活するようになり、社会をつくるようになるはずである。これが"自治"の原型であるといえるが、こういう社会をつくる権利は人間本来の権利であり、その意味では、住民に固有の権利だといわなければならない。憲法や法律は、そのような"自治"を追認しているに過ぎないと考えるべきである[3]。

3）イギリスには、日本の江戸時代の頃の村の性格、寄り合いを中心として村の"自治"の運営をする自治体と同じような性格を濃厚にもつ地方自治体が現在も残っている。パリッシュ（parish）という地方自治体である。このパリッシュは、1894年以後は、いわゆる寄り合いではなく、公選の議会をもつ自治体となった。しかし、"地方行政"の実施は義務づけられていない。その結果、多くの業務を実施しているパリッシュもあれば、ほとんど何もしていないパリッシュもある。これは、それぞれのパリッシュの議会で何をするかを決めているためであるが、日本の府県に当たる自治体、市町村に当たる自治体、さらには中央政府に対して、住民の代表機関として意見を表明するという機能は、ほとんど全てのパリッシュが行使している。パリッシュの権能の多くは、中央政府が与えたものではない。それどころか、20世紀後半の中央政府は、パリッシュの権限の剥奪を目論むことが多かった。パリッシュの廃止を企て、その法案を国会に提出したこともあった。それを全国のパリッシュが連携して阻止し、逆に、中央政府に対する対抗権を強化するような法律を国会で定めさせたのである。こういうところに、"自治"の原型を見ることができる。日本では、残念ながら、江戸時代の村は消えてしまい、このパリッシュのような自治体は存在しないけれども、"自治"を論じる場合、あるいは、"自治"と議員の関係を論じる場合には、このパリッシュが参考になろう。パリッシュについては、竹下譲『パリッシュに見る自治の機能―イギリス地方自治の基盤―』（イマジン出版、2000年）参照。

2　首長も"住民の代表"だが……？

　住民によって定期的に選挙されるのは、議員に限ったことではない。現在では、知事や市町村長も住民の選挙で選ばれている。選挙で選ばれている以上、首長も住民によって、地方自治体の長として認知されているということができるが、この認知は、何を意味しているのであろうか。首長も、"自治"の機能を担うという意味で、地方自治の正当性の根拠となり得るのであろうか。

　これを考える格好の材料に東京都の特別区がある。墨田区や新宿区などの区のことであるが、これらの特別区の首長（＝区長）は、昭和49年（1974年）以前の地方自治法では、都知事の同意を得て区議会が選任するとされていた。このため、特別区は、最高裁によって「東京都という市の性格をも併有した地方公共団体の一部を形成」するものであり、「市町村のごとき完全な自治体としての地位を有しない」[4]と判示されていた。それが、昭和49年の地方自治法改正によって、特別区の区長も住民の直接選挙で選出されることになり、それ以後は、一般に、特別区も市町村と同じ自治体であると位置づけられるようになった。この経緯からいえば、首長が住民の選挙で選ばれるか否かが、一般に、地方自治体であるか否かの判断基準になっているともいえるが、果たして、これは妥当な判断といえるであろうか。

　昭和49年の地方自治法改正で区長の公選が定められたとき、特別区には東京都の権限が大幅に移譲された。このため、特別区は、実際にも、大きく変わった。これは確かなことである。しかし、権限が拡大したのはもっぱら"地方行政"の領域であり、もうひとつの"地方自治"の領域で果たしてどれだけの権限拡大があったのか

4）昭和38年3月27日、最高裁判決、刑集17巻2号121頁。

は定かではない。"地方自治"の領域は、法律で与えられるものではなく、自治体が自らの意思で行使するものだからである。そういう観点で、特別区が変わったかどうかをみてみると、区長の公選によってそれほど目立った変化はなかったようにみえる。むしろ、昭和49年以前のほうが、東京都に対して抵抗することがあったとすらいえそうである。

その時の、特別区を代表して、東京都に向かっていったのは、区議会であった。昭和49年以前にも、特別区には議会があり、その構成メンバーである議員は住民の選挙で選ばれ、いまと同じように住民の代表として機能していたのである。そして、この特別区の議会が東京都に対抗することが時折あった。中央政府に対して、特別区の議会が区民の意向を表明するということもあったくらいである。現に、区長公選が法律で定められるようになったのも、特別区の区議会が率先して展開した運動、区長公選運動の結果であった。

ということからいえば、区長が公選されていなかった時代でも、特別区は"自治体"としての機能を発揮していたといわなければなるまい。その"地方自治"の担い手となっていたのは議会という住民の代表機関であった。

それでは、首長を住民の選挙で選ぶというのは、一体、何を意味するのであろうか。"地方行政"の責任者も住民の選挙で選ばれているということであり、それだけ、"地方行政"に関しても、中央政府など、上位機関の関与がしにくくなっていることを意味するといってよいであろう。"地方行政"は、法令に従って遂行しなければならないことはいうまでもない。しかし、中央政府の指示に全面的にしたがって実施するというものではなく、むしろ、責任者である首長が、住民の立場に立ち、住民のことを考えながら、住民の代表として"地方行政"を指揮するべきだという位置づけである。そして、これは、現時点では、ほとんどの地方自治体で実際に効果を上げているといえる。

また、"地方行政"を補足する形で、住民のための"地方自治"を行うということも、公選首長にとっては、容易にできることである。住民の意向を背景に、中央政府と対抗することも可能である。それどころか、選挙で選ばれている以上、中央政府の利害と当該自治体の利害が対立するような事態が発生した場合には、住民の代表者として、中央政府に対抗することが首長の任務であるということすらできる。

　ただ、"地方自治"を実行するためには、住民の意向をまとめる必要があるが、これをひとりの機関である首長が現実にできるのかという問題はある。マニフェスト選挙を行った首長の場合には、その選挙の段階で、住民に政策を選択してもらっているともいえるが、言い換えれば、住民の意向がまとまっているともいえるが、それはマニフェストに示した政策についてだけである。それ以外の事柄については、ひとりの首長が住民の意向をまとめるのは難しいといわざるを得まい。そういうことができるのは、多数のメンバー（議員）を擁する議会だけである。そして、首長が住民を代表して中央政府に対抗するというような事態が発生したときには、何はともあれ、議会の支持を獲得する必要があろう。このことからいっても、"地方自治"の基盤は議会にあるというべきである。そして、都道府県や市町村が"自治体"としての正当性を持っているのは、住民の代表機関として機能することになっている公選の議会があるためだといわなければならない。とはいえ、現実の議会が、住民の意向をまとめ、その意向を表明するという形で、住民の代表機関としての機能を果たしているかどうかは、大きな問題であるが……。

③ 戦前の地方制度とデンマークの地方制度

　都道府県知事が住民の選挙で選ばれるようになったのは、第2次世界大戦後のことである。それ以前には、明治23年以後のことで

第4部 地方自治の代表は議会

あるが、内務省の官吏（国家公務員）が知事に任命されていた。知事は国の地方長官だったのである。そして、府県は、国の"行政区画"と位置づけられていた。府県の幹部職員は、ほとんどが、国から派遣されてきた各省庁の官吏であった。とはいえ、府県の経営は、必ずしも、地方長官（＝知事）や幹部職員の意向だけで経営されていたわけでもなかった。若干ではあるが、それぞれの府県が独自の経営をするという側面もあった。言い換えれば、"自治体"としての性格も併せ持っていた。府県には、住民の代表機関としての議会が設置され、この議会の意思に基づいて、府県の運営をするということがあったためである。

　デンマークは、数十年前まで、この日本の戦前の府県制度とほぼ同じシステムを採用していた[5]。デンマークでも、中央政府から地方長官（知事）が府県に派遣され、その地方長官の下で府県は、コミューン（市町村）に対する監督を含む地方行政の機能と、府県独自の行政サービスを処理するという2つの機能を担っていたのである。議会は、極論すれば、地方長官の下で決められた事柄を追認するだけであった。しかし、その議会も徐々に力をつけるようになり、1960年代の半ば頃には、地方長官（知事）に十分に対抗できるようになっていた。60年代末には、議会は、コミューンに対する監督の機能は別として、地方長官の権限のほとんどを奪い取ってしまっていたといえるほどであった。こうした事態のもとで、デンマークの中央政府も大幅に譲歩するようになり、1970年、抜本的な地方制度の改正をした。地方長官（知事）も温存されたが、その

---

5) 日本の旧地方制度がデンマークとほぼ同じであったのは、日本の旧地方制度が明治時代に有名なドイツ人の学者グナイスト（Rudolf von Gneist）博士の弟子であるアルバート・モッセ（Issac Albert Mosse）の教えにもとづいて整備されたことと関係があるのではないかと思われる。(旧地方制度の成立過程については、参照；亀掛川浩『明治地方制度成立史』、柏書房、1967年)。デンマークの地方制度もグナイスト博士の教えによって整備されたとのことである。

機能は、コミューン（市町村）に対する監督機能のみとなった。そして、府県は議会によって運営されることとなったのである[6]。

　日本の場合、都道府県が「自治体としての府県」の機能に加えて、「国の行政区画」としての機能も担っているために、都道府県は、実質的に、自治体なのか、国の出先機関なのか明確でない。が、デンマークでは、府県は純粋に"自治体"となり、一方、地方長官は国の機関、すなわちコミューン（市町村）を監督する機関となった。もっとも、その管轄する区域が同じであるため、それぞれの府県に、自治体としての府県庁と、そして、地方長官庁という2つの役所があるという面で複雑になっているが……。

　なお、府県は純粋に"自治体"となったとはいっても、すべて、府県の議会の裁量で運営しているわけではない。国の法令で定められている業務、すなわち"地方行政"も担っているのはもちろんである。むしろ、こういう業務のほうが多いようにすらみえる。

　しかし、このことから、デンマークの府県は"自治体"ではなく、"行政体"であるというべきではない。現実には、"地方行政"の機能のほうが大きいとしても、"自治体"である府県が"地方行政"の機能も担っているという位置づけをすべきである。現に、デンマークは、国全体の人口が約500万人という非常に小さな国で、府県に分割する必要などないと、われわれ日本人には思えるにもかかわらず、府県は独自の施策を、日本の府県よりも、はるかに多く実施しているのである。

　こういうデンマークの地方制度を変革したのは、もちろん、中央政府である。しかし、その改革の方向を決め、中央政府に断行させたのは、地方の議会の力である。要するに、戦前の日本と同じように、議会の権限が厳格に制限されていたところでも、議会が動け

---

6) National Association of Local Authorities in Denmark, *Local Government in North Countries*, 1991, IULA.

ば、中央政府は譲歩せざるを得なくなるということが、このデンマークの変革は示唆しているが、これこそが、"地方自治"だといわなければならない。

　日本は、第2次世界大戦で敗れた昭和21年（1946年）に、地方制度が大幅に変革され、現在の都道府県制度になった。それまでの都道府県は「国の行政区画」という側面が強く、知事は中央政府から派遣され、幹部職員もほとんどは国から派遣されてきていたが、同時に、「自治体としての機能」も府県にはあった。いわば、「表の顔」は国の出先機関であったが、「裏の顔」は自治体であったというように二つの顔を持っていたのである。しかし、この「国の出先機関」という側面があまりにも大きかったために、当時の占領軍であったGHQに非難され、府県を自治体にすることを要請された。そのシンボル的な内容は、知事の公選であった。GHQの指示は、当時は"神の声"であったため、知事は官選でという日本側の抵抗もむなしく、結局は、知事の公選が実現した。形式的には、知事は住民の代表ということになり、その意味で、地方長官ではなくなったわけである。とはいうものの、実質的には、地方長官としての機能はその後も継続した。都道府県の国の出先機関としての機能も、もちろん、なくならなかった。いわば、それまでの「表の顔」と「裏の顔」をひっくり返され、自治体としての「裏の顔」が表に出てきたものの、裏側には、依然として、国の出先機関という顔があった。しかも、裏側に隠れた顔、すなわち国の出先機関としての顔のほうが大きいというのが実情であった。こういう訳の分からない都道府県の状況は、基本的には、今日でも続いているといわなければならない。しかし、もし、この戦後の訳の分からない変革がなく、その後も戦前の制度が続いていたならば、デンマークと同じような状況変化に見舞われたのではなかろうか。グローバル化が進むなかで"地方自治"の必要性が増すというのが世界に共通する傾向であるが、"地方自治"が進むためには、地方が自ら奮い立つ必要、

すなわち、住民の代表である議会が自主的に行動することが必要となるからである。恐らく、今頃は、デンマークと同じような制度になっていたのではないかと推測できる[7]。

こういうデンマークの推移や昭和49年以前の特別区（東京）の推移を見ても、府県や市区町村が、それぞれの意思で"自治体"としての行動を取ろうとするときには、必ず地方議会が動くということが分かる。そして、その地方議会の意思が、中央政府の思惑を蹴散らしてしまうということが間々あるが、それこそが"地方自治"だといわなければならない。地方議会の意思に中央政府が屈服するのは、もちろん、地方議会の後ろに住民が存在するからである。

3 議会の現実の機能

1 議会の議案審議は？

議会が"地方自治"の主役であると位置づけられるのは、その構成メンバーである議員が選挙で選ばれているためである。しかし、選挙で選ばれていさえすれば、"自治"機関としての正当性をもつというのはあまりにも短絡的すぎるといえる。正当な"自治"機関であるためには、住民によって、自分たちの代表機関だと認知されていることが必要である。選挙は住民が議会を認知するひとつの形式に過ぎない。それが形骸化している場合には、そして、住民が実

---

[7] デンマークの地方制度改正については、竹下譲監著『世界の地方自治制度（改訂版）』（イマジン出版、2002年）115-120頁参照。なお、この本は、その後、2008年に改正され、『よくわかる世界の地方自治制度』（イマジン出版）となり、デンマークの記述は、この地方制度の改正よりも、もっと最近の改革に焦点を当てられるようになった。

質的に議会を無視している場合には、議会は"地方自治"の機関としての機能を果たしていないといわなければならないである。それでは、現実はどうであろうか。

議会の構成メンバーである議員は、それぞれ持ち味が違う人々である。議員になった動機も、住民（有権者）との結びつきも、議員によって異なる。住民と頻繁に会合を開いている議員もいれば、選挙が終われば、ほとんど住民と直接的な接触がないという議員もいる。後援会をつくり、特定の住民と密接につきあう議員もいれば、多くの住民と広く浅くつきあう議員もいる。他の議員とともに会派を組み活動している議員も多いが、この会派もさまざまである。自治体によって違うし、同じ地方自治体でも、会派によって活動の仕方が違う。したがって、これらの個々の議員がどれだけ住民の意向を反映しているか、住民の意向をどのようにまとめているかを検討するのは大変な難事である。

しかし、各議員の公式な議会活動にはあまり大きな違いはない。すべての議員が一年のなかの何十日か議会の本会議に出席し、また、委員会に分かれて会議を開いている。これらの会議はときには熱気にあふれることもあろうが、一般には、淡々と会議が開かれている。住民が傍聴に行くのは本会議が多いが、この本会議の審議は、ほとんどの場合、形式的である。少なくとも本会議で、議員同士が侃々諤々の議論をするということはない。そして、傍聴者は、どんなに熱心に傍聴したとしても、一体何が問題になっているのか、それがどのように処理されようとしているのか、さっぱり理解できないというのが、恐らく、実態である。議会が違えば、審議の仕方も当然に違うと思うのが自然であるが、現実には、どの議会でもほとんど違いは見られない。

議会が"地方自治"の主役としての機能を果たすのは、この審議という舞台においてである。したがって、ここでは、この議会の審議の仕方を、筆者が体験した議会審議をもとにして[8]、もう少し詳

しく分析し、そこから、議会が実態を検討してみることにしたい。
　議員が議会で最も多くの時間を割いている審議には、大きくいって、二つの形態がある。ひとつは、「議案の審議」であり、いまひとつは、一般に「一般質問」といわれている質問である。一般の住民が議会の審議と考えているのは、恐らく、前者の「議案の審議」であると思われるが、これは、ほとんどの場合、首長以下の行政機関から提出された議案を審議するものである。したがって、その内容の多くは"地方行政"を実施するための政策案であるといってよい。予算案の審議はその典型例であるが、法律を施行するための条例案の審議もこれに含まれる。行政機関の提案であっても、法令とは関係がなく、当該地方自治体の独自の政策案（条例案や予算案）ということもごく稀にはある。これは"地方自治"の政策案として位置づけることができるが、この場合も審議の仕方は同じである。
　これらの審議は、まず本会議で執行機関側の提案理由の説明という形ではじめられる。この提案理由の説明はきわめて形式的である。たとえば、年度途中で予算を修正するという議案の場合には、一般的には、補正予算の議案だという簡単な説明だけで終わってしまう。それにもかかわらず、この提案理由に関して、議員が質問をし、その内容を鮮明にするというような状況は、全くといってよいほど、見ることができない。実際には、本会議の前に開かれている非公式の会議である全員協議会などで、行政機関が議員に詳しく説明することが多く、そのため、議案の内容は議員にとって自明ことだという可能性はあるが、傍聴している住民にとっては、どんな議案なのか、チンプンカンプンのはずである。
　この本会議での審議は、ほとんどの場合、「委員会に付託」という結論になり、委員会の審議に移行する。委員会では詳細にわたっ

8）前述のように、三重県の教育委員長という職につき、三重県議会に出席し、ごく稀には答弁をしたという体験、および、いくつかの市町村の議会の傍聴をしたという体験をもとにしている。

て議案の審議が行われると一般にはいわれているが、実際はどうなのだろうか。委員会では、確かに、本会議とは異なり、多くの議員が発言をしている。しかし、それらはすべて執行機関に対する個々の議員の質問である。これを加えろとか、削れという要請することもある。質問に対する行政職員の説明を受けた上で、その議案が良いか悪いかについて、議員の間で議論するということはほとんどない。少なくとも私は聞いたことがない。

　昔の昭和20年代のいくつかの地方議会の議事録をひっくり返してみると、議員の間で、提案された議案が必要なものかどうか、適切なものかどうかを議員の間で侃々諤々と議論している記録が、時折ではあるとしても、見いだすことができる。ところが、最近の議事録には、どこの議会の議事録をみても、こういう記録は全くといってよいほど見あたらない。委員の発言は、行政職員に対する発言だけである。委員会の審議というのは、議員が質問し、職員が応えるというやりとりのことであるということすらできる。議員が、同僚の議員に対して、「あなたは、どう思うか」というような発言は全く見あたらない。もちろん、議題になっている議案が、議員提案の議案である場合は、別であるが……。こういう委員会の審議で、議会や委員会が合議制の機関だといえるのだろうか。当事者である議員の人たちは、こういう審議に疑問に思わないのだろうか……。不可思議な現象である。

　それはともかく、現実の委員会審議は、議員間の討議がないまま、すべての委員の職員に対する質問が終わると、終了する。原案に反対するという明確な意思表示をする議員がいない場合には、採決をとらないこともしばしばある。傍聴している住民には、結論がどうなったのか、恐らく、分からないことが多いであろう。

　この委員会の結論は本会議で報告される。本会議では、委員会の審議経緯がそれぞれの委員長によって説明されることになっているが、この説明は、次のように、非常に簡単になことが多い。

「委員会を開催し、関係当局の出席を求め、慎重に審議いたしました結果、いずれも全会一致をもって原案を可決すべきものと決定いたしました」。

もちろん、なかには、延々と報告をする委員長もいるが、その内容は、委員会で各委員が表明した様々な意見を羅列しているだけである。その意見に他の委員がどういう反発をし、どういう結論になったかというような経緯を説明することは滅多にない。

本会議の審議は、このような委員長報告に対する"質疑"からはじまる。が、実際には"質疑"はほとんど行われない。そして、"討論"ということになる。この討論は、一般社会でいう常識的な討論の意味ではない。一般社会で、討論といえば、各人が意見を出し合い、互いに相手の言い分を聞き、その上で、相手を説得するために反発し合うことを意味するといってよいであろう。ところが、地方議会での"討論"は、最初に反対者の発言、ついで、賛成者の発言という形で行われるが、この両者の発言は、それぞれバラバラである。反対者は、反対意見を勝手に述べ、一方、賛成者は、反対者の意見を全く聞くことなく、淡々と賛成意見を述べるだけである。相手を説得しようなどという意思は垣間見ることすらできない。お互いに、全く関連性のない意見の披露である。これで、どうして"討論"というのか不思議であるが……。しかもこの"討論"ですら省略されることがしばしばある。委員長報告をもとに、すぐに、採決に移るわけである。

このような議会の審議を見る限り、議会が住民の意向を反映しているとは到底いえないであろう。住民は、いくら熱心に議会を傍聴したとしても、一体何を審議しているのか、その審議結果が住民の生活にどういう影響を及ぼすのか等々を、理解することができず、そのため、住民の意向を代表者である議員に表明することができないからである。住民は、議案に関して自分がどういう意向を持っているか、住民自身にも分からないに違いない。議会が住民の代表と

して、"地方自治"の主体になるためには、様々な住民の意向をまとめあげ、それを反映するかたちで、中央政府の法例によって指示された政策（施策）を変形していく必要があるが、それをしようとすれば、先ずは、住民にどういう議案が審議されているかを理解してもらうことが必要なはずである。それにもかかわらず、こういう審議をしているようでは、現実の議会活動は、"地方自治"の主体とはほど遠い活動だというべきであろう。

議員のなかには、個人的に自分の支持者に議会審議の状況を説明し、それに対する支持者の意向も聞くという者がいるかも知れない。こういう議員の場合には、それなりに住民の意向を把握しているともいえるが、このような議員はほとんどいないのではなかろうか。ほとんどの議員は、選挙で選ばれたということだけで、自分の意見は支持者の意向を反映していると考えているように思える。支持者に審議状況を説明している議員の場合も、その説明は当該議員個人の意見、すなわち、ひとりの議員の一方的な意見であり、それに対する他の議員の意見を加えていないのが通常であろう。これでは、支持者の意見は当該議員の意見に影響されてしまうのが必然であり、支持者の意見は当該議員の意見と同じということになってしまう。

現在の議会の審議状況を見る限りでは、審議されている議案の長所・短所は何なのか、それを他の施策に優先して実施する必要があるのかどうか、本当に効果があがりそうなのか等々に関して、議会で、議員同士で丁々発止とやり合うことは全くしていない。これは、他の議員がどういう意見を持っているのか、自分の意見の欠陥がどこにあるのか、議会全体としての意見はどうかなどということを、それぞれの議員が把握していないことを意味する。これでは、議会で審議されている議案を、支持者が本当に理解できるように、議員が説明するなどということは不可能である。要するに、現在の地方議会の議員は、それぞれ自分の意見だけで議案の審議をし、し

かも、他の議員と意見を戦わせることなく、多数決で議案の賛否を決めているのが実態である。これでは、住民の意向を反映しているなどとは到底いえまい。

2 「一般質問」の意義は？

　現実の議会で、多くの時間が割かれているものには、議案の審議のほかに、「一般質問」といわれているものがある。これは、議員が行政機関の業務の全般にわたり、その業務執行状況や将来の方針を問い質すものであるが、その質問の間に、議員の要望を織り込んでいることが多い。行政機関に対してこの要望をするために、その前提として、「一般質問」をしているのではないかと思えるものすらある。

　「一般質問」は法律で定められている議会の審議ではない。しかし、議員にとっては、有権者に（あるいは支持者に）自分の活躍ぶりを見せることのできる最高の舞台である。ほとんどの議員が、議員活動のなかで、この「一般質問」を最重視しているといっても言い過ぎではない。とくに最近は、テレビなどで、「一般質問」の風景が放映されることが多いため、「議案の審議」よりも、「一般質問」の準備のほうに熱を入れている議員が多いようである。「一般質問」をする際には、その旨を支持者に知らせ、傍聴にきてもらっているという議員も少なくない。

　このような「一般質問」は本会議（定例会）のかなりの日数を割いて行われる。「一般質問」が行われる日は開会から閉会まで丸一日「一般質問」に当てられ、何人かの議員が順番に質問をする。1人の議員の質問時間は、数十分とか1時間というように、かなり長い。それでも、時間切れで、途中で切り上げざるを得ない議員もかなりいるようであるが……。一般的には、この質問の準備のために、各議員は多くの時間を費やしていると思われる。関係ある住民

や専門家から話を聞き、現地に行って調べ、文献を調べるという準備をしているのである。こうした質問は、ぶっつけ本番で行われるわけではない。行政機関に対して、誰がどういう内容の質問をするかを、あらかじめ通告するというのが普通である。この通告を受けた行政機関側の各部局は、あるいは教育委員会などの事務局は、その回答を準備するために、議会中は大わらわになる。それを披露するのが本会議である。テレビで放映されるようになった影響であると思われるが、議員のなかには、パネルを用いて質問するなど、工夫を凝らしている者が多い。その結果、「一般質問」での議員と行政機関のやりとりはなかなかの見物であり、一般に内容も分かりやすい。こうした議員の質問と、それに対する首長以下の行政機関側の回答をじっくり聞いていると、自治体の抱えている運営上の課題や問題点が浮かび上がってくるとすらいえる。

　このように、「一般質問」には大きな利点があることは確かである。しかし、「一般質問」は個々の議員と行政機関側のやりとりだけで終了するというのが普通である。他の議員は、ヤジを飛ばすことはあっても、原則的には、何の発言もしない。「一般質問」の議会で主役の役割を担っているのは、質問者である議員と、それに回答する執行機関だけである。これでは、議場という公的な場所での質問ではあるが、議員個人のパフォーマンスに過ぎないというべきであろう。

　議会が"地方自治"の責任者としての責務を果たそうとすれば、議員が行政機関に様々な質問をし、それによって執行機関の方針や考え方を問い質すことはもちろん必要である。しかし、それだけで終わってしまうとすれば、それは合議制の議会に相応しい活動とはいえない。議会は、個々の議員がバラバラに活動する機関ではなく、全議員の合議で意思を決定する機関である。そうである以上、「一般質問」は議会が合議制の機関として活動するための前提だという位置づけが必要であろう。個々の議員が質問するだけで終わり

というのではなく、その質問に対する行政機関側の回答をもとにして、行政機関の方針や考え方を理解し、その上で、その考え方や方針が適切であるか否かを、議員全員で住民の立場に立って、合議し、判定し、議会の意思としてまとめることが必要である。ましてや、「一般質問」に議員の要望が含まれているということを考える場合には、その要望が適切であるか否かを、議会として判断し、議会として行政機関に要請するか否かを決定しなければ、何の意味もないといえる。

　「一般質問」のなかに含まれている議員の要望は、本質的には、個々の住民の要請と変わりがない。行政機関に対するプレッシャーとしての度合いは、住民の要請よりははるかに強いことは確かであるが……。それにもかかわらず、「一般質問」を重視している現在の議会は、住民代表としての機能、すなわち"地方自治"の主役としての機能を果たしていないというべきであろう[9]。もっと、合議

---

9) 第2部で述べたが、「一般質問」をいわゆる対面方式で行うという議会が増えつつある。これまでは、議長席のすぐ前に設置された演壇で議員席に向かって「一般質問」をすることが多かったのであるが、これは、質問の相手方である首長以下の執行機関の職員に背を向けて質問するという形であり、不自然だということになり、執行機関に向かい合って、質問するようになっているのである。この対面方式は三重県議会などが普及させたものだといってよいが、現在では、それが多くの自治体で導入されるようになっている。議会改革といえば、真っ先に挙がる事例がこの対面方式の採用ということすらできるほどである。しかし、これは「一般質問」の現状を前提とする場合には、ひょっとすると、適切といえるかもしれないけれども、議会が合議制の機関であるということからいえば、問題ありといわざるを得ない。議会が合議制の機関であるということからいえば、「一般質問」は執行機関に対する質問であると同時に、あるいは、それ以上に、同僚議員に対する問題提起であると位置づけなければならないからである。「一般質問」の基本は、「自分は執行機関の施策や方針に、こういう疑問を持っているが、皆さんはどう思うか」という訴えを同僚議員にするという要素を色濃くもっているといわなければならない。ましてや、「一般質問」の実質的な中身が個々の議員の"要請"であるとすれば、これは尚更であるというべきである。議会が合議制の機関である以上、個々の議員の要請は、議員全体でその適否を議論しなければならず、その意味では、同僚議員に向かって質問するという従来の方

第4部　地方自治の代表は議会

制の議会として機能を発揮する必要があり、そして、それによって、できるだけ多くの住民の意向を反映するようにし、住民の代表機関として機能するようにしていかなくてはなるまい。

4　議会のあるべき機能

1　議会を住民の代表機関とするには？

　"地方自治"の主役としての機能を果たすために、議会および議員はどうすべきなのであろうか。議会が"地方自治"の主役といえるのは、議会の構成メンバーである議員が選挙によって選出されているためである。しかし、これは、議会が、如何なる場合でも、"地方自治"の主役になり得るということを意味するものではない。議会が主役と位置づけられているのは、選挙で選ばれている以上、議員は住民（有権者）の意向を反映して議会に挑むに違いないと仮定されているためなのである。事実、新潟県巻町の原子力発電所をめぐる住民投票（1996年）[10]や徳島市の吉野川可動堰をめぐる住民投票（2000年）[11]にみるように、議員が住民の意向を反映しない場合には、議会が"地方自治"の主役から引きずりおろされるという

　　式のほうが適切といわなければなるまい。
10）東北電力の「巻原子力発電所」の建設計画を町議会が支持したのに対し、住民が住民投票で決定しようという反対運動を展開。最終的に、原発推進派の議員や町長を押さえ込み、住民投票条例を制定し、1996年8月14日、全国初の住民投票にたどり着いた。88.29％の投票率で、大多数の有権者が反対であった。（参照；徳島新聞、1999年6月18日、「新潟・巻町（上）」、6月19日「新潟・巻町（下）」。なお、この「巻町原子力発電所」は、その後も、巻町議会のなかで原発推進派と反対派が対立していたが、2003年12月、東北電力が計画の撤回を公表した。また、巻町は2005年に新潟市に編入された。

こともある。

　したがって、議会が"地方自治"の主役としての機能を果たすには、何はともあれ、住民の意向を議会で適確に反映できるようにしなければならない。そのためには、住民に情報を提供し、住民に理解してもらった上で、住民に意向を表明してもらうことが必要となる。その上で、議会が住民の意向をくみ取れるような装置になる必要があるが、現実の議会はこのような装置とはほど遠い存在であるといえるであろう。

　それでは、どのようにすれば、住民に情報を提供することができるのであろうか。行政機関が提案した議案の場合、行政機関の議案の説明をそのまま住民に示せばよいということになるのであろうか。現実には、このような提示すらしていないのがほとんどの議会の実態であるが、しかし、たとえ行政機関の説明をそのまま住民に示したとしても、それだけで、住民が議案の内容や意味を理解できるとはとても考えられない。行政機関が議会に提案する議案は、ほとんどの場合、"地方行政"の範疇に属するもの、すなわち法令を執行するためのものである。これは、中央政府（中央省庁）が定めた政策を受け入れ、それを実行するためのものであるということを意味する。いわば地方自治体の執行機関にとっては受け身のものである。その結果、執行機関の説明は、法令に定められている施策を実施するためのものであるというような、いわゆる紋切り型の説明であることが多い。このような説明では、どれだけ詳細な情報の提示を受けたとしても、住民は、表面的にそれを理解することができ

---

11) 当時の建設省により、吉野川の固定堰を撤去して、可動堰をつくることが計画されていたが、徳島市議会は、1997年9月、この可動堰の建設を促進して欲しいという決議をしていた。これに対し、徳島市民が反発して、住民投票で決定しようという運動を展開した。そして、有権者の約半数の署名を集めたが、徳島市議会はこれを一蹴。そのため、1999年の市議選で住民投票が大きな争点となり、結果、住民投票賛成派が議会の多数を占め、2001年1月23日、住民投票が実施された。結果は、投票者の90％以上が反対であった。

るだけである。それが住民の生活にどのような影響を及ぼすのか、自分たちの地域に本当に必要な施策であるのか否か、もっと必要な施策があるのではないか、等々については、恐らく、理解できないと思われる。

　住民に対して本当に必要な情報を提供できるのは、行政機関の説明ではなく、議会の審議である。たとえば、議会に上程された議案（施策案）について、議員が、素朴な質問を含め、その施策のメリットは何か、デメリットは何か、それによって、どういう住民が、どれだけの便益を受けるのか、等々、議員同士で、あらゆる疑問を、住民の目線で、住民の生活感覚でぶつけ合い、議員同士で回答するというような議論をすれば、それを傍聴席で聞いている住民はごく自然に議題となっている施策の意味を理解することができることであろう。傍聴ができなくても、このような議会の審議をテレビでみていれば、あるいは議事録を読めば、住民は、容易に議案の内容を理解できるはずである。個々の議員も、他の議員と疑問点をぶつけあう形であらゆる角度から議案を検討していれば、それだけ議案の意味を深く理解できるようになるといえる。その結果、支持者に説明する場合も、それだけ分かりやすく、また、幅広く説明できることとなろう。

　こういう形で、住民が議案の意味を理解すれば、それに対する住民の意向も自然と形成されるに違いない。それを議員がくみ取り、議会にもちよって、再び、議員の間で、住民の意向について議論し、その結果として、議案を採択するか否か、修正するか否かの結論を出す。これが、議会としての情報の提供であり、議会の審議であるといわなければならない。こうした形での情報の提供をし、それを受けて表明された住民の意向をもとにして、議会で議員が議員同士で議論する。そうした議論をして、はじめて、議員は住民の代表だといえるのである。このことからいえば、現在の本会議はもちろんのこと、委員会の審議も、抜本的に変える必要があるといわな

ければならない。常任委員会の制度そのものについても、再考の余地があるといえる。住民に情報を提供し、その上で、住民の意向をくみ取ろうとすれば、議員はすべての議案に通じている必要があるといえるが、現在の常任委員会制度のもとでは、議員は自分が所属する委員会の審議内容しか把握できていないといえるからである。議員数があまりにも多い議会は別としても、議員数が30人程度の議会の場合は、わざわざ常任委員会を設置する必要はなかろう。本会議で十分に議論できるはずである。いまのように各議員が行政職員に対して質問をするだけで審議が終了するという場合は、常任委員会での質問のほうが合理的といえそうな気もするが、行政職員抜きで、議員同士で議論しようとすれば、本会議のほうが相応しいはずである。地方自治法も、別に、常任委員会の設置を義務づけているわけではない。それどころか、地方自治法は、本会議中心の審議を前提としているのである。本会議中心の運営は、具体的には、もともと日本の地方議会で採用されていた読会制に戻るということになろう。読会制は、3つの段階に区分される。まず、第一読会では、提案理由と全体の内容が説明される。そして、総括審議ということで、条例案の場合は、その条例の目的について検討される。何のために条例が制定されるのか、それが本当に必要か否かの検討をするわけである。次の第二読会では、条例の逐条審議が行われる。各条文が目的を達成するために必要なものかどうかの検討をするわけであるが、修正案を出すのは、この段階ということになる。第三読会は全体を総括的に再検討し、検討漏れのあったところは再度の検討をする。そして、最終的に、採決をする[12]。これが、日本の地方議会で行われてきた読会制であるが、現在では、解説書をひっくり返してみても、読会制の言葉すら見つからないことが多い[13]。が、読会制が地方議会の基本的な運営形態であると言うのが、地方

---

12) たとえば、長野士郎『逐条地方自治法（第七次改訂版）』（学陽書房、昭和40年）、320頁を参照。

自治法の伝統的な解釈である。

2 自治基本条例の意味——住民投票——

最近は、基本条例というと、議会基本条例を指すようであるが、ついこの前までは、自治基本条例を意味するのが普通であった。この自治基本条例は、基本的には、住民参加、住民による意思決定を根拠づけようというものである。重要な議案については、住民投票で決定すると宣言している条例であるということすらできた。

最初の自治基本条例は、2000年12月末に制定され、2001年4月から実施された北海道ニセコ町の「町づくり基本条例」であるといわれている。「町づくり」という名称が使われているものの、これは、道路や下水道の建設、あるいは市街地の景観などといった「ハード」の側面だけを考えたものではもちろんない。住民の生活全体に影響を及ぼすあらゆる側面を考慮に入れたものであり、いわば町政全般に関する基本的な条令であった。そうであるからこそ、多くの自治体が、このニセコ町の条例に倣って基本条例をつくるようになり、しかも、「自治基本条例」という名称を使うようになったのである。

それはともかく、このニセコ町の基本条例をみると、「自治基本条例」の基本的な特色が明確に現れている。最大の特色は、町民の町政への直接参加を保証している点である。そのため、町の行政機関は、町の仕事について、企画立案の段階から、評価の段階まで、それを町民に分かり易く説明することが義務づけられているし、もちろん、それぞれの段階での町民参加を保証しなければならないと宣言されている。重要事情については、直接、町民の意思を確認す

---

13) たとえば、地方議会運営研究会編集『地方議会運営時点』（ぎょうせい、平成15年）、中島正郎『Ｑ＆Ａ　議長・委員長必携（新版）』（ぎょうせい、平成14年）をみても、「読会制」の月語解説はみあたらない。

るために、町民投票の制度を設けることができるようにもなっているのである。一方、当初の段階では、町議会については、何ら定められていなかった。こういう内容からいえば、このニセコ町の基本条例は、町民による直接的な意思決定を謳うものだといわなければならない。逆に言えば、"議会は不要"というか、"頼りにならない"と宣言しているということすらできる。

　もっとも、このニセコ町に追随して「自治基本条例」をつくった自治体のなかには、四日市市議会のように、議員の提案で「自治基本条例」が制定されたところもあった。こういうところは、当然、議会に関する条文も挿入しているが、しかし、議会を軽視している条文を骨格としているところに、議会の条項を挿入しているものであり、何か"とってつけた"感じがする。こういうことを思うのは、私だけであろうか。ニセコ町も、5年後に、議員提案により、「議会の責務と役割」などの規定が追加された。しかし、異質の条文が挿入された感じが強い。最近、多くの地方議会が、「自治基本条例」ではなく、「議会基本条例」を爆発的につくるようになっているのは、議会に対する住民の不信感を何とかしようと議会が感じているためではなかろうか。その意味では、「自治基本条例」に対立するものといわなければなるまい。

　いずれにしても、こういう「自治基本条例」が制定されるようになった背景には、議会が期待されている本来の役割を果たしてこなかったという状況があるといえる。住民の代表機関として、住民の意向を反映するという役割を議会が果たしてこなかったために、それどころか、住民の意向と逆の意思決定することすらあったために、巻町や徳島市で住民投票を求める住民運動がおこり、また、多くの自治体で「自治基本条例」が制定されるようになったといっても、恐らく言いすぎではあるまい。

　議員定数の削減を要請する住民の要求も、このところ、ますます強くなっているようであるが、これも、議会に対する不信の現れと

いってよいであろう。議員の報酬が高すぎるという声も、議会を信頼していないためというべきである。こういう世論のプレッシャーのもとに、議員が自ら定数を削減したり、報酬を切り下げたりしている議会もあるが、こんなことをしていて大丈夫なのだろうか。これでは、議員自らが、議会の存在価値を、さらには、議員の存在価値を否定しているのと同じである。議員がなすべきなのは、議会が住民にとって有益な働きをしていないことに対する反省であろう。有益な働きといっても、"どぶ板議員"になれというのではない。言い換えれば、個々の住民の要求に従って、その要求に実現に、あの手この手をつくす議員になれというのではない。本当に深刻な財政難のなかで、どういうところに乏しい財源を使うべきかを、住民とともに考えて、たとえば予算をチェックすることである。これをするためには、予算を審議する前に、あるいは、審議の途中で、すべての議員が、それぞれの支持者（住民）と話し合ってくるということも必要となろう。各議員が、そうした住民の意見を議会に持ち寄って、議員全員で、財源の使い方を議論をしていけば、首長が提案する予算案を的確にチェックできるはずである。こういう議会の審議は片手間でできることではない。また、少数の議員で対応するということも難しかろう。議員は"常勤職"にならなければならず、また、全住民の意向を反映するためには、できるだけ多くの数の議員が必要となる。議員の資質も必要となる。より良き議員を議会に引きつけるためには、議員という職業をもっと魅力あるものにしなければならない。

③ 住民投票と議会制民主主義

　住民の直接的な意思決定が、現在の諸々の課題を決定するのに、相応しい手続きであるかどうか。この点の検討もする必要がある。住民の直接的な意思決定が素晴らしいというのであれば、そして、

人口がさほど多くない自治体であれば、議会を廃止して、住民総会で物事を決定していけば済むことだからである。そして、重要事項については、住民投票を併用すればよいということになるが、これで、本当に、問題がないのだろうか。かなり疑わしいという側面があることも否定できない。たとえば、イギリスの政治史をみると、議会制民主主義は非常に重んじられてきたけれども、直接民主主義はむしろ否定される傾向が強かった。もちろん、イギリスでも、ここ十数年は、住民投票も使われるようになっているが、伝統的には、住民投票は"感情の政治"として、あるいは"無知の政治"として否定され、一方、議会政治は"理解の政治"であるとして重視されてきたのである[14]。

　しかし、これを援用して、日本の場合も、議会制民主主義のほうが優れていると類推するのは、大きな間違いといわなければならない。少なくとも、現時点で一般にみられる地方議会の審議を前提とする場合には、日本の議会政治は"理解の政治"とはほど遠いというべきであろう。

　イギリスの議会政治は、議員同士の議論が中心の審議であり、その議論の過程で、できるだけ多くの疑問点を浮き彫りにするという審議である。しかも、議論を議員だけで行うというのではない。規模の大きい議会の場合は別であるが、それほど大きくないところでは、議会を住民にオープンにしているところが少なくない。オープンというのは、傍聴自由というのではなく、住民が審議に参加できることを意味する。議員に配布する資料は住民の参加者にも配布されている。議会の審議に先立って、住民に配布されるというのが普通である。オープンにしている議会では、住民は意見を述べることもできる。討論に参加できる議会もあり、採決に参加できるところ

---

14) この点について、詳しくは、本書第5部の「イギリスの議会制民主主義──伝統的には住民投票を否定？──」を参照。

すらある。規模の大きな議会の場合は、住民の発言を認めていないところも多いようであるが、しかし、これらの議会でも、重要な議案については、議員が住民の意見をくみ取ってくるだけではなく、住民の意見を直接的に聞くシステムが用意されている。その代表的なのは、タウンとかビレッジ[15]と呼ばれている自治体（パリッシュ）の議会の代表者が、日本の市町村議会や県議会に該当する議会に出席し、議論に参加するという仕組みである。このパリッシュ議会の議員も公選で選ばれるが、一般に住民は自由に議会に参加し、審議に加わることができる。その上、パリッシュ議会は、市や県が町づくり政策を策定する際に、あるいは、開発許可や建築許可をする際に、相談を受けるという権利を獲得している。要するに、住民としては、このパリッシュ議会で議論すれば、その上にある市議会や県議会にまで影響を及ぼすことができるわけである。しかも、このパリッシュ議会は、審議に時間（というよりも日数）をかけているだけではなく、そのなかで市や県の行政についても、担当者を呼び、説明を聞き、その後、それについて住民と議員が一緒になって議論することがしばしばある。

　イギリスの議会制民主主義にはこういった基盤がある。それだけではない。住民の生活にかなりの影響を及ぼすと想像できる政策案については、議会が住民総会を開き、住民とともに議論を重ねている。そうした議論の結果にもとづいて、議会としての結論を出しているのが、イギリスの議会制民主主義である。議会政治が"理解の政治"と位置づけられるのは当然のこといわなければならない。

　日本の議会もこのような"理解の政治"になるように改革するべきではないだろうか。このような改革は、法律の改正を待つ必要はない。それぞれの自治体で、改革しようと思えば、できることであ

---

15) 日本の町や村とは異なる。日本でいえば、自治会や町会にあたると思ってよいが、そこには公選の議会があり、徴税権もある。詳しくは、本書第5部を参照。

る。そうすれば、一時の情熱や感情に左右されがちで、マスコミなどの影響も受けやすい住民投票にたよる必要もなくなるのではなかろうか。財政的に大変な状況に追い込まれている今こそ、議会が"地方自治"の主役となり、住民とともに理性的な政治を導いていく責任があると言うべきである。

4 首長のマニフェストと議会

　ここ数年、日本の知事選挙や市長選挙で、マニフェスト選挙が展開されるようになってきた。マニフェスト選挙というのは、当選した暁には確実に実現するという政策を示し、有権者にその政策を選択してもらうというものである。これに類似するものとしては、昔から"公約"というものがあった。しかし、その公約で示されたものは、「できれば実現したい」という願望であり、有権者もそれが確実に実現されるものとは意識していなかった。いわば"公約"というよりは、"口約(こうやく)"とすらいえるものであった。現に、公約で示された内容が、実現されたかどうかが検証されたことは全くといってよいほどなかったし、後々の選挙で、過去の公約が問題にされるということも皆無に近かった。

　これに対し、マニフェストは、確実に実現するという前提で、有権者に示される候補者の政策である。候補者にのなかには、従来の公約と同じ意識で、ただマニフェストという名前だけを使っているものもないわけではないが、実際にマニフェストを公表している候補者は、少なくとも意識としては、確実に実現することを前提としているといってよいであろう。

　このような選挙は、イギリスのマニフェスト選挙をモデルにしているということができる。そのイギリスの事例でいえば、候補者は、自分が立候補する自治体で何を解決すべき問題だと考えているかをマニフェストで示すのが普通である。たとえば、「私は若者の

犯罪が問題であると考えている」とか、「緑が少ないのが問題だ」とか、あるいは、「街の荒廃が問題だ」というように、解決すべき問題点を示すのである。その上で、それをどのように解決するかという戦略を示し、その戦略に基づく、具体的な政策あるいは施策の事例を示す……というマニフェストが多い。最終的に、どういう自治体にしたいかというビジョンを示すマニフェストも多いようである。日本の首長候補者にはこういうマニフェストを示しているものはほとんどいないが、しかし、追い追い、こうなってくるのではないかと思われる。

　日本の自治体は、いま、大変な財政難に遭遇している。自治体を助成すべき中央政府自体が未曾有の借金財政でいつ破綻しても不思議ではないという状況からいえば、自治体の財政難はこれからますます厳しくなっていくことは容易に予測できる。その中で、自治体は、すべての行政分野にわたって、満遍なくサービスを提供していくことは大変な難事となりつつある。各自治体は、それぞれの自治体に必要なサービスに限定して、サービスを提供しなければならない時代に突入しているといってよい。しかし、現在、自治体が実施しているサービスの多くは、法令によって、その実施を義務づけられているものである。しかも、行政職員は、すべての法令を平等に実現するという義務を負っている。そういう職員が、職員だけで、サービスの取捨選択をするということは不可能である。サービスの取捨選択の必要性を認識したとしても、法令で定められている以上、職員としてはすべて実施するほかはない。

　そういう取捨選択ができるのは、住民の意思だけである。マニフェスト選挙では、各候補者が重視する政策を示している。これは、法令の取捨選択を意味する。たとえば、ある候補者は、教育を重視し、教育を充実させるための施策をマニフェストに掲げているが、これは、この候補者が教育に問題があると考え、それを解決するための施策を示しているとみることができる。しかも、これは、教育

関係の法令で定められているサービスを重視し、選択していることを意味するといってよい。これに対して、別の候補者は、福祉関係のサービスを重視したマニフェストを掲げている。そのいずれが適切かを取捨選択するのが有権者（住民）であり、それがマニフェスト選挙である。いわば、住民は、マニフェスト選挙によって、初めて政策の選択ができるようになったといっても言い過ぎではない。こういう住民の取捨選択があれば、行政職員も、すべてのサービスを満遍なく実施するのではなく、マニフェストで示されたサービスに重点を絞って、集中的にそのサービスを提供することができるようになる。住民の意志に従うという正当な根拠があるからである。その意味では、マニフェストは、住民の意思を引き出すための装置として、いわば時代の要請に応えるものとして、登場してきたものと位置づけることもできよう。

　これは、法令に従ってサービスするという"地方行政"の役割を、住民の意向にしたがったサービスを実施するという"地方自治"の観点でもって矯正するものでもある。その意味では、マニフェスト選挙により、首長も"地方自治"の機能を大きく担うようになったといわなければならない。むしろ、議会よりも、首長のほうが"地方自治"の機能を担うようになったというのが実態であろう。しかし、そうはいっても、これで議会の"地方自治"の主役としての機能がなくなったことにはならない。マニフェストに示された政策の実現をめぐって、"地方自治"の立場から、首長をチェックすることが可能だからである。そうしたチェックがマニフェストの存在により容易になったということすらできよう。

　たとえば、マニフェストに示された政策がどのように実現されているかのチェックは、現在の日本では、首長自身が設置した機関や第三者機関によってなされることが多いが、これは、まさに議会が担うべき機能だといえる。こういうチェックは、単に実現したか否かという形式的なものではない。マニフェストで約束した政策が実

現されたものの、住民が期待したような効果は何も上がらなかったというのでは、全く意味がないからである。マニフェストのチェックは、どれだけ効果があったかという実質的なものでなければならない。念を押していえば、現在、多くの自治体で実施されているような事務事業の評価ではない。この評価は基本的にはどれだけ達成したかという量的なものである。住民が議会に望んでいるのは、こういう量的なものではなく、それが、実際にどれだけの効果を上げたかという質的なものというべきであろう。こういう評価には、それぞれの政策を住民がどのようなものとして実感したかという、住民の感覚を前提とすることが重要である。そして、こういう評価をできるのは、住民と常に、しかも、直接的に接している議員だけだといわなければならない。

　住民は、選挙の際に、マニフェストの内容を完全に理解して投票したわけではなかろう。同意した内容についても、状況が変われば、あるいは、別の情報が入れば、住民は別の選択をするという可能性も十分にある。したがって、首長がマニフェストを掲げて当選した場合には、議会は、そこで示された問題点やビジョンについては尊重する必要があるが、問題点を解決するために示された政策、あるいは、ビジョン実現のために示された政策については、議会でその妥当性について検討する必要があるといわなければならない。もちろん、民意を反映しながらではあるが……。

　とはいうものの、こうしたチェックを「一般質問」でしても意味がない。「一般質問」は議員個人のパフォーマンスであり、合議制の議会としての検討ではないからである。マニフェストの効果を議会で検討するには、各議員がそれぞれの支持者である住民のマニフェストに対する反応をみながら、住民の目線で、議員同士で議論して、検討する必要があるといわなければならない。その途中で、政策の具体的な内容や実施の仕方を、行政職員に問い質す必要が出てくるのはもちろんであろうが……。そして、議会が、ある政策が妥

当でないと判断した場合、あるいは、ある政策をどれだけ実施しても効果が上がらないと判断した場合には、その中止を求めることが必要となる。これができるのは、議会だけである。同時に、また、こういうチェックは議会の責務だともいわなければなるまい。議会は"地方自治"の主役であり、そうである以上、住民の意向を反映するだけでなく、隠れた住民の意向を表面に出す責務もあるといえるからである。

第5部 イギリスの議会制民主主義
――伝統的には住民投票を否定？――

1 議会制民主主義の国

　イギリスは議会制民主主義（parliamentary democracy）の国である。伝統的には、レファレンダム（referendum）すなわち国民投票（もしくは住民投票）を受け入れてこなかった。ごく最近まで国民投票制度の導入が論議された時には、必ずといっていいほど「『理性』にもとづく政治権力から『無知』にもとづく政治権力への移行だ」[1]という反対論議が出てきたといわれている。

　一般的にいうと、保守党が議会制民主主義に固執しているようにみえる。しかし、労働党も、この点に関しては違いがなく、国民投票には昔から（あるいは、少なくとも昔は……）反対であった。たとえば、1920年代・30年代にイギリスの首相に就任した労働党のマクドナルド氏は次のように強く反対していた。

　「私は個人的には国民投票に全く反対である。国民投票は代表者の責任を打ち壊してしまう"いかさま"以外の何ものでもない。」[2]。

---

1) Brian Harrison, *The Transformation of British Politics* 1860-1995, 1996, p. 224.
2) Cumbria County Record Office, Catherine Marshall MSS, box 8, file 'CEM January 1912': MacDonald to Mrs Fawcett, 29 Jan, 1912.

とはいうものの、イギリスにおいても国民投票がおこなわれたことはある。たとえば 1881 年にはウェールズで日曜日にパブ（居酒屋）を開いてもよいかどうかが国民投票で決定されたとのことである。その後、国民投票はしばらくみられなくなったが、1970 年代にはいると、1972 年の北アイルランドの境界線をどうするかの国民投票[3]をはじめとして、1975 年には EC への加盟を認めるか否か[4]で、また 1979 年にはスコットランドとウエールズに徹底的な分権をはかるかどうかで……というように矢継ぎ早に国民投票が行なわれた。

　しかし、これらの国民投票は、国民の直接的な意思表示に従うのが正しいという直接民主主義的な発想で実施されたものではなかった。それどころか、政治家もしくは政党の都合で実施されたものであった。たとえば 1975 年の国民投票は、EC への加盟をめぐって、当時の政権党であった労働党の党内の意見がまっぷたつに割れていたために、その収拾策として行なわれたに過ぎなかった[5]。事実、ウィルソン首相自身、最後まで国民投票に躊躇していたと言われているし[6]、国会の審議では、労働党の国会議員のなかに「危険な先例をつくる」として国民投票に反対するものも少なからずいた[7]。

---

[3] この国民投票では北アイルランドの全有権者の 57・4％がイギリスに継続して所属することを望み、アイルランド共和国に所属したいとした有権者はごくわずかであった。残りの人々は投票しなかった。（参照 Malcom Pearce & Geoffrey Stewart, *British Political Hisotry 1867-1990*, 1992, pp. 504-5）。

[4] この国民投票は 1975 年 6 月 5 日に「あなたはイギリスが EC にとどまるべきだと思いますか」という質問で行なわれた。投票率は 64・5％、そして、投票者の 64・5％が「EC にとどまるべき」と回答した（David Butler and Gareth Butler, *British Political Facts 1900-1994*, 1994, p. 220）。

[5] F, N, Forman, *Mastering British Politics*, 1991, p. 18, なお、この国民投票の実施は、フランスなどが国民投票を実施することを決めたため、急遽、イギリスでも実施することになったともいわれている（参照 Brian Harrison, *The Transformation of British Politics 1860-1995*, p. 224）。

[6] Barbara Castle, *The Castle Diaries 1974-1976*, 1980, p. 283（17 Jan, 1975）。

第 5 部　イギリスの議会制民主主義

　当事の野党であった保守党は、もちろん、このときの国民投票に反対であった。しかし、その保守党も1977年には労働組合の紛糾の解決策として国民投票を提唱し、また、1979年に政権をとってからは、しばしば国民投票を示唆するようになった[8]。これらはすべて実現しなかったが……要するに、強引な解決策を画策したものであり、直接民主主義的な発想ではなかった。

　われわれ日本人がイギリスと読んでいるのは、正式には、連合王国（United Kingdom）という国のことであるが、この国の中には、4つの王国がある。ひとつはイングランド（England）であり、第2にウェールズ（Wales）、第3にスコットランド（Scotland）、そして、第4に北アイルランド（Northern Ireland）である。この全体の統治は、イングランドの首都でもあるロンドンにある国会（Parliament）と内閣で行われているが、昔から、北アイルランドはかなり異なる扱いを受けてきた。が、スコットランドとウェールズでも、とくに、1970年代半ばから、独立を要求する声が強くなり、1979年には、スコットランドとウェールズで独自の国会をつくるべきか否かという国民投票がそれぞれの王国で行われた。

　しかし、これは、人々の意向で決めるのが民主主義に適うという発想から出てきたものではなかった。当時のカラハン労働党政府が、スコットランドとウェールズの独立を目指す勢力を制御することができなくなり、また、それに加えて、労働党内でも保守党内でも紛糾して収拾がつかなくなったために、採用したもの、いわば最後の手段として国民投票を実施したのであった。そして、この国民投票に先立って、カラハン労働党政府は、スコットランドとウェールズが独立するためには、投票者の過半数では不十分だとし、全有

7）House of Commons Debate, 2 March 1975.
8）Thatcher, Speeches to the Conservative Party Conference（14 Oct, 1977）: Guardian, 18 Sept, 1977, Sunday Telegraph,18 Nov, 1990: Observer, 24 Nov, 1991.

権者の 40％以上の賛成が必要だという国民投票法を制定した。これは、国民投票の結果にあっさり任せてしまうことには、ほとんどの議員が反対であったためであるといわれている。言い換えれば、国会の混乱に決着をつけるために、あるいは、国会に対する国民の不信を取り除くために国民投票を利用することがあるとしても、それはあくまでも便宜的な手段としての利用であり、意思決定の基本手段として位置づけるべきものではなかった。意思決定は国会議員による理性的な長時間の議論を経た後に行なわれるべきものであるというのが、当時の、とりわけ政党（もしくは政治家）の考え方であり、最後の決着を国民投票に委ねるにしても、ハードルを高くしようということになったわけである[9]。

　この国民投票は、スッコトランドでもウェールズでも、1979 年 3 月 1 日に行なわれた。結果は、スコットランドの場合、独立に賛成したものが多く、有効投票の過半数も超えたのであったが、残念なことに、全有権者の 32.9％であり、結局は、独立できなかった[10]。カラハン労働党政権の国民投票に簡単には任せたくないという思惑が見事にあたったわけである[11]。ウェールズの場合は、"Yes" と回答したのは 24 万 3048 人に過ぎず、一方、圧倒的大部分の 95 万 6330 人が "No" と回答した。

　その後、1990 年代末から 2000 年代初めにかけて、住民投票が数度にわたって実施された。こういう状況を見て、イギリスもついに、民主主義の充実という観点から、住民投票を実施するようになったと分析するものもいる。が、これらの住民投票は、国民や議員

---

9) F. N, Forman, *Mastering British Politics*, p. 18
10) スッコトランドの場合、スコットランドを実質的にイギリスから独立させるかという問いかけに 123 万 937 人の有権者が "Yes" と回答した。一方、"No" と答えたのは 115 万 3502 人に過ぎなかった。"Yes" のほうが上回ったのであるが、全有権者との対比でいえば、賛成者の比率は 32・9％であった。
11) David Butler and Gareth Butler, *British Political Facts 1900-1994*, pp. 426-7.

の理性的な議論を押さえ込み、当時の政権の意向を押し通そうという戦略であったとみるべきである。本質的には、住民投票を"まやかし"とみる考え方は、現在でも、根強く残っているといわなければならない。少なくとも、議会制民主主義のほうを高く評価していることは確かである。（この1990年代末から現在にかけての住民投票については、この章の後半部分で、もう一度検討する）。

2 地方レベルの住民投票（referendum）は？

　こうした議会制民主主義の考え方は地方レベルにおいても同じである。イギリスの地方圏における主要な地方自治体としては、日本の県に相当するカウンティ（county）と市町村にあたるディストリクト（district）があるが[12]、これらの自治体では、2000年代に入ってから、いかなる統治形態を採用するか、自主的に、それぞれの自治体憲法（constitution）で決められるようになった。公選の首長を持つか、議院内閣制にするか、マネージャー制度にするかを選択できるようになったのである。ただし、それまでのイギリスの自治体には、日本の知事とか市町村長に該当する公選の首長が置かれていなかったため、公選の首長を持とうとする自治体は、議会の議決だけでは足りず、住民投票で賛否を問わなければならないとされた。その結果、公選の首長制度にするか否かで、22の自治体が住民投票を実施した。この住民投票をどう見るか……は、少し後で検

---

12) ロンドンには、これとは異なる自治体があり、また、地方には、県と市（ディストリクト）が統合したところもある。この統合は1990年代の後半からみられるようになった現象であるが、市が県の機能を吸収したところもあり、また、県が市の機能を吸収して統合したところもある。最近では、2009年に、コーンウォール（Cornwall）県が県内の市をすべて吸収して統合自治体となった。イギリスの地方自治体については、竹下譲『よくわかる　世界の地方自治制度』イマジン出版、2008年、18-26頁参照。

討することにして、それまでの20世紀末までの地方自治体における住民投票をみてみたい。

　20世紀後半の自治体の統治機関として位置づけられていたのは、カウンシル（council）と呼ばれる機関だけであった。このカウンシルは数十人のメンバーで構成されており、これらのメンバーは住民の選挙で選ばれていた。したがって、このカウンシルは一般に『議会』と訳されていたが、この訳を前提とすれば、イギリスの自治体では、『議会（カウンシル）』が日本の首長と議会の両方の機能を担っているということができた。当時でも、イギリスの市や町を公式に訪問すると、メイヤー（mayor）と呼ばれる人が正装をして出迎えてくれた。メイヤーは日本の辞書では"市長"と訳されている。このため、混乱が生じることがあったが、このメイヤーの実態は『議会（カウンシル）』の議長であった[13]。いまも、メイヤーはいるが、この中には、公選の市長で、日本の市長と同じ範疇の人もおり、また、議会の議長という場合もある。なおさら複雑になっているわけであるが、ともかく、20世までのイギリスの自治体は、議会だけの一元的な統治機関、まさに、議会制民主主義の国の地方制度であった。

　このような自治体においても、20世紀後半に、一度だけ住民投票（referendum）が行なわれたことがあった。1981年にコベントリー市（Coventry City Council）で実施された住民投票がそれである。当時、コベントリー市議会の多数派は労働党であり、労働党の議員で内閣にあたるような委員会を構成して、コベントリー市政を仕切っていた。そして、その労働党政権の方針は行政サービスの拡充であった。この頃、イギリスの地方自治体の行政サービスは、いまでも同じであるが、基本的には、中央政府から支給される補助

---

13) この頃のメイヤー、あるいは議会については、横田光雄「英国には市長さんがいない」、（財）自治体国際化協会『内側からみた英国』（CLAIR REPORT No. 80, 15 Mar, 1994, pp. 2-3）を参照。

金や交付金によって賄われていた。しかし、サービスを充実させようとすると、自治体自身で財源を工面しなければならなかった。言い換えれば、地方税を集める必要があった。サービスを充実すればするほど、地方税が高くなったわけである。そのサービスの充実度、すなわち、地方税の額を決めるのが、それぞれの自治体の議会であった。地方自治体のなかには、中央政府の補助金や交付金で賄える程度のサービスを提供するだけで満足し、地方税を限りなくゼロに近づけるというところもあった。一方では、サービスをどんどん拡充するという自治体もあった。当時のコベントリー市は、この後者の典型で、毎年、サービスの拡充に力を注ぎ、その結果、市の税金を年々高くなっていった。

この当時、中央政府では、サッチャー首相の率いる保守党が1979年に政権を奪取し、それまでの労働党政権の放漫財政の是正に懸命であった。中央政府の財政引き締めはもちろんのこと、地方自治体にも、いわゆる金遣いの荒いところには、様々な干渉・圧力を加えていた[14]。コベントリー市も、このサッチャー政権から、当然、強い圧力を受けた。

そして、その圧力を跳ね返す手段として、コベントリー市の労働党政権は"住民投票"を採用した。「行政サービスの充実」を選ぶか、それとも「地方税の引き下げ」を選ぶかという判断を住民投票に委ねたのである[15]。コベントリー市の労働党政権には勝算があったことはいうまでもない。この頃の地方税は、住宅に課税されており、しかも、大きな住宅にもっぱら課税されていたため、多数の住

---

14) サッチャー政権の地方自治体に対する干渉については、竹下譲、佐々木敦郎、『イギリスの地方税―中央政府と地方政府の葛藤―』、梓書房、1997年を参照。

15) サービスの拡充をどれだけはかるか、言い換えれば、地方税額をどれだけにするかを決めるのは、通常は、もちろん、地方議会である。地方税額が決定される12月から1月頃の地方議会の審議は、とりわけ多くの住民の関心を引きつけているということができ、傍聴者の数もこの時期には必然的に多くなるようである。議論が伯仲するのはいうまでもない。

民は地方税を負担していなかった。有権者の多くは、充実したサービスの恩恵を享受するものの、その経費を負担する必要がなかったのである。こうした状況のもとでは、サービスの充実に票を投じる市民が多いはずだというのが、コベントリー市の労働党政権の読みであった。しかし、1981年8月に実施された住民投票では、この読みが見事に外れ、「税の引き下げ」が選択された。市当局（労働党政権）側の完敗であり、市の支出の削減を要請した中央政府（サッチャー保守党政府）が完勝したわけである。

そして、これに気をよくしたサッチャー政権は、支出が多すぎると中央政府が判断した自治体については、地方税を引き上げるか否かの諾否を住民投票で決めることにすれば、自治体の野放図な支出の傍聴を防ぐことができるだろうと考え、住民投票の法律を制定しようとした[16]。住民投票に基本的に反対してきた保守党政府が、労働党の支配下にある地方自治体の高支出を抑えるために、言い換えれば、保守党の財政引き締めという政策の効果を上げるために、住民投票を導入しようとしたのであった[17]。しかし、この保守党政府の試みは自治体の強い反発を受け、失敗に終わった。このときの経緯を、サッチャー元首相はその回顧伝で次のように記述している。

「ヘーゼルタイン（当時の環境大臣）が新しいアイデアを閣議で提案した。地方自治体が中央政府が定める標準支出より多い支出をする場合には、標準支出を上回る分は全額を地方税に上積みし、納税者の負担にするというアイデアであった。また、標準支出を上回る支出を自治体が決定した場合には、それを実行する前に住民投票に付さなければならないようにしようという提案があり、閣議で了承した。この住民投票の提案は自治体にとって全く新しいものであ

---

16) David Butler, Andrew Adonis & Tony Travers, *Failure in British Government*, 1994, p. 27

17) P. G. Richards, '*The Recent History of Local Fiscal Reform*' in S. J. Bailey and R. Paddison ed., *The Reform of Local Government Finance in Britain*, 1988, pp. 25–41

ったが、それと同時に、地方自治体が、住民に対して、なぜ標準支出を上回る支出をしなければならないかを説明しなければならなくなるというものであった。そうした責任を自治体に強いるものだという意味で、住民投票の提案は重要であったが、それにもかかわらず、(あるいは、それ故にこそ)、自治体が遠吠え的に反発するようになった。そして、その影響を受けやすい保守党の国会議員も反対するようになり、結局、住民投票の提案を引っ込めざるを得なくなったのである」[18]。

　このように自治体に住民投票の制度を導入しようとしたサッチャー政府は見事に失敗した。が、労働党の支配下にあるか、保守党の支配下にあるかに関係なく、自治体が住民投票に反発したのは、住民投票を必要としない土壌がイギリスにあったためというべきであろう。また、保守党の多くの国会議員が反対に傾いたことに関して、サッチャー首相は自治体の反対に影響を受けたためと解説しているが、住民投票はあまり理性的でないという伝統的な考え方に影響されているという点も無視するべきではなかろう。そのもっと根底には、民主主義に対する基本的な考え方が横たわっているといわなければならない。以下、その点の分析を試みることにしたい。

3　国民投票（住民投票）は不要？
―法案作成過程での国民参加―

　国民もしくは住民は、どのような場合に、国民投票（あるいは住民投票）を要求することになるのであろうか。イギリスの統治体制からいえば、国民（住民）の代表機関である議会が多数の人々の意向と食い違った政策決定をするようになったときに、国民投票（住民投票）を要請するようになるといってよいであろう。多数の人々

---

18) Margaret Thatcher, *The Downing Street Years*, 1993, pp. 643-4

が代表民主主義というイギリスの伝統的な手法に失望するようになり、自主的に意思表示をすることのできるような仕組みを要求するようになると考えられるからである[19]。言い換えれば、議会が多数の人々の意向と合致した意思決定をし、多数の人々がそうした仕組みに満足している間は、国民投票（住民投票）の要請は出てこないといえる。したがって、議会が国民（住民）の意向をどの程度汲み取っているかによって、国民投票（住民投票）の必要性の度合いが変わってくるというべきである。こうした観点から、まず、イギリスの国レベルの仕組みを見てみると……。

　日本では、たとえば中央政府が新しい施策の法律を制定して実施しようという場合、担当省庁が法案の原案を作成し、関係省庁と協議して調整をはかった上で政府案をつくり、それを国会にかけるというのが普通である。

　この間の作業はいわば闇の中で行なわれており、国民はその状況を全く知ることができない。稀に国民の意見を聞くことがあるとしても、各界の代表者を審議会のメンバーなどにして意見を聞くくらいである。不特定多数の国民の意見を聞き、それにもとづいて原案を修正するなどということは全くない。（2009年に自民党から民主党に政権交代したため、これからは、大幅な変貌がみられる可能性があるが……）。

　それは、ともかく、こうした日本の法律制定の手続きと見比べると、イギリスの場合は、全く異なる様相を見せている。担当省庁が原案を作成するという点では同じであるが、それから以後の手続きが違うのである。通常は、真っ先に、これを国民に公表する。他省庁に相談せず、国会にかける前に、国民に公表し、その意見を聞く

---

[19] F. N. Forman は、「住民投票の要望が国民の間からでてくるのは、議会の意向が大多数の人々の意向と食い違い、その結果、人々がイギリスの代表民主主義という伝統的な手法に失望し、何か行動したくなるときである」としている。（参照：*Mastering British Politics*, 1991, p. 18）。

のである。しかも、2度、3度と……。最初の公表は、協議書（consultation paper）という形で行われる。これは、一般には、"グリーン・ペーパー"と呼ばれているが、別に、緑色の表紙をしているわけではない。黄色の表紙もあれば、白色もあり、黒色の表紙ということもある。書店などで販売されていることが多いが、図書館に行けば見ることもできる。インターネットなどでも見ることができるのはもちろんである。"グリーン・ペーパー"の内容は平易であり、分かりやすい。それをもっと分かりやすくしたダイジェスト版が出版されることも多い。このグリーン・ペーパーに対して、国民は意見をいうことができ、国民の意見は、グリーン・ペーパーを作成した担当省庁に届けられる。そして、担当省庁は、国民の反応を見て、その原案を修正し、それを、再度、公表する。この修正案を"ホワイト・ペーパー"と呼んでいる。ホワイト・ペーパーは日本語に訳せば、"白書"ということになる。が、日本の白書は、少なくとも2009年の政権交代までは、各省庁が「何をしてきたか」という実情の説明であったのに対して、イギリスのホワイト・ペーパーは、法案などの政策案を示すのが一般的である。このホワイト・ペーパーに対しても、国民は意見を言うことができ、その意見をもとにして、またまた、法案が修正されるというのが普通である。こうした過程を経て、初めて政府案としての法案（Bill）が作成され、国会に提出される。その国会の審議の段階でも、国民に逐一、しかも素早く、正確に知らされる仕組みになっている。国会で審議されている法案の内容は、このように法案を修正する過程の公表によって、国民に熟知されているため、国会議員も法案に対して単純な質問などすることはできない。最初から、法案の問題点を追求するのが一般である。法案に対する国民の意見、それに対する政府の反応も問題にしなければならない。たとえば、「私の支持者達は、ホワイト・ペーパーの段階で、かくかくしかじかの意見を提出したはずであるが、法案には全く反映されていない。どうして

か……」というような追求をし、修正案を出すことが日常的にみられる。新聞も、重要な法案に関しては、こうした国会の審議内容を細かく報道している。国会の法案審議を傍聴していると、なかなか面白い"見物"であることが多い。しかも、国会では、個々の議員に法案の修正権がある。このため、国民は、極論はであるが、一人の国会議員を口説きさえすれば、その議員の口を経由して、法案の修正を申し立てることもできる。実際にも、個々の国民ということはないにしても、自然保護団体や経済団体が修正案を作成し、議員の口を借りて、国会に提案していることが多い。とくに、地方自治体の場合、地方自治関連の法案に対しては、"グリーン・ペーパー"や"ホワイト・ペーパー"の段階で意見をいうのはもちろんのこと、国会の審議では、必ずといってよいほど、修正案を出している。しかも、一つや二つの修正カ所ではない。数十カ所ということも多い。国会で法案が審議されている間は、常に、詰めっきりで、地元の国会議員と作戦をこらし、修正案を出し続けるということもあるという。そして、ときには、原案が、ひっくり返ってしまうこともある。たとえば、イギリスには、パリッシュというもっとも基本的な末端の自治体があるが、1972年の地方自治法は、その法案の段階では、パリッシュの廃止を目指していた。しかし、国会の審議過程で、パリッシュが、国会議員の口を経由して、300の修正案を矢継ぎ早に提出し、最終的には、廃止されるどころか、大幅に権限の拡大を勝ち取ったのであった。その背後に、世論の支持があったのはいうまでもない[20]。

---

20) 竹下譲『パリッシュにみる自治の機能―イギリス地方自治の基盤―』2000年、イマジン出版、218-234頁。

第5部　イギリスの議会制民主主義

4 選挙での国民による政策の選択

　国会議員の選挙が、国民の意向を反映する仕組みとして機能しているという面もある。日本でも、最近は、マニフェスト選挙ということで、政権をとった政党、とくに、2009年の選挙で政権をとった民主党政権は、マニフェストの実現に躍起となっている。これは、そもそもはイギリスの選挙を真似たものだということからいえば、当たり前のことであるが、イギリスでは政権をとった政党は、選挙で示したマニフェストを、いわば誓約として、実現するのが通常である。約束事である以上、守るのは当然という考え方が、国民の間にも、浸透している。選挙では、ひとつの特定の政策が争点となるということもある。こういう場合には、政策の選択が、選挙という国民投票で決定されることになる。こうした事例はいくつかあると推測できるが、私が知っているものとしては、たとえば1990年の地方税をめぐる一連の選挙を挙げることができる。1990年3月のミッドスタッフォードシャーの補欠選挙、そして、それに続く一連の選挙である。

　この補欠選挙では、当初は、保守党の圧勝が予測されていた。しかし、選挙運動がはじまる直前に、労働党が「今回の選挙の争点は、サッチャー政権のポール・タックス（人頭税）の是非である」と主張しはじめた。当時、サッチャー首相は、地方税として、各自治体がそれぞれの住民に画一的に課税する人頭税を導入するという政策を打ち出していたのである。この労働党の争点の提示に、保守党が同意したため、この補欠選挙では、有権者は、ポール・タックスを支持するか否かで、保守党を選ぶか、労働党を選ぶかを決めることになった。まさに、政策選択の投票であった。結果は、保守党の惨敗であった[21]。

その後も、保守党は他の補欠選挙や統一地方選挙で巻き返しをはかった。しかし、いずれも惨敗し、結局、ポール・タックスは有権者の選択にしたがって取りやめられた[22]。それだけでなく、これによってサッチャー首相自身の退陣ともなった。

　これをみれば、イギリスの国レベルでは、国民の意向を汲み取るための装置が十分に整備されているといってよいであろう。国民投票の実質的な目的は、国民の意向にしたがって政策を決定するという点にあると言えるが、そうした目的を、たとえ間接的ではあるとしても、十分に達成するためのシステムが慣習的につくられているわけである。こうした状況のもとでは、イギリス国民が国民投票にあまり関心を向けないのは蓋し当然といわなければなるまい。

5　住民の政治参加―パリッシュの機能―

　それでは、地方レベルでは住民の意向を汲み取るためのどのような仕組みがあるのであろうか。この点で注目する必要があるのはパリッシュ（parish）である。現在のイギリスの地方圏の自治体としては、いま進行中の統合自治体（unitary authority）を別とすれば、県（カウンティ：county council）とディストリクト（district

---

21) このときは、保守党は幹事長や大臣を選挙区に送り込み、ポール・タックスの必要性を訴えたが、労働党候補の「ポール・タックスは不公平である」という訴えに負けてしまった（The Times, 22 March 1990）。労働党の幹部は「この勝利はポール・タックスの弔いの鐘のように聞こえる」と話していた（The Guardian, 23 March 1990）。

22) 1990年10月のイーストバーンで行なわれた補欠選挙でもポール・タックスの是非が争われ、保守党が惨敗。また、1990年5月の統一地方選挙でも、ポール・タックスが争点となって保守党が惨敗した。これらの経緯については、竹下讓、佐々木敦朗『イギリスの地方税―中央政府と地方自治体の葛藤―』（1995年6月）71-83頁参照。

council）という二種類のものがあげられるのが普通である。ほかに、たとえば、ウインチェスター市（Winchester City Council）とかケンブリッジ市（Cambridge City Council）というような市（city）もあり、また、レンディング・バラ（Reading Borough Council）のように、バラ（borough council）もあるが、これらも、法的にはすべてディストリクトである。

しかし、このカウンティとディストリクトに加えて、イギリスの地方には、もうひとつの自治体、パリッシュ（parish）という小さな地方自治体がある[23]。（ウェールズでは、現在は、パリッシュといわず、コミュニティと呼ばれているが……）。したがって、少なくともイングランドの地方圏では、自治体は、通常、県（カウンティ）とディストリクト、それにパリッシュの三層制になっているわけである。

イギリスの地方に行くと、私の「タウンでは……」とか、「私のビレッジでは……」という発言を聞くことが多い。日本の辞書を引くと、タウン（town）は"町"と訳され、ビレッジ（village）は"村"と訳されている。このため、日本の"町"、"村"と同じようなものと考えてしまう日本人が多いが、イギリスの「タウン」および「ビレッジ」はそうではない。これこそが、"パリッシュ"なのである。これらのパリッシュは一般には規模が非常に小さい。人口500人前後といったパリッシュが多いようであるが、しかし、中には、数千人の人口を抱えるパリッシュ、あるいは、1万人をこすパリッシュもある。こういう規模の大きなパリッシュが「タウン」と呼ばれている。

パリッシュは自治体だとはいっても、業務として画一的に決まったものはない。いかなる業務を遂行するかは、それぞれのパリッシュで、パリッシュ自身が決めているため、パリッシュ毎に担ってい

---

[23] 前掲『パリッシュにみる自治の機能』を参照。

る業務が異なっている。ディストリクト（市）などから業務の委託を受け、あるいは、ディストリクトの業務を奪い取り、その結果、ディストリクト（市）に匹敵するような業務を遂行しているようなパリッシュもあれば、ほとんど何もしていないパリッシュもある。しかも、パリッシュはどの地域にもあるというものではなく、設置されていない地域もところどころにある。このため、イギリスの地方自治関連の書物を見ても、軽視されていることが多く、ときには、パリッシュを無視している書物もある。しかし、実質的にパリッシュが果たしている役割は非常に大きいといわなければならない。たとえばイギリスの現在の地方制度の整備に大きな役割を果たしたレドクリフェ・モード卿は1971年時点にパリッシュを次のように説明していた。

「パリッシュは英国の本物の地方自治を最高に実践している自治体である。また、世界的にいっても、どの国の自治体にも劣ることのない素晴らしい地方自治体である……。パリッシュの住民は少なくともお互いに顔見知りである。そういう草の根の交流が存在する地域は地方自治の基本として残るべきであると、わたしは確信している」[24]。

このようなパリッシュには、通常、議会が設置されている。もちろん、その議員は選挙で選ばれる。そして、パリッシュで何をするか、それをするために、どれだけの税金を住民に課するか等々は、この議会が決定する。しかも、面白いことに、このパリッシュ議会には、選挙で選ばれた議員だけでなく、住民が出席することも多い。これは傍聴するためではない。審議に加わるために出席するのである。パリッシュによって違いがあるが、パリッシュ議会に住民が何時でも出席でき、しかも、発言することができるというパリッ

---

24) K. P. Poole & Bryan Keith-Lucas, *Parish Government 1894-1994*, 1994, pp. 204-5. 自治体国際化協会（竹下譲、丸山康人訳）『パリッシュ政府百年史（1894〜1994）』133-4頁。

シュが多い。議会で何を審議するのか住民に分かるように、議案があらかじめ住民に知らされているのはもちろんである。また、昼間ではなく、夜に議会が開かれるというところも多い。住民が出席しやすくするためである。1991年の調査では、60％近いパリッシュの議会が、住民の随意な発言を認めていた[25]。人口規模が大きい「タウン」の場合は、住民が随意に発言できるというのではなく、特別の発言時間を定め、その時間内に住民は発言しているが……。

　パリッシュが法律で正式に地方自治体として認められたのは1894年のことであった。それ以後、パリッシュは、希望すれば……の話であるが、たとえば公立小学校を運営したり、道路を維持したり、緑地などのオープンスペース、あるいは、運動場などを獲得し維持することができるようになった。言い換えれば、そういう権限を行使してもよいと、法律で認められるようになった。現在では、危険廃棄物に干渉することもでき、治安維持のための警察官を持つこともできるようになっている。われわれ日本人は、こういう権限はすべて中央政府が法律で定めたものと思いがちであるが、イギリスのパリッシュの場合は、そうではない。パリッシュ自身で、法案を作成し、その法案を、国会議員を経由して、国会に提出し、認められたもの、いわば、パリッシュ自身で獲得した権限であるものがほとんどである。中央政府、少なくとも行政機関である省庁は、逆にパリッシュの権限を剥奪するための法案を国会に提出することが多い。

　前述の1972年の地方自治法は、その典型的なものであった。この法案を作成した中央省庁はパリッシュの廃止を目論んでいた。しかし、パリッシュの巻き返しにあって、国会の審議の過程で、法律の中身がひっくり返り、パリッシュ議会の存続を認めたのはもちろ

---

25) Department of the Environment, *Parish and Town Councils in England; A Survey*, HMSO, 1992, pp. 31-2.

ん、その権限を強化するということになったのであった。これにより、たとえば開発規制の実質的な権限を獲得した。ディストリクト（市）が都市計画法上の許可をする場合には、パリッシュに協議しなければならないという法律上の協議権を獲得したのである。また、中央省庁がパリッシュに関連がある政策を決める場合には、パリッシュの連合組織である全国組織に、事前に相談しなければならないという権限も獲得した。法律上の権限ではないが…。日本の地方自治体にはとても想像できない力を、イギリスの小さな、本当に小さなパリッシュが発揮しているわけであるが、それはともかくとして、こうした権限をパリッシュが持つようになったため、現在では、ディストリク（市）だけではなく、県も国も、また、そのほかの多くの公的機関が、関連あるパリッシュに協議するようになっている。パリッシュ議会の側も、住民に対するサービス業務は何もしていないところでも、ディストリクトや中央省庁などとの協議だけは、ほとんどのパリッシュ議会が実際にしているようである[26]。

6 パリッシュ議会と市議会の審議
―これぞ、議会制民主主義―

　パリッシュがこのような権限を獲得したことは、住民にとっても非常に重要なことであった。住民は身近な顔見知りのパリッシュ議員を通して、さらには、パリッシュ議会に出席して自分自身で、県（カウンティ）やディストリクト（市）の施策に、さらには中央省庁や公的機関の施策に、意見を述べる機会が公的に与えられたということを意味するからである。しかも、住民の意見は、住民の直感的な意見のまま、伝達されるものではない。パリッシュ議会の論議で住民の理解を深め、その上で、パリッシュ全体の意見として調整

---

26) ibid., p. 60.

され、まとめられた意見である。

　たとえば、ディストリクト（市）から「開発許可の申請があったが、地元のパリッシュとして、どういう意見があるか」という相談を受けた場合、パリッシュ議会で審議を始める。利害関係のある住民は、文句を言いに、あるいは、賛成するために、この議会に参加するものが多い。その発言は、最初は、エゴイズム的であるのが普通である。少なくとも、私が聞いた限りではそうであった。「私の子供の通学路が危なくなる」、「車で走りにくくなる」……というような発言が多い。こういう意見を受けながら、議員が、いろいろな角度から議論する。ディストリクト（市）から、職員に出向いてもらって、説明してもらうということもある。こうした説明を受け、あるいは、議員間の議論を聞き、さらには、議員の説得を受けて、意見を変えるようになる住民もいると聞く。しかし、ディストリクト（市）の職員の説明で、その開発が如何に重要かということを理解しても、それでも、「我々の生活、文化が壊される」というような理由で反対する住民が多いのはもちろんである。議員の意見をまとめるのに苦労するというのも日常的な状況のようである。パリッシュ議会では、どうしても、意見がまとまらず、最後に、住民集会を開くというパリッシュ議会も少なくない。そこでの時間をかけた話し合いをし、最後には、その話し合いの結論を前提にして、議会の採決でパリッシュの意見を決めるというわけである。

　もちろん、このパリッシュの意見で、開発許可が決められるわけではない。許可をするか否かは、ディストリクト（市）の権限であり、通常、ディストリクト（市）の議会 ─開発規制委員会─ がその権限を行使している。この開発規制委員会では、開発許可の業務を取り扱っている職員の説明を聞くことから審議をスタートする。これは、日本の議会と同じだといえる。また、この職員に、質問をぶっつけるのも、日本と同じである。しかし、日本の議会審議では、この職員の説明だけで意見の聴取は終わるというのが大半で

あるが、イギリスの議会では、一般に、ここから、意見の聴取が始まる。パリッシュ議会の代表（議員）の意見を聞くという過程が始まるのである。このパリッシュ議会の代表の意見は、住民の意見の総まとめということもできるが、それに加えて、住民の意見をもう一度聞くというところも多い。もちろん、地元の住民でない市民も、事前に申し出るなど、適正な手続きを踏めば、意見をいうことができる。さらに、開発業者の意見を聞くディストリクト議会も多い。こうした意見聴取の後、ディストリクト（市）の議員の間で、丁々発止の議論がはじまる。この議論は、簡単に終わることもあるが、一般的には、かなりの時間がかかる。1日で終わらないこともしばしばあると聞く。そして、メリットとデメリットをすべての議員が理解し、住民も理解した上で、最終的な結論をディストリクトの議員が下す。これが、イギリスの地方議会の一般的な審議風景である[27]。

　日本では、議会制民主主義というと、住民とは関係なく、議員だけで審議し、議員だけで物事を決めることであると考えている人が多いが、イギリスではそうではない。議会制民主主義といえば、住民の意見を聞くことが前提になっているのである。日本流の議会制民主主義はいわば議員に特権を与えるものであり、その意味では、まさに、「間接民主主義」の典型的なパターンだということができるが、イギリスの議会制民主主義は逆に住民の意見を聞くところに重点が置かれている。その点では、「直接民主主義」にもとづいた議会制民主主義の典型的なものだといわなければならない。しかも、その審議は、議員が議論を重ね、時間をかけて、様々な方向から検討した上で、結論を出すようになっている。その上、とくにパリッシュ議会は素人の発想で審議をしている。素人の目で、開発が

---

[27] このような審議の仕方については、竹下譲「ある日の議会風景―ウインチェスター市議会―」、『よく分かる世界の地方自治制度』2008年、イマジン出版、38-42頁参照。

自分たちに有意義かどうかを判断しているのである。こういう審議であれば、住民も気軽に意見をいうことができ、しかも、事態を素人なりに理解することができる。これを、イギリスの『パリッシュ百年史』を書いたキース・ルーカス教授は次のように説明している。

「パリッシュは地域社会（コミュニティ）だと認識されているものと一般に合致している。……パリッシュの議会や役所、そして議員に、住民は非常に近づきやすいという特色もある。県やディストリクト（市）などの広域の地方団体が担当している業務は、教育も、計画も、福祉も、すべてスペシャリストの技術・専門知識が必要で、素人にはさっぱり分からないというものが多い。しかし、パリッシュはそうではない。パリッシュ議会で議論されていることは、素人である住民にも十分に理解できる」[28]。

そして、このパリッシュ議会の結論がディストリクト（市）議会に持ち込まれ、その議会の議員の理解を助けているといえる。イギリスの議会制民主主義は伝統的に"理解"の政治、あるいは"理性"の政治といわれてきたが、こういう地方議会の審議の仕方をみれば、それは当然だといえる。イギリスの地方議会の審議は"理解"を前提としたものであり、そして、"理解"にもとづいて行われる決断は、まさに、"理性"の政治だといえるからである。これに対して、住民投票は、ひとりひとりの住民が、行政機関の職員などの専門家の説明を聞くことがあるとしても、その情報だけで、賛成か反対かの結論を出すものである。別の情報があれば、結論が変わる可能性は十分にあり得る。これでは、"理解"にもとづいた判断とはいえず、それよりは、むしろ、"感情"にもとづいた判断だというべきである。イギリスのような議会制民主主義が採用されている国では、住民投票よりも、議会制民主主義のほうが重んじられ

---

28) K. P. Poole & Bryan keith-Lucas, *Parish Government 1894−1994*, p. 236.

てきたのは当然といわなければならない。

7 住民総会よりも議会が上？

　イギリスのパリッシュでは、議会の審議だけではなく、住民総会も行われているということが多い。また、小規模のパリッシュでは、議会が設置されていないところもある。パリッシュの決定はすべて住民総会で行われているわけである。こういう状況から、住民総会をパリッシュ議会よりも上の機関だと位置づける見方もある。そして、そういう見方のもとに、イギリスでは、住民の直接的な意思決定が非常に重視されていると推論するものもいる。その見方に影響を与えているのは、1895年に発表されたフェビアン協会（Fabian Society）の次のような見解である。フェビアン協会は言う。

　「住民総会はムラの国会（Parliament）であり、いかなるときでも集まり、協議し、ムラ人の苦情の救済を検討することができる。住民総会は、その執行委員会（executive committee）であるパリッシュ議会に、住民総会が必要と考える事項を実施するように指示をする。パリッシュ議会が実施することは、如何なることであれ、住民総会が妥当か否かを論じることができる。……住民総会は、パリッシュ議会が定めた予算・決算を承認する権限を持っている。もちろん、その承認を拒むこともできる。……住民総会は、パリッシュに関係のある事柄すべてのことを、議決することができる」[29]。

　しかし、このフェビアン協会の解釈はどうも正しくないように思える。第1に、パリッシュ議会の権限は、住民総会によって与えられたものではなく、1894年の法律で、議会に直接的に与えられた

---

29) Fabian Society, *Fabian Tract* 62, (London: Fabian Society, 1895).

ものであるからである。第2に、現実の住民総会とパリッシュ議会の関係をみても、住民総会が"主"で、パリッシュ議会が"従"とは言い難いからである。事実、どのパリッシュ議会をみても、議会のほうが"意思決定機関"であり、"主"という位置づけになっている。住民総会が定期的に開かれるということもあまりない。ほとんどは、パリッシュ議会の判断によって、開かれている。しかも、その判断は、住民にとってそれが非常に重要であると判断したためだということはあまりないようである。それよりも、住民の意向をまとめ上げ、それをバックに、パリッシュ議会がディストリクト（市）などに対抗するためという動機で開かれることが多い。自治体としてのパリッシュを創設した1894年の法律の制定に大きな影響を及ぼしたゴッシェン氏も、法律を制定した後で、次のように、住民総会の役割を説明していた。

「住民総会は、パリッシュ議会をチェックするという機能を果たすはずである。また、パリッシュの住民の関心を刺激し、パリッシュの状況を住民に理解させるという働きもするに違いない」[30]。

また、議会を設置していないパリッシュ、言い換えれば、住民総会がすべてのことを決めているパリッシュに対して、1894年の法律は、あまり権限を与えなかった。その後、パリッシュの権限を拡充する法律が制定されていったが、これらの法律も、議会が設置されていないパリッシュの権限を拡充するということはほとんどなかったのである。これをみても、イギリスでは、住民総会の直接的な意思決定よりも、議会による意思決定、すなわち議会制民主主義を重視していることは明らかと言うべきであろう。

そして、イギリスの議会での審議の仕方、すなわち住民を巻き込んだ審議の仕方をみれば、議会制民主主義を重視する伝統的な考え

---

30) G. J. Goschen の解説。Local Government Board, Annual Reports（London: HMSO, 1934）p. 3.

方は、蓋し当然ということができる。住民も、こういう議会審議が行われている以上、直接的な意思決定をあえて要請する必要性がないに違いない。イギリスで住民投票を実施する必要があるのは、議会審議で論議を尽くしたにもかかわらず、どうしても、意見をまとまらないときくらいであろう。ほかに、為政者が、議会で論議されるのは不利というような状況のもとで、戦略的に住民投票という手法を用いることがあるといえるが……。

8 ブレア政権の「国民投票」実施
―その意味は？―

　戦略的な住民投票の事例としては、1979年に実施された労働党政権によるスコットランドおよびウェールズの国民投票があった。それ以後、保守党政権のもとでの18年間は、国民投票は実施されなかった。しかし、1997年に久しぶりに政権に復帰した労働党政権（ブレア政権）は、矢継ぎ早に、国民投票（referendum）を実施するようになった。これは、どういう意味で実施されたのであろうか。戦略であったのだろうか。それとも、議会制民主主義よりも、国民の直接的な意思決定のほうを重視し、そのほうが民主主義に沿うものだという考え方のもとで、実施したものなのだろうか。これをみるために、労働党政権下が実施した国民投票の経緯を、1997年に実施されたスコットランドでの国民投票を事例に、少し検討してみることにしたい。

　スコットランド人とイングランド人は、われわれ日本人には全く同じように見える。が、人種がかなり違うという。また、宗教も、スコットランドでは長老派といわれるプロテスタントの信者が多いのに対し、イングランド人は英国国教会の信者が多いというように、違っている。同じキリスト教ではないか、と思う日本人が多いはずであるが、これがそうではない。少なくとも、歴史的には、激

第5部　イギリスの議会制民主主義

しい宗教戦争も行われてきたほどなのである。われわれ日本人も、一向一揆や法華一揆のように、宗派戦争をしたこともあるが……。ともかく、スコットランド人とイングランド人は、かなり違うことは確かといってよい。このスコットランドでは、保守党の人気は低く、選出される保守党の国会議員もわずかである。ところが、イングランドでは、1979年以後、保守党が強く、しかも、イングランドで選ばれる国会議員の数が圧倒的に多いため、イギリスは保守党の政権が続いていた。言い換えれば、イングランドの保守党に、スコットランドの政治が牛耳られ、スコットランドの予算が決められていたわけである。この結果、スコットランドの人々の間で、独自の国会を設置し、独自の予算決定権を持つ必要があるという考えが、1990年代に強まるようになった。スコットランドには、スコットランドの独立を目指すスコットランド国民党という政党があったが、この政党の勢いが加速的に強くなっていった。1997年の総選挙は、こういう状況のもとで行われた。そして、18年間、政権から遠ざかっていた労働党はマニフェストに、スコットランド国会の設置、国民投票の実施を掲げ、勝利をもぎ取った。圧勝であった。

　労働党政権は、政権の座についた直後に、『スコットランド国会 (Scottish Parliament)』という名称をつけた白書を発行。それを国会に提出した。伝統的なイギリス方式からいけば、ここから、ロンドンにあるイギリスの国会（Parliament）の中で、具体的には、各政党の内部で、そして労働党・保守党・自民党という政党の間で、議論が沸騰するはずであった。ところが、この時のブレア労働党政権は、政権獲得後、直ぐに国民投票の実施を宣言し、実際に、白書を発行した2か月後に、国民投票を実行してしまった。国会議員に議論をする時間を全く与えなかったわけである。

　スコットランドに独自の国会（Parliament）を設置するというのは、実質的には、"自治領"にすることでもあるといえた。これは、

スコットランド人だけの問題ではなく、分離される側のイングランド人の問題でもあった。事実、そうした指摘もあった[31]。しかし、ブレア労働党政権は、スコットランド人のみの国民投票で済ましてしまった。そして、圧倒的多数の支持（投票者の74.3％の支持）を獲得し、スコットランドの準独立を強行したのであった。住民投票での絶対多数の支持は、国民の声がひとつになったことを意味する。その国民の声が表明された以上、国民の代表者である国会議員がそれに反発することは難しい。とくに、イギリスの代表民主制（representative democracy）からいえば、それは不可能ともいえた。そのために、国民の声がひとつにまとまる前に、時間をかけて、様々な論議を国会でするという伝統をイギリスは持っているのであり、さらには、法案作成の段階で様々な国民の意見を聞くという仕組みを持っているのであるが……。ブレア労働党政権は、こういう論議や過程を抜きにして、迅速に、しかも、スコットランド人だけを対象にした国民投票で意思決定をしたのであった。これは、国会議員の間での議論、あるいは、政党間の議論を避けるためとみるべきであろう。少なくとも、イギリス全体に議論が広がることを封じるための戦略であったとみなければなるまい。住民投票は直接民主主義を志向するというようなものではなく、反論を許さないための戦略であったわけである。

　国民投票の性格をもっと端的に現しているものに、"リージョン（region）"をめぐる騒動がある。労働党政権は、スコットランドに大きな自治権を与えたことに対応して、イングランドの内部をいくつかの広域の地域（これを"リージョン"という）に区分し、それぞれの地域に、国会に準ずるような議会（assembly）を設置して、ある程度の自立権を付与しようとした。日本の道州制にあたるようなものであった。労働党政権は、2000年代に入ってから、この

---

31) Mark Sandford, *The New Governance of the English Regions*, Hampshire; Palgrave Macmillan, 2005, p. 23.

"リージョン"の実現を目指して懸命の工作をした。国民は一般に冷ややかであった。地方議会も関心を示さなかった。が、なかには、ごくわずかではあるが、自立権の拡充に関心を示す国民が多いという"リージョン"もあった。とりわけ、ノース・イースト（North-East）という"リージョン"には、世論調査によれば、関心を示す国民が多かった。そのため、労働党政権は、ここで国民投票を実施して独自の議会〔国会に準ずる議会〕の設置を決め、それをバネにして、他の地域でも国民投票を実施しようという作戦に出た。そして、念入りに、宣伝をし、世論調査を重ね、勝てると確信した上で、2004年11月4日、ノース・イーストの国民投票を実施した。結果は、どんでん返しであった。世論調査とは異なり、投票者の78％が議会設置に反対したのである。この結果に遭遇した労働党政権は、もう2カ所での国民投票を発表していたにもかかわらず、すぐさま、その中止を決定した[32]。こうした労働党政権の動き方をみれば、国民投票は戦略として利用された手段であることは明々白々というべきであろう。

9 スコットランドの2010年の国民投票

　スコットランド国会（Scottish Parliament）議員の選挙は1999年5月に実施され、続いて、議員のなかから、首相が選出された。その後、首相によって、大臣や副大臣が任命され、同年7月、スコットランドの国会と行政府──すなわち、スコットランド政府──が正式にスタートすることになった。
　こうした状況を分析して、「イギリス政府は、ばらばらに砕かれ、

---

32) Mark Sandford, *The New Governance of the English Regions*, Hampshire: Palgrave Macmillan, 2005, p. 1. 労働党政権が"リージョン"での国民投票の廃止を決定したのはノース・イーストでの結果が出た4日後であった。

中がえぐり抜かれてしまった。もはや、中央からのコントロールができなくなった」[33]と評する者も現れるようになったが、スコットランド政府は、独自の法律をつくることができ、国税（所得税）の税率を変えることができるという程度の権限を持つだけで、まだまだ、イギリス政府の統制下にあった。このため、スコットランド人の間には、独立国家といえるほどの権限が欲しいという声が根強かった。そうした声を基盤に、2007年の選挙で、スコットランド国民党（Scottish National Party）が、実質的な独立をはかるための国民投票を実施するとマニフェストで宣言した[34]。これが功を奏したのであろう。国民党は、見事に、スコットランド国会での最大会派となった。ただし、獲得した議席は、総議席121の37％（47議席）に過ぎなかったが……[35]。そして、ともかく、国民党のスコットランド政府が設立された。

　国民党政権は、2011年5月のスコットランド国会議員選挙の前に、国民投票を実施するという目標の下に、その準備に取りかかった。2009年8月、国民投票法（Referendum Bill）を公表し[36]、それを2010年に制定するという方針を打ち出した。とはいうものの、総計でスコットランド国会議員の60％を占める3大政党（労働党、自民党、保守党）が国民投票に反対のため、この法律は成立の見込みがない。また、たとえ国民投票が実施されたとしても、独立に賛成するスコットランド人は少ないというのが、マスコミの見方である[37]。国民党の党首（スコットランド首相）は、「国民投票をちら

---

33) Mark Sandford, *The New Governance of the English Regions*, Palgrave Macmillan, 2005, p. 85.
34) Scottish National Party, "*Manifesto 2007*", 12 April 2007. Pp. 8, 15.
35) 労働党は46議席と国民党とほぼ同数の議席を獲得し、また、保守党は17議席、自民党は16議席であった。
36) BBC NEWS, 3 September 2009, *Scotland, SNP outlines plans for referendum*. この法案は、正式にはReferendum (Scotland) Bill, 2010という。
37) The Times, 3 September 2009, *Salmond to push ahead with referendum Bill*.

つかせれば3大政党も国民の意見も変わるはず」と強気の姿勢をとっているが…[38]。

　議会で議論を尽くし、そこに国民の意見も集約するという手法では、スコットランドの独立は、スコットランド国会ですら合意に達することはできない。しかも、スコットランドの独立は、ロンドンにあるイギリスの国会で認めてもらうことが必要である。このイギリス国会での承認は、3大政党が反対している以上、到底見込みがない。となれば、国民投票でプレッシャーを加える以外に方法がないというのが、スコットランドの国民党政府の考え方なのであろう。

10 住民は、市長の公選を否定？

　ブレア労働党政権は、民主主義を高めるという趣旨のもとに、住民の直接公選で市長を選ぶというシステムを採用した。そして、2000年に大ロンドン市（Greater London authority）で市長選挙が行われ、イギリスではじめての公選市長が選出された。ブレア首相が押し立てた労働党の候補は有力候補にもならなかった。それどころか、ブレア首相に逆らって労働党を除名されたリビングストン（Ken Livingstone）が無所属で立候補し、最終的に保守党候補を破って、大ロンドン市（GLA）初代の市長となってしまったが……。また、大ロンドン以外の自治体では、2002年5月と10月に、全部で11市（区）の市長選挙が行われた[39]。

　それまでのイギリスには、市長は存在しなかった。メイヤー

---

38) 2009年10月15日の党大会での発言。BBC NEWS, 15 October 2009, *Salmond in election rallying call*.
39) Gerry Stoker and David Wilson ed., British Local Government into the 21st Century, Palgrave Macmillar., 2004, pp. 50-53.

（Mayor）という呼称を持つ人々はいたが、これらの人々は、ほとんどの場合、実質的には議会（council）の議長であった。そして、議会の多数派をしめる政党の幹部が、職員のトップの協力を得て、行政を担うというところが多かった。これに対して、市長の公選は、行政の最高責任者を住民が直接選挙で選ぶということを意味した。言い換えれば、市長公選は、議会制民主主義の修正ということができた。事実、市長公選が最初に検討されたのは1990年代の保守党政権下においてであったが、この当時、「行政機関は、その民主主義の正当性を、直接、住民に求めるべきであり、それによって、イギリスの地方政治の弱点を修正することができる」[40]という点が強調されていた。

　これは、まさに直接民主主義の要素を強めようという意向の現れということができ、その意味で、住民投票と同根のものだといわなければならない。その上、市長を公選にするか否かは、住民投票で決定されているのである。こうしたことを考えれば、イギリスでも遂に直接民主主義を、戦略的なものとしてだけではなく、"良きもの"としても実施するようになったのか……ということもできる。

　しかし、市長公選を実施するか否かで住民投票をした自治体は、2009年末までで、わずか35市（区）に過ぎない。しかも、市長の公選を選択したのは、そのなかの11市だけである。（ほかに、大ロンドン市の市長も公選である）。もちろん、中央政府（労働党政権）は、市長公選制を普及させるために、あの手この手の宣伝をしてきた。しかし、90％以上の自治体は、地方議会で市長公選について何の論議もしなかったといわれている。新聞を見ていても、住民が市長公選を要求する住民運動をおこしたというような報道をみること

---

[40] Commission for Local Democracy, *1995 Report*; David Wilson and Chris Game, *Local Government in the United Kingdom*, 3rd edition, Palgrave Macmillan, 2002, p. 352.

はない。逆に、市長公選制を導入した自治体の住民が、市長公選の廃止を求めて住民運動をおこしているという報道はあるが……41)。

そして、こういう住民運動の結果、ストーク・オン・トレント（Stoke-on-Trent）市では2008年10月に、市長公選を廃止するか否かの住民投票が行われ、多数住民の意向で、市長公選が廃止された42)。他の大部分の自治体と同じように、議会の一元的な統治（議員内閣制）に変わったわけである。ほかにも、2009年末現在、3つの市で、市長公選の廃止を要求する運動が展開されているという43)。

これらの住民運動の大きな理由は、公選の市長が独裁者（dictators）のように振る舞うところにあるといわれている44)。住民の選挙で選ばれている以上、また、マニフェストで自治体運営の方向付けをしている以上、市長は当然にある程度は独裁的な要素を持たなければならないといえるというのが、われわれ日本人の発想といってよいであろう。また、それが、能率的な自治体運営につながると考えているのではなかろうか。しかし、こういう感覚はイギリス国民には乏しく、それよりも、論議を重ねて、物事を決定していくという手法を選ぶ傾向が強いようである。要するに、いまでも、イギリス人は、議会制民主主義を尊ぶという伝統的な姿勢が続いているとみて間違いはなかろう。

もっとも、市長公選にするか否かについては、住民投票を実施している。しかし、これをもって、住民が直接的に意思決定をすると

---

41) たとえば、The Times, 4 September 2006, *Voters aim to throw out mayors they say are acting like dictators*.
42) Birmingham Post, 4 October 2008, *Stoke votes to lose its elected mayor*.
43) 廃止運動が起こっているのはDoncaster, Hartpool, Lewishamの3市（区）である。参照：http://en.wikipedia.org/wiki/Referendums_in_the_United_Kingdom
44) The Times, 4 September 2006, *Voters aim to throw out mayors they say are acting like dictators*.

いう民主主義を重んじるようになったというべきではなかろう。それよりも、議会制民主主義の考え方が住民の間に浸透しているというべきである。

とはいえ、この議会制民主主義は、日本の議会で行われているような間接民主主義的な議会制民主主義ではない。この点に注意を払うことが必要である。イギリスの議会制民主主義は、住民の意見を前提にし、住民の意見を十分にくみ取るために、論議を重ねている。住民の意見を直接的に聞くという地方議会も多い。そういう論議を経て政策や施策を決定するという議会制民主主義である。これは、代表者だけで物事を決定するという間接民主主義からほど遠いものであり、むしろ、直接民主主義に基盤を置いた議会制民主主義であるというほうが理解し安いであろう。

> この本の校正の途中で、イギリスの国会が解散され、2010年5月に総選挙が行われることになった。そして、保守党のキャメロン党主がマニフェストを2010年4月13日に公表したが、そのなかで過去との決別を打ち出し、地方自治体で5％以上の有権者からの要請があれば、住民投票を行うという趣旨の宣言をした。これが何を意味するか……。選挙で政権を獲得すれば、明らかになることであろう。(参照：Guardian, 13 April 2010, General Election 2010)

著者紹介

竹下　譲（たけした　ゆずる）

自治体議会政策学会会長
拓殖大学地方政治センター長

1940年生まれ。東北大学大学院法学研究科修了。政治学博士。
東京市政調査会主任研究員、東京都立大学講師、東京市政調査会主任研究員、明治大学講師、拓殖大学教授、ロンドン大学客員教授、神奈川大学教授、四日市大学教授を経て現職。
1998年から自治体議会政策学会の会長として、全国の自治体議員の研修にあたる。
2004年～2005年度三重県教育委員会委員長、全国市議会議長会議会活性化アドバイザーを経て、現在、四日市研究機構地域政策研究所所長、三重県教育委員会委員、東京市政調査会評議員。著書に『よくわかる世界の地方自治制度』（イマジン出版）、『パリッシュにみる自治の機能―イギリス地方自治の基盤』（イマジン出版）、『イギリスの政治行政システム―サッチャー、メジャー、ブレア政権の行財政改革』（ぎょうせい）、『市場化テストをいかに導入するべきか―市民と行政』（公人の友社）など多数。

地方議会
その現実と「改革」の方向

発行日	2010年5月14日
	2011年5月9日第2刷発行
著者	竹下　譲 ⓒ
発行人	片岡　幸三
印刷所	株式会社シナノ
発行所	イマジン出版株式会社

〒112-0013　東京都文京区音羽1-5-8
電話　03-3942-2520　FAX　03-3942-2623
HP　http//www.imagine-j.co.jp

ISBN978-4-87299-544-2 C2031 ¥2500E

落丁、乱丁の場合は小社にてお取替えいたします。